LA CONTROVERSE IDÉALISME-RÉALISME

TEXTES & COMMENTAIRES
Directeur : Jean-François COURTINE

Roman INGARDEN

LA CONTROVERSE IDÉALISME-RÉALISME

**Lettre à Husserl
sur la *6e Recherche logique et l'idéalisme***

Remarques sur le problème « Idéalisme-Réalisme »

**Des motifs qui ont conduit Husserl
à l'idéalisme transcendantal**

Qu'y a-t-il de nouveau dans la *Krisis* de Husserl ?

précédé de

Phénoménologie et ontologie chez Roman Ingarden

par

Patricia LIMIDO-HEULOT

PARIS
LIBRAIRIE PHILOSOPHIQUE J. VRIN
6, Place de la Sorbonne, Ve

2001

Titres originaux

Roman Ingarden
Der Brief an Husserl über di VI. Untersuchung
und der Idealismus
Bemerkungen zum Problem «Idealismus-Realismus»
Was gibt es Neues in Husserl Krisis

About the motives which led Husserl to transcendantal idealism
in *Phenomenology and Natural Existence :*
Essays in Honor of Martin Faber by Dale Riepe

Imprimé en France
ISSN 1291-9683
ISBN 2-7116-1531-6

REMERCIEMENTS

Ce livre est une version partielle de ma thèse de doctorat réalisée sous la direction de Françoise Dastur et soutenue en octobre 1999. Le jury, présidé par Jacques Colette, était composé de Jacques English, Jean-François Courtine et Françoise Dastur. Je leur adresse à tous mes vifs remerciements tant pour leur bienveillance que pour la valeur de leurs remarques au cours de la soutenance, éclairant et encourageant la suite de la direction à donner à mon travail.

De Monsieur English spécialement, je dois dire la générosité et l'acuité de sa lecture qui m'engagent à poursuivre cette étude, je lui dis ici toute ma reconnaissance. Je remercie aussi Monsieur Courtine dont les aimables conseils et la confiance ont rendu possible cette publication. Enfin, je salue tout particulièrement Madame Dastur, sans laquelle rien n'aurait eu lieu, pour son soutien toujours chaleureux et son enthousiasme vivifiant.

PHÉNOMÉNOLOGIE ET ONTOLOGIE CHEZ ROMAN INGARDEN

La longue carrière de Husserl l'a vu entouré de disciples et de collaborateurs dévoués à l'esprit de la phénoménologie et attachés à la figure de son fondateur. Roman Ingarden prend place dans ce cercle, avec cette particularité que sa relation à Husserl s'inscrit très rapidement sur un terrain critique, puis expressément polémique.

Le point de départ de la démarche philosophique d'Ingarden réside dans son adhésion enthousiaste au réalisme apparent des *Recherches Logiques*, tandis que la poursuite de son activité est presqu'essentiellement motivée par son refus du virage transcendantal des *Ideen* I. Il déploie une critique continue de l'idéalisme husserlien qui, selon lui, réduit tout objet (chose, essence et monde) au statut de l'être intentionnel, c'est-à-dire au statut d'un être hétéronome et dérivé, produit par la conscience et n'existant que pour elle. Contre cette absorption injustifiée du réel par la conscience, Ingarden développe tout au long de sa vie un travail critique adressé à Husserl, visant à rétablir une position réaliste, indéniable, du monde. Il installe donc immédiatement le dialogue avec Husserl sur le terrain classique du conflit *Idéalisme-Réalisme,* se faisant alors le tenant du réalisme.

Parallèlement, Husserl, tout en étant admiratif des travaux d'Ingarden et lui conservant son amitié jusqu'à ses derniers jours, ne paraît pas admettre la légitimité des critiques. Il lui en fait part dans de nombreuses lettres, insistant tout particulièrement sur le fait que la phénoménologie échappe à cette polémique historique, en ce qu'elle est, à ses yeux, aussi éloignée du réalisme que de l'idéalisme. Il lui indique aussi à plusieurs reprises que sa phénoménologie de la constitution n'a été comprise par aucun de ses disciples, faute peut-être d'accepter l'épreuve radicale de la réduction transcendantale. Ce serait pourtant, selon Husserl, le seul moyen d'accéder à la profondeur et à la nouveauté de cette démarche, et de participer aux infinités de découvertes qu'elle promet.

C'est en ces termes qu'il exhorte Ingarden à la pratique de la phénoménologie, car remarque-t-il : « Vous ne pourriez plus faire alors de l'ontologie à la mode ancienne. Toute votre philosophie viendrait dans ce nouveau mouvement, transformerait sens et méthode (ce qui ne veut pas dire que les anciennes pensées seraient perdues)[1] ». D'emblée, le terrain du débat est partagé entre phénoménologie et ontologie. De manière plus explicite, il faut remarquer que dans la mesure où l'ontologie, comme toutes les disciplines éidétiques, reste attachée à l'attitude naturelle, le terrain de l'opposition d'Ingarden à Husserl reproduit une tension interne à la phénoménologie, à savoir l'articulation de la phénoménologie descriptive éidétique à la phénoménologie transcendantale, c'est-à-dire la considération de la constitution des choses et du monde dans et par la conscience. Si Husserl s'est vu contraint d'opérer le passage de la phénoménologie statique (c'est-à-dire éidétique) à la phénoménologie génétique[2], Ingarden au contraire se réclamant de la perspective éidétique des *Recherches logiques* entreprend sur cette base à la fois la poursuite de l'investigation du monde des essences jusque sur le terrain de l'esthétique et une critique continue de l'idéalisme husserlien, oublieux de ce sens premier et seul légitime à ses yeux de la phénoménologie.

De ce point de vue, la controverse entre Husserl et Ingarden est instructive tant pour comprendre le mouvement d'évolution interne de la phénoménologie husserlienne que pour appréhender les autres figures tracées par l'esprit de la phénoménologie. Et la perspective ouverte par Ingarden, quoiqu'elle s'écarte du chemin frayé par Husserl, n'en constitue pas moins une route originale et suggestive dans les questions insistantes qu'elle pose au fondateur de ce mouvement.

La position spécifique et novatrice d'Ingarden par rapport à Husserl est d'abord une opposition et, à ce titre, la critique d'Ingarden prend place dans un ensemble plus large de critiques adressées de manière récurrente à l'idéalisme transcendantal de Husserl, soupçonné de retomber dans une position métaphysique néo-kantienne. Les disciples de Göttingen dont Ingarden fait partie, puis Heidegger, Fink, Patočka, Landgrebe, c'est-à-dire l'ensemble des proches de Husserl, n'ont pas manqué d'émettre des réserves ou des critiques directes face aux positions idéalistes de plus en

1. *Briefe an Roman Ingarden*, 13-XI-1931, Den Haag, Nijhoff, 1968, (Phaenomenologica 25), p. 73.

2. Voir le court texte de 1921, *Méthode phénoménologique statique et génétique*, dans *De la synthèse passive*, trad. fr. de B. Bégout et J. Kessler, p. 323-331, (Hua. XI, p. [336-345]). Les références bibliographiques sont précisées en fin de volume.

plus marquées des derniers textes de Husserl. Bien entendu, dans ce chorus, les voix ne visent pas toutes le même but et, si la démarche critique d'Ingarden présuppose un réalisme premier se réclamant des *Recherches logiques*, d'autres comme Heidegger, Patočka et Fink sont plutôt attentifs au danger d'une retombée de Husserl dans un idéalisme métaphysique absolu. C'est dire également à quel point la posture phénoménologique est instable, car sa position – au-delà ou en-deçà de la controverse Idéalisme-Réalisme [1] – ouvre incessamment le risque de retomber dans l'une ou l'autre des deux attitudes.

A cet égard, la controverse n'a pas cessé depuis l'époque de Göttingen et anime aujourd'hui les commentateurs de Husserl qui continuent de s'opposer en interprétant la pensée de Husserl de manière contradictoire : idéalisme métaphysique pour les uns, idéalisme épistémologique pour d'autres, certains y voient encore une position neutre, enfin il est parfois crédité d'un réalisme fondamental [2]. Il ne s'agit pas ici de trancher cette question d'exégèse husserlienne et la contradiction des positions atteste peut-être également du caractère problématique de l'entreprise phénoménologique elle-même, toujours confrontée aux questions provenant de l'attitude naturelle et du réalisme qu'elle suppose. Car le chemin de la réduction transcendantale, s'il doit être définitif et non pas ponctuel, n'en reste pas moins périlleux et tellement contraire à la pente naturelle de l'esprit qu'il réactive constamment la possibilité d'entremêler attitude naturelle et attitude transcendantale dans une brouille que Husserl dénonce

1. Voir *Postface aux Ideen I*, publié dans *Ideen* III : *La phénoménologie et le fondement des sciences*, trad. fr. de D. Tiffeneau ; voir aussi *Briefe an Roman Ingarden* : lettre du 13-XI-1931 : « car vous ne comprenez pas encore qu'il ne s'agit pas d'une différence du genre idéalisme (au sens historique du concept), mais que c'est également éloigné du rapport historique Idéalisme-Réalisme, et que cela en est séparé par un gouffre », ou encore la lettre du 16-X-1932 : « ce n'est pas un idéalisme au sens historique du terme, ni un transcendantalisme (du type de l'école de Marbourg) ni une monadologie au sens de Leibniz, mais en un mot un virage dans tout le sens de la philosophie elle-même ». Voir également l'article de 1934 : « *Temporalisation-Monade* » qui en est l'application analytique, trad. fr. de S. Margel dans *Études phénoménologiques*, n° 19, 1994, p. 3-10.

2. Sur la diversité des interprétations, voir par exemple, en faveur de l'idéalisme transcendantal, Iso Kern : *Husserl und Kant : Eine Untersuchung über Husserls Verhältnis zu Kant und zum Neukantianismus*, Den Haag, Nijhoff, 1964 ; ou Guido Küng : « The world as noema and as referent », *Journal of the British Society for Phenomenology*. En faveur d'une position réaliste ou neutre : K. Ameriks, « Husserl's realism », *The Philosophical Rewiew*, 86 (1977), p. 498-519 ; H. Hall, « Was Husserl a realist or an idealist ? », dans Dreyfus, *Husserl, Intentionnality and cognitive science*, Cambridge, Mass, MIT Press 1982, p. 169-190 ; R. Holmes, « Is transcendantal phenomenology committed to idealism ? », *The Monist*, 59 (1975), p. 98-114. Partisan d'un idéalisme strictement épistémologique : Ingrid M. Wallner, « In defense of Husserl's transcendental idealism : Roman Ingarden's critique re-examined », *Husserl-Studies*, 4 (1987), p. 3-43.

sans cesse, mais à laquelle il n'est pas sûr non plus que lui-même ne cède pas quelquefois.

Au-delà de la question de la seule et véritable teneur de la phénoménologie husserlienne, la démarche critique d'Ingarden permet de satisfaire un double intérêt. D'une part, elle invite le lecteur husserlien à revenir aux textes mêmes de Husserl, car la critique ingardénienne force à clarifier, sinon à repenser, les concepts fondamentaux de la phénoménologie, tels que l'intentionnalité, la réduction, la constitution, le statut des objets intentionnels et de la corrélation universelle. D'autre part, son exposition permet d'approcher la pensée propre d'Ingarden qui reste peu connue des philosophes français. La traduction française de *L'Œuvre d'art littéraire* en permet un premier aperçu, mais cette œuvre d'apparence esthétique prend toute sa signification lorsqu'elle est replacée dans son contexte polémique dirigé contre l'idéalisme husserlien dont elle constitue, aux yeux d'Ingarden, une première réfutation. Il nous apparaît en ce sens plus favorable et plus compréhensif d'aborder la pensée ingardénienne à partir de son opposition à Husserl que d'en considérer le versant esthétique comme un tout valant pour soi – ce qu'il n'est pas. Cette démarche donne ainsi une introduction et des axes de lecture à la philosophie d'Ingarden, clarifiant le sens du réalisme dont il se réclame, ainsi que les buts et les méthodes qu'il assigne à la philosophie.

Cette introduction à la philosophie d'Ingarden prend place dans le cadre de la question du statut des objets et du monde. Car si la réaction critique d'Ingarden vient de ce qu'il a le sentiment de perdre la réalité même du monde en acceptant les thèses husserliennes, de son côté, la philosophie de Husserl, en tant que phénoménologie constitutive transcendantale, a affaire, au premier chef, à la constitution du monde, pour autant qu'un objet n'est pensable que comme le corrélat d'une constitution intentionnelle inséparable de lui. En ce sens, on peut voir un manifeste de la phénoménologie dans cette déclaration de *Logique formelle et logique transcendantale* : « le monde avec toutes ses réalités est un univers de transcendances constituées dans les vécus et les capacités de mon *ego*, (...) de mon *ego* qui donc en tant que subjectivité ayant un rôle de constitution ultime précède ce monde constitué [1] », – manifeste de la phénoménologie qui sonne comme un manifeste de l'idéalisme transcendantal pour Ingarden, et qu'il passe sa vie à contester.

Dire que la rencontre Ingarden-Husserl s'opère sur le terrain du monde et des mondes d'objets, c'est reconnaître que le point focal de leur confrontation réside dans la question de la constitution ; constitution dont, en effet,

1. *Logique formelle et logique transcendantale*, § 99, p. 336 [222].

le statut et la définition même ne vont pas de soi et requièrent tant une élucidation qu'une prise de position, puisque c'est elle, finalement, qui engage la portée métaphysique de l'entreprise phénoménologique. De surcroît, puisque la constitution transcendantale concerne, selon Husserl, toutes les transcendances (réelles, idéales, possibles, fictives) et que, par leur biais, son discours vise la constitution du monde réel historique, autant que celle des différents mondes culturels et des mondes fictifs (littéraires, mythologiques, picturaux, etc.), le terrain du débat avec Ingarden doit englober tous ces domaines objectifs afin de comprendre en quel sens chacun peut être dit constitué.

Il est à ce titre significatif qu'Ingarden se tourne vers l'œuvre d'art littéraire pour mener campagne contre l'idéalisme transcendantal. Il s'en explique en 1931, dans la préface de *L'Œuvre d'art littéraire*, où il établit que l'œuvre littéraire est prise comme un exemple type d'objet intentionnel, c'est-à-dire d'un objet dépendant des actes qui l'engendrent et pourtant objectif. L'investigation ontologique de cet objet-type doit ainsi servir de fondement à l'investigation du statut de l'objet réel par rapport à l'objet intentionnel; l'objectif dernier de cette confrontation réside dans la détermination et la place du monde réel vis-à-vis de la conscience pure. Il en ressort bien que l'enjeu de son travail est prioritairement ontologique et non pas esthétique; il vise à décider de la légitimité d'une position philosophique, non à régler des problèmes esthétiques.

Trancher la question de l'idéalisme transcendantal revient donc pour Ingarden à décider du statut ontologique du réel et de l'intentionnel. L'objet intentionnel étant destiné à servir de point d'Archimède dans le projet réaliste d'Ingarden, il exige à ce titre une clarification de son statut. Car, si Ingarden donne, au premier abord, le sentiment d'œuvrer sur le même terrain que Husserl et de retourner contre lui ses propres concepts, ce sentiment tourne assez vite en soupçon de détournement de sens et commande un examen comparatif des notions en présence. Parce qu'il importe de décider du statut de l'objet intentionnel pour établir celui du réel, il importe aussi et surtout de vérifier que, dans sa critique, Ingarden parle bien du même objet intentionnel que Husserl. Or, en distribuant le réel et l'intentionnel sous des sphères ontologiques distinctes, Ingarden ne reconnaît pas le sens de l'objet réduit en tant que pur apparaître dévoilé par la réduction phénoménologique. En conséquence, la déviation de sens opérée sur l'objet intentionnel reconduit le soupçon sur le statut qu'Ingarden accorde à l'intentionnalité elle-même et, par suite, à la constitution.

C'est par là que la perspective d'Ingarden ouvre une voie propre, par rapport à l'approche husserlienne de l'intentionnalité et de la corrélation universelle du sujet et du monde. Dans cette optique, nous proposons la traduction de quatre articles qui, de 1918 – date qui marque la fin du travail de doctorat d'Ingarden sous la direction de Husserl – jusqu'à 1969, reprennent inlassablement la critique de l'idéalisme transcendantal en s'attaquant chaque fois de manière plus forte à la forme de la constitution comme à la possibilité d'une transcendance radicale inconstituée, par suite à la signification de la réduction transcendantale et à son bien-fondé. L'enjeu ultime consistant, aux yeux d'Ingarden, à préserver le statut autonome et indépendant du monde et des choses par rapport aux prérogatives de la conscience, tout en cherchant à établir les conditions de possibilité d'une connaissance objective. La difficulté de son entreprise apparaît dans cette tension dualiste : affirmer la séparation ontologique de l'être et de la conscience, mais garantir en même temps l'objectivité et la vérité du connaître.

En définitive, la controverse Idéalisme-Réalisme recouvre, chez Ingarden, la difficulté à penser les rapports entre immanence et transcendance, sans pouvoir prendre appui sur la conception husserlienne de l'intentionnalité, comprise comme liaison indéchirable entre sujet et objet. Car, au terme de cette confrontation, il ressort que le différend entre Husserl et Ingarden porte essentiellement sur le statut de l'intentionnalité ; ce qui ne laisse pas d'être intrigant de la part d'un disciple formé à l'école de la phénoménologie. Son refus de l'intentionnalité et de la corrélation universelle du sujet et du monde l'en démarque singulièrement ; toutefois, la prévalence accordée à l'intention rappelle aussi sa filiation à l'école de Brentano par l'intermédiaire de son premier maître K. Twardowski. Restant attaché à l'ontologie et à l'analyse des modes d'être, il participe davantage de l'aspect éidétique et descriptif de la phénoménologie que de sa dimension de philosophie première et transcendantale. Il offre et défend ainsi la figure d'un réalisme essentialiste.

PERSPECTIVES GÉNÉRALES SUR LA PENSÉE D'INGARDEN

La période de Göttingen, Husserl et le réalisme des essences

La double rencontre de Husserl et de Bergson

Lorsqu'Ingarden arrive à Göttingen en avril 1912 pour poursuivre ses études de philosophie mais aussi de psychologie, de mathématique et de physique, sa rencontre avec Husserl a l'éclat de l'enthousiasme ; il est très rapidement séduit et enchanté par les perspectives qu'ouvrent les leçons de Husserl. Son témoignage indique assez que la séduction du mouvement phénoménologique a été très rapide, en dépit, d'une part, des difficultés linguistiques et, d'autre part, des difficultés inhérentes à la philosophie husserlienne, car le séminaire présupposait instamment de la part des étudiants une connaissance effective des *Recherches logiques*[1]. Malgré cela, en quelques semaines, son adhésion est complète : « Il était déjà devenu clair pour moi pendant le semestre de 1912 que j'étudierais la philosophie en tant que spécialité, et à vrai dire auprès de Husserl ». Plus exactement, c'est la découverte du monde des essences qui produit sur Ingarden une impression forte et l'ouvre à une étude vraiment philosophique. « Un jour du mois de mai 1912, Husserl parlait de l'essence de la conscience et de manière générale des recherches d'essences en tant que thème principal de la philosophie. Je venais de Lvov où malgré la présence de Twardowski régnait une atmosphère philosophique fortement colorée de positivisme, (...). J'étais donc tout à fait enthousiasmé quand j'ai entendu Husserl dire que l'on devrait poser à la philosophie la mission d'être une recherche des essences[2] ».

Le grand développement du cours de 1912, sur l'essence et la tâche de la philosophie, auquel Ingarden se réfère dans cette note, comprenait déjà des éléments sur la réduction et une introduction à la phénoménologie anticipant les *Ideen* I. L'enthousiasme d'Ingarden est décisif au point que, dès le début du semestre d'hiver 1913-1914, il s'inscrit auprès de Husserl et lui demande l'autorisation de faire son doctorat avec lui. Ingarden voulait travailler sur l'essence de la personne[3]. Ce projet trouve vraisemblablement sa source dans le fait qu'Ingarden a entendu un cours de Husserl sur *Natur und Geist*, lors du semestre d'été 1913 – cours qui formera le noyau central des *Ideen* II. Ce choix témoigne alors d'une certaine fidélité à l'idée de la phénoménologie, telle que Husserl tendait à la développer, mais qui en même temps montre tout de suite un intérêt marqué pour le terrain de la philosophie seconde, comme ce sera ensuite le cas avec *L'Œuvre d'art littéraire*.

On comprend dès lors que Husserl ait été séduit par ce projet, mais il dût cependant indiquer qu'un travail de cette envergure exigerait au moins cinq années d'études, ce qui était trop long pour l'étudiant polonais. Il se rabat alors sur le thème : « Intuition et intellect chez H. Bergson ». Le changement de cap paraît déconcertant ; et pourtant on peut considérer qu'en se

1. Le travail du séminaire tournait largement autour du commentaire des *Recherches logiques* et, selon Ingarden, c'était un rituel d'entendre Husserl demander aux étudiants qui venaient s'inscrire à ses cours : « Avez-vous lu mes *Recherches logiques* ? », cf. *Briefe an Roman Ingarden, Erinnerungen an Husserl*, note, p. 111.

2. *Briefe an Roman Ingarden, Erinnerungen an Husserl*, p. 115.

3. *Ibidem*, p. 116.

tournant vers Bergson, Ingarden fait montre d'une intuition assez juste quant à la proximité – au moins sur certains thèmes – des deux philosophies. Dans les deux cas, c'est une approche intuitionniste qui se propose de révéler les « choses mêmes » à la lumière d'une nouvelle appréhension; se retrouvent également la question du temps subjectif et objectif, de la durée pure ainsi que la thématique du travail de constitution de la vie et de la subjectivité.

Par le biais de cette étude, Ingarden devient un visiteur fidèle de la maison Husserl. Il relate en effet comment, sa lecture de Bergson l'ayant conduit à s'interroger sur le problème de la constitution du temps par la conscience, il questionne Husserl à ce sujet lors d'un cours de 1914, alors même que ce thème n'a pas encore été explicité dans le travail de commentaire des *Ideen*. Husserl en est tout étonné et invite Ingarden à venir lui parler de Bergson, le soir chez lui. Ainsi commencent les relations puis la correspondance de Husserl et Ingarden, poursuivies pendant près de vingt ans.

Ce point de départ de leur relation n'est pas seulement anecdotique; une légère attention révèle qu'il contient déjà en germes l'ensemble des problématiques qui vont constituer la principale source de réflexion d'Ingarden. Ainsi qu'il l'indique lui-même dans ses souvenirs, on peut rapidement établir une analogie entre le problème des rapports du temps (spatialisé) et de la durée pure tel qu'il est formulé chez Bergson et celui des rapports entre temps constitué et conscience constituante du temps chez Husserl[1]. Or, cette question de la constitution du temps entraîne évidemment celle de la constitution des choses et des objets de perception, puis celle du statut des *data* sensoriels servant cette constitution vis-à-vis de la conscience originaire. Les conditions sont alors réunies pour s'affronter au problème de la réalité de ce qui est constitué, par suite de la réalité du monde de l'expérience; ce qui est une des manières possibles de formuler la controverse Idéalisme-Réalisme.

Or, cette controverse anime également et régulièrement le texte de Bergson, dès *Matière et mémoire* (1896) où il renvoie dos à dos idéalisme et réalisme, considérant sa position comme une tentative de dépassement. Son propos s'attache précisément à la question des relations de l'esprit à la matière, de la conscience au monde, bref à la possibilité même de la représentation, de la connaissance et à leur valeur, relative ou absolue;

1. Voir *Erinnerungen an Husserl*, p. 122 : « et dans cette opposition [celle de la durée pure et du temps] j'étais enclin à voir un analogon de la différence établie par Husserl entre temps constitué rempli et flux temporel originaire, ainsi qu'il se représente la conscience originaire constituante du temps »; analogie que Husserl ne manquera pas d'établir à son tour à l'écoute de la description de la durée pure de Bergson en s'écriant : « C'est tout à fait comme si j'étais moi-même Bergson », *ibidem*, p. 121 note.

autrement dit, à la question qui occupera Ingarden toute sa vie. En ce sens, Bergson ne laisse pas de doute sur son intention dans son *Avant-propos :* il entend « montrer qu'idéalisme et réalisme sont deux thèses également excessives, qu'il est faux de réduire la matière à la représentation que nous en avons, faux aussi d'en faire une chose qui produirait en nous des représentations mais qui serait d'une autre nature qu'elles [1] ». Telle est bien aussi la problématique d'Ingarden, déterminer le statut ontologique des choses du monde réel corrélativement à celui de la conscience, en réaffirmant la solidité du sens commun : les choses existent d'une existence indépendante de la conscience tout en étant directement accessibles à la perception. Cette vérité du sens commun est pareillement revendiquée par Bergson lorsqu'il pose au titre de premier principe de sa méthode : « *Il y a une réalité extérieure et pourtant donnée immédiatement à notre esprit.* Le sens commun a raison sur ce point contre l'idéalisme et le réalisme des philosophes [2] ». Reste que par-delà la convergence des préoccupations, la voie choisie par Bergson ne saurait satisfaire l'exigence réaliste d'Ingarden, en ce qu'elle vise davantage la resaisie d'une position originaire, préalable à la controverse elle-même, dans l'unité primordiale de la matière et de la vie, l'enracinement de la perception dans la vie [3].

Le cercle de Göttingen

On comprend bien alors le double intérêt que représentaient ces conversations avec Husserl : à la fois une réflexion sur l'enjeu immédiat de son travail de doctorat et un examen de la question fondamentale de l'option philosophique de Husserl – idéalisme ou réalisme. A quoi il faut ajouter que cet intérêt pour la décision philosophique ne renvoie pas seulement à une préoccupation personnelle et singulière d'Ingarden, mais qu'il s'agit d'un problème dominant de la vie intellectuelle de Göttingen.

1. *Matière et mémoire,* Paris PUF, 1939, *Avant-propos,* p. 1, voir aussi p. 258 *sq.*

2. H. Bergson, « Introduction à la métaphysique » (1903), dans *La pensée et le mouvant,* Paris, PUF, 1938, : « seule la méthode dont nous parlons permet de dépasser l'idéalisme et le réalisme, d'affirmer l'existence d'objets inférieurs et supérieurs à nous, quoique cependant, en un certain sens, intérieurs à nous… », p. 206 ; voir aussi p. 211.

3. Voir par exemple l'*Avant-propos* de *Matière et mémoire* : « nous considérons la matière avant la dissociation que l'idéalisme et le réalisme ont opérée entre son existence et son apparence », p. 2. On notera également ce que cette perspective a de parenté avec la voie husserlienne en recherche de cette « vie muette » du Présent vivant d'où procède l'articulation et la séparation objectivées de la conscience et des choses, (cf. *Méditations Cartésiennes, Temporalisation-Monade,* voir aussi le remarquable travail d'Anne Montavont, *De la passivité dans la phénoménologie de Husserl*, Paris, PUF, 1999). Cette parenté éclaire aussi de ce fait l'égal rejet critique de Bergson et de Husserl qui anime les positions d'Ingarden.

En effet, depuis la publication des *Ideen* I en 1913, les disciples de Husserl, convaincus par les perspectives réalistes (ou interprétées comme telles) des *Recherches logiques*, sont en effervescence, désorientés par ce texte qu'ils n'attendaient pas et qui leur paraît constituer un revirement doctrinal injustifiable, un coup de force métaphysique. Aussi dès que Husserl fait des *Ideen* le texte de base de son séminaire, les dissensions deviennent publiques. Ingarden en témoigne ainsi : « Aussitôt des discussions très vives se sont développées, car de nombreux anciens étudiants de Husserl ont élevé différentes objections contre les tendances idéalistes qui s'annonçaient dans les *Ideen*, de même que des objections relatives au sens et à l'opération de la réduction transcendantale. Une série d'affirmations des *Ideen* I produisit particulièrement une stupéfaction certaine pour les étudiants du cercle de Göttingen, et cela donna lieu à de nombreux affrontements intenses des membres du séminaire avec Husserl, lequel s'efforçait d'abord d'éclaircir le juste sens de ses développements dans les *Ideen*, et aussi de défendre son point de vue dans une série de questions. Non seulement les *Recherches logiques*, mais aussi les leçons avaient été tenues, si l'on peut dire, selon un ton réaliste. C'est aussi dans cette direction qu'œuvraient les leçons et exercices d'Adolf Reinach, auxquels (entre autres) Jean Hering, Alexandre Koyré, (plus tôt encore Mme Conrad-Martius) Alexandre Rosemblum, Edith Stein, Rudolf Clemens et Hans Lipps ont participé. Au cours des discussions du séminaire de Husserl en 1914-15, la différence entre le point de vue de Husserl et celui de ses étudiants de Göttingen a commencé à s'esquisser de manière toujours plus forte[1] ».

Ainsi qu'Ingarden l'indique également, ce changement de cap n'avait pas été anticipé par les étudiants qui, tout en sachant que Husserl continuait activement ses recherches, supposaient une continuité de direction[2]. La découverte des *Ideen* n'en est que plus rude et déconcertante, et le différend

1. *Briefe an Roman Ingarden*, p. 113.

2. En témoigne ce souvenir d'Ingarden portant sur un cours de logique de 1913, reprenant en fait celui de 1910-11 : « *Logik als Theorie der Erkenntnis* ». Ingarden se souvient qu'il s'agissait d'un cours sur la construction du jugement catégorique, et dont la problématique relevait en fait déjà du thème de *Expérience et Jugement*. Or, note Ingarden, « dans la leçon, il n'était pas fait mention du fait que, déjà à cette époque, Husserl avait abandonné sa conception des objectités logiques, telle qu'il la soutenait dans le volume I des *Recherches logiques*, de même que sa conception de la vérité ». (*Erinnerungen an Husserl*, p. 112). Ce fait ne lui sera explicitement confirmé par Husserl que dans la lettre du 5 avril 1918. C'est pourquoi, ajoute Ingarden : « Mes collègues et moi croyions donc que cette conception gardait son droit selon Husserl, et qu'il s'agissait seulement, en tenant compte de leur soubassement, de faire ressortir les structures d'objectités logiques particulières, ce qui n'avait pas encore été fait dans les *Recherches logiques* », (*Erinnerungen an Husserl*, p. 108).

entre Husserl et ses étudiants, comme avec Ingarden, prend la forme abrupte et fermée d'une opposition doctrinale : *Réalisme versus Idéalisme*. Car les thèses des *Ideen* paraissent en rupture radicale avec la neutralité métaphysique des *Recherches logiques* ; neutralité interprétée cependant le plus souvent comme réalisme.

En effet, les premiers disciples de Göttingen, partisans du « retour aux choses mêmes » entendaient ce mot d'ordre comme un principe réaliste, et même doublement réaliste, affirmant tout à la fois la réalité de l'idéal et celle des choses sensibles individuelles à partir desquelles le processus d'idéation peut découvrir et révéler l'ordre a priori des relations essentielles. Le réalisme des essences, l'affirmation d'une connaissance absolue et la fin du relativisme, l'accès à des vérités en soi sont les principaux thèmes retenus et conservés des *Recherches logiques*, thèmes qui, évidemment, prêtent le flanc à une interprétation objectiviste et platonisante du texte de Husserl.

Du réalisme des Recherches logiques

Mais, pour autant, les *Recherches* ne sont pas non plus étrangères ni réfractaires à cette interprétation, et il n'est que de revenir à l'Introduction de la 1re *Recherche logique* pour s'en convaincre. Husserl y expose clairement son propos en des termes classiques : comment comprendre les conditions de possibilité de l'accès à l'objectivité ? Comment une subjectivité peut-elle s'opposer à une réalité objective et la saisir ? Comment peut-il y avoir une vérité objective pour un sujet ? Cette énigme de la connaissance est formulée en toute rigueur par Husserl et à plusieurs reprises. « Car le fait que toute activité de pensée et de connaissance porte sur des *objets*, ou encore sur des *états de choses*, et est censée les atteindre de telle manière que leur « être-en-soi » doit se manifester comme une unité identifiable dans des multiplicités d'actes de pensée, ou de significations, réels ou possibles, (…), suscite[nt] toujours à nouveau les questions suivantes : comment faut-il *comprendre* que « l'en-soi » de l'objectivité parvienne à la « représentation » et même à l'appréhension dans la connaissance, donc finisse pourtant par redevenir subjectif; que signifie pour l'objet d'être « en soi » et « donné » dans la connaissance, (…)?[1] ». Un manuscrit de 1907 – *Die Sphinx der Erkenntnis* – offre une formulation encore plus appuyée de ces questions, conformément à l'esprit réaliste que l'on retrouvera dans les propos d'Ingarden : « Comment peut-on expliquer que le penser humain, s'il procède selon la méthode logique, puisse toucher

1. *Recherches logiques*, II, 1, Introduction, § 2, trad. H. Elie, A. L. Kelkel, R. Schérer, PUF, « Épiméthée », 1969, p. 9 [8].

une chose étant en soi [*eine an sich seiende Dinglichkeit*], ou encore la nature, ou encore quelque chose en soi des mathématiques ? (...) Comment peut-on expliquer que l'homme touche la « réalité » dans sa pensée ?[1] ».

Cette problématique constante dans la philosophie husserlienne est aussi la clef de sa lutte contre les interprétations psychologistes et naturalistes de la connaissance. Celles-ci tendent à dissoudre et à ramener les idées et les vérités à des états de conscience, à des productions psychiques humaines relatives[2], ruinant par là toute valeur objective de la connaissance et réduisant les lois logiques à des lois psychologiques. Cette deuxième conséquence entre à son tour en lutte avec le projet de restauration d'une logique pure formelle comprise selon son véritable sens historique comme théorie et fondement radical de la science[3].

Ce double enjeu, fonder la logique comme *Wissenschaftslehre* et restaurer l'accès à des vérités objectives, conduit Husserl à définir une nouvelle conception de la conscience et de ses objets en opposition à toute entreprise subjectiviste et relativiste. Il lui faut alors se donner les moyens de penser un sujet qui n'est pas prisonnier de sa subjectivité, mais peut au contraire s'ouvrir à des idées et des valeurs objectives et nécessaires. Pour ce faire, la première étape consiste à affirmer toute la distance ontologique qu'il y a entre l'acte ou le processus psychologique par lequel nous accédons à une idée (et corrélativement à un objet) et le statut de ces « produits » situés à un niveau d'être spécifique. Ainsi l'acte psychique de compter construit bien ma représentation du nombre, mais « la représentation du nombre n'est pas le nombre lui-même, n'est pas le deux, terme unique dans la suite des nombres, qui comme tous les autres termes est *un être intemporel*[4] ». Le sujet n'a pas seulement affaire à un contenu de conscience mais à une évidente altérité qui s'impose à lui avec consistance et résistance.

1. « Le sphinx de la connaissance », *Husserliana XXIV*, p. 401, trad. par W. Miskiewicz, dans *Revue de Métaphysique et de Morale*, n° 3, 1994, p. 356.

2. Voir *Prolégomènes à la logique pure*, § 36.

3. *Logique formelle et logique transcendantale* : « La logique, qui était originellement le porte-flambeau de la méthode et qui élevait la prétention d'être la doctrine pure des principes de la connaissance et de la science possibles, perdit de vue cette mission historique et resta bien loin en arrière dans son évolution », Introduction, p. 5 [2].

4. *Ideen* I, § 22, p. 75 [42], souligné par nous. Voir aussi *Prolégomènes*, § 50 : « le nombre trois, la vérité à laquelle Pythagore a donné son nom, etc., ce sont, comme nous l'avons exposé, non pas des singularités empiriques ni des classes de singularités empiriques, mais ce sont des objets idéaux que nous appréhendons par idéation dans les actes corrélatifs de la numération, du jugement évident, etc. », p. 206 [187].

La nécessité de maintenir la teneur objective des idées, des significations et de leurs objets, à l'abri de toute dissolution psychologiste, conduit ainsi Husserl à restaurer l'existence légitime d'objets idéaux compris comme unités de sens identiques – unités objectives, intemporelles et indépendantes des sujets qui les appréhendent. En ce sens, la mission de l'intentionnalité, ou de l'intuition en tant qu'elle est objectivante, est bien définie comme cette puissance capable de nous mettre face-à-face avec un « ob-jet », un « vis-à-vis » (*Gegen-stand*) qui se donne dans une transcendance et une altérité indubitables, quel que soit son mode d'être : individuel, catégorial, fictif ou idéal. La revalorisation des objets idéaux conduit ainsi à une extension du concept d'objet, à une multiplication des objectités (*Gegenständlichkeit*). Car d'une part, l'idéation permet de poser et de confronter dans le même mouvement un objet individuel concret et un objet idéal qui en désigne l'essence invariante (le *Was*), et d'autre part, la réflexion sur le contenu de l'acte permet d'en dégager l'objet identique pour tous les sujets, qu'il soit fictif comme dans l'œuvre littéraire, ou catégorial comme dans le jugement. L'idéalité du sens et la réalité des *eidè* sont en conséquence des expressions concurrentes pour signifier l'objectivité et la transcendance des idéalités et des objets face au flux psychologique et individuel de la conscience.

Si on peut comprendre que sur ces bases une interprétation platonisante, ou à tout le moins objectiviste, ait pu se développer, il reste pourtant que Husserl n'affirme rien quant à l'existence de ces objets idéaux. Celle-ci reste indéterminée et surtout sans caractère métaphysique. Ni comparable à l'existence sensible des êtres réels temporels, ni assimilable à une existence métaphysique sise en quelque « τόπος οὐράνιος ou dans un esprit divin », il convient seulement de prendre cette façon de parler de l'existence des objets idéaux ou des essences « comme des indications de la validité de certains jugements[1] ». Husserl justifie cette extension du concept d'objet par appel à l'usage « *nécessairement large que ce mot a en logique formelle* », à savoir « *tout sujet possible de jugements prédicatifs vrais*[2] ». Autrement dit, parce que c'est en un sens très large que l'on parle désormais d'objets ou d'objectités, il faut convenir de la même façon que tous ces objets « existent » dès lors qu'ils peuvent être donnés et visés dans l'intuition, ils existent en tant que corrélats intentionnels des actes. L'affirmation « réaliste » d'existence des idéalités participe donc premièrement d'un

1. Husserl, *1re Recherche logique*, § 31, p. 116 [101].

2. *Ideen* I, § 3, p. 22 [11]. Voir aussi *Logique formelle et logique transcendantale*, § 38 : « *Dans l'analytique formelle l'objet est conçu comme objet de jugements possibles* », p. 145 [95].

objectif épistémologique : délivrer la connaissance du joug du relativisme et du psychologisme et garantir l'accès à des vérités objectives.

Le malentendu avec Husserl

Cet objectif a non seulement été salué mais encore poursuivi par les étudiants de Göttingen. Tout en prenant leur autonomie philosophique, ceux-ci ont prolongé la démarche de Husserl et exploré la possibilité de développer la connaissance éidétique dans de nombreuses directions. « Pour le cercle de Göttingen, la phénoménologie signifiait donc une sorte de théorie générale des objets idéaux ou essences. (...) Ainsi Adolf Reinach étudiait l'*essence* des « entités » juridiques, Edith Stein l'*essence* des communautés et de l'État, Hedwig Conrad-Martius l'*essence* des couleurs et des sons, Fritz Kaufmann l'*essence* de conflit, Roman Ingarden l'*essence* de l'œuvre d'art littéraire et ainsi de suite. (...) En effet, Jean Hering le confirme, les göttinguénois furent fascinés par les nouveaux horizons de connaissance *a priori* qu'ils croyaient rendus possibles grâce à l'intuition des essences (*Wesens-schau*) : « nous voilà, s'exclame-t-il, bien loin des ces quelques rares 'jugements synthétiques a priori' que Kant admettait en dehors des mathématiques »[1] ».

Les travaux d'application pratique de la recherche éidétique attestent de cette fascination pour les essences et la possibilité d'une connaissance objective absolue, autant que de sa fécondité. Mais le malentendu avec Husserl est d'ores et déjà établi. Car, alors même que ses disciples s'installent dans la recherche ontologique, développent les formes et les domaines de l'exploration éidétique, Husserl se tourne, quant à lui dès 1905, vers la question de la constitution des objectités, tant réelles qu'idéales. Autrement dit, il se tourne vers les conditions et les modalités d'apparition de ces objets pour la conscience, c'est-à-dire la manière dont ces objets se constituent dans la conscience pour pouvoir être visés et donnés. La transcendance des objets ne s'avère alors compréhensible qu'à partir de l'immanence du sujet. Après les leçons sur le temps de 1905, celles de 1907 – *L'Idée de la phénoménologie* – se font l'écho de ce changement de direction en explicitant la manière dont il n'y a de donation, d'apparition d'un objet pour une conscience, qu'en conséquence d'une constitution[2] ; sans quoi nous retombons sur l'énigme première de la connaissance qui, en

1. Leszek Brogowski, « Göttingen, Husserl, Ingarden », dans *Études phénoménologiques*, n° 23-24, 1996, p. 258-259, et pour la citation de J. Hering : *Phénoménologie et philosophie religieuse*, Paris, Alcan, 1926, p. 57.

2. Voir *L'Idée de la phénoménologie*, : « Il s'agira alors de mettre en lumière les divers modes de donnée ou de présence authentique, c'est-à-dire de mettre en lumière la constitution des divers modes d'objet », trad. fr. de A. Lowit, p. 100 [74].

ce sens, reste irrésolue dans les *Recherches logiques* : comment des objets existants en soi de façon transcendante pourraient-ils devenir connus d'un sujet ? Une transcendance radicale telle que celle de la chose en soi kantienne rend la connaissance impossible, une transcendance comprise comme extériorité d'une chose matérielle concrète la rend partielle et relative, il faut donc repenser le statut de l'objet transcendant comme *phénomène*, c'est-à-dire comme objet-pour-une-conscience, et ouvrir la phénoménologie non seulement à la connaissance de l'essence des vécus d'actes, mais encore à celle de leurs objets. La phénoménologie s'attache désormais aux phénomènes en un double sens : d'une part, le phénomène comme acte et vécu d'actes, c'est-à-dire les données réellement immanentes à quoi les *Recherches logiques* limitaient l'élucidation phénoménologique et, d'autre part, le phénomène en tant que contenu intentionnel de ces actes, les *cogitata* ou corrélats noématiques des *Ideen* I. Ces derniers, transcendance dans l'immanence, trouvent également dans l'immanence de la vie subjective la source de leur formation. Il est alors possible de comprendre la relation d'une subjectivité à une objectivité [1].

Le divorce entre Husserl et ses disciples trouve ici le cœur de son motif : alors qu'ils retiennent, et Ingarden avec eux, les essences et les choses réelles matérielles en position transcendante et inconstituée dont il faut explorer la structure et le mode d'être, Husserl envisage et recherche la possibilité d'une constitution universelle des objets, réels et idéaux, qui rende compte de leur objectivité autant que de leur accessibilité. Or, le sens de la réduction transcendantale pose problème aux disciples des premières années, en ce que cette opération est vue comme une tentative de réduire le monde réel extérieur à une donnée immanente de la conscience, mettant en péril non seulement l'existence réelle du monde, mais encore le statut objectif transcendant des idéalités. Par suite, le passage de l'objet intentionnel (ou objet réduit) au premier plan de l'analyse rend son statut problématique et finalement polémique. Il devient le point focal de la réflexion critique en ce qu'il apparaît comme le symbole même du virage transcendantal, c'est-à-dire du renoncement à la transcendance réelle et radicale des objets, du renoncement à la séparation de la conscience et de l'être au profit d'une immanentisation suspecte. Au fond, la réduction phénoménologique est ressentie comme une réduction tout court, soit comme une négation du monde réel et du monde idéal.

1. C'est le souci premier et constant de Husserl qui anime toutes ses œuvres jusqu'à la *Krisis*, § 55 : « Il ne s'agit pas d'assurer l'objectivité mais de la comprendre. (…) L'unique « éclaircissement » effectif c'est de rendre transcendantalement compréhensible : tout ce qui est objectif est sous le coup d'une exigence de compréhensibilité », trad. fr. de G. Granel, p. 215 [192].

C'est dans ce contexte réactionnel qu'Ingarden se forme et élabore sa propre démarche philosophique, laquelle prend de manière fondamentale la figure d'une opposition et d'une démarche critique sans cesse renouvelées.

Lignes directrices de la pensée d'Ingarden

La poursuite de l'antipsychologisme

De l'enseignement de Husserl, Ingarden retient comme les disciples de Göttingen, en premier lieu, l'affirmation d'un ordre éidétique en tant que source de connaissance objective et apriorique. Il admet à son tour l'extension du concept d'expérience ou d'intuition en posant, comme Husserl, le fait de l'intuition des essences. L'expérience empirique, en effet, ne donne jamais que la connaissance de l'individuel et ne permet pas de rendre compte de la capacité à former des jugements universels du type « tout S est P ». Il faut donc admettre un autre type d'expérience pour s'élever à la conscience de l'universel, l'intuition a priori des essences : « La connaissance apriorique diffère (...) de l'expérience au sens restreint tout en demeurant en même temps dans une certaine relation avec elle : elle est d'une certaine manière construite au-dessus des données de l'expérience [*eine fundierte Erkenntnis*, précise Ingarden en note] et constitue, grâce à une opération que Husserl appelle « idéation » une modification de ces données faisant que cette connaissance [a priori] est une connaissance indépendante de l'expérience [1] ».

Par suite, c'est surtout la conception de la vérité en soi développée dans les *Prolégomènes* qui retient son intérêt, comme celui de nombreux étudiants du cercle de Göttingen, et lui fait partager l'idéal de la philosophie comme science rigoureuse. En découle alors l'hostilité, partagée avec Husserl, à l'égard du psychologisme, ruineux de la valeur objective de la connaissance et de la logique. Ingarden conserve ainsi comme un impératif la nécessité de distinguer l'acte (et le vécu d'acte) particulier et contingent, d'avec son contenu, objectif et valable en tant que le même pour tout locuteur. La présence de cette distinction, héritée des *Recherches logiques*, est donnée dans le texte polonais de 1919 au cours d'une remarque sur la logique : « L'existence d'une logique philosophique, libre de tout psychologisme, est (...) conditionnée par l'existence d'une différence entre la conscience et la *psyché*, entre les produits logiques et les actes

1. Extrait de *Dazenia fenomenologow (Aspirations des phénoménologues)*, publié en 1919 en Pologne, p.[341], cité et traduit du polonais par G. Kalinowski, *Expérience et phénoménologie*, Paris, Éditions Universitaires, 1992, p. 52.

psychiques (ce qui veut dire que ceux-ci ne sont pas des composantes de ceux-là) et par la possibilité d'une connaissance apriorique aussi bien des produits logiques eux-mêmes que, également, des actes de conscience [1] ».

Cette distinction sera reprise et explicitement appliquée lors du traitement de l'œuvre d'art littéraire. Dès le premier chapitre, Ingarden doit marquer son opposition aux défenseurs du psychologisme qui, réduisant le contenu des phrases et des significations aux vécus des auteurs et des lecteurs, excluent toute possibilité de parler de l'identité d'une œuvre littéraire, car celle-ci étant démultipliée et subjectivisée autant de fois qu'il y a de lecteurs, on ne sera jamais sûr que l'on parle bien de la même œuvre. « Nous refusons ces contresens », déclare Ingarden, et « nous nous tenons fermement à l'affirmation que toute œuvre littéraire est un quelque-chose en soi identique [2] ».

Rappelant, au paragraphe 18 de *L'Œuvre d'art littéraire*, la controverse qui a opposé Husserl aux psychologistes, Ingarden confirme que pour lui aussi toute idée, signification, produit logique, intellectuel ou artistique de la pensée ne sont pas des contenus psychiques réels (réellement immanents) de la conscience, mais doivent être compris selon une altérité et une transcendance spécifiques par rapport aux actes subjectifs qui les forment. C'est la condition première de l'intersubjectivité vécue de fait par tous les esprits et, partant, c'est la condition même de la possibilité « d'une science intersubjective sûre [3] », ce qui replace clairement le travail sur l'œuvre d'art littéraire dans sa dimension épistémologique et ontologique, et non pas simplement esthétique.

L'opposition forte au psychologisme est doublée par ailleurs d'un rejet tout aussi catégorique du logicisme-conventionalisme-physicalisme pratiqué par les logiciens de Varsovie et du cercle de Vienne. Ingarden s'en explique dans une note de *L'Œuvre d'art littéraire* [4] et renvoie à un article critique de 1936 : « Essai logistique d'unc refonte de la philosophie ». Il présente également ce climat néopositiviste et conventionnaliste de la Pologne des années 20 de manière désolée, dans une note-commentaire des lettres de Husserl. Expliquant que Varsovie vivait de la construction de systèmes logiques axiomatiques déductifs toujours nouveaux, il y voit la raison de l'impossibilité de trouver un éditeur pour la traduction des *Recherches logiques* en polonais qu'il se proposait de faire. Il fait le constat

1. *Ibidem*, p.[320] de l'article polonais, cité et traduit par Kalinowski, *op.cit.*, p. 50.

2. *L'Œuvre d'art littéraire*, trad. fr. Ph. Secretan, Lausanne, L'Age d'Homme, 1983, p. 31.

3. *Der Streit um die Existenz der Welt*, : « das mir als das Problem der Möglichkeit der intersubjektiv gesicherten Wissenschaft überhaupt erschien », t. I, Niemeyer, Tubingen, 1964-65, Avant propos, p. IX.

4. Voir *L'Œuvre d'art littéraire*, p. 95, note 49.

suivant : « On était donc victime d'un conventionnalisme radical qui faisait cause commune avec, d'un côté une théorie physicaliste des formations linguistiques, et de l'autre un scepticisme également radical vis-à-vis de tout connaître immédiat, et particulièrement de toute saisie intuitive. Ce n'était pas seulement l'intuitionnisme de Bergson qui était visé mais aussi la phénoménologie avec tous ses modes de travail intuitifs, compris d'une tout autre manière [1] ».

Son refus de la réduction des contenus de propositions à des signes conventionnels est donc motivé par la volonté de maintenir l'affirmation de l'existence des essences et de la transcendance des significations. Que, par ailleurs, Ingarden se soit opposé à la conception husserlienne de la signification propositionnelle comme espèce idéale (nous y reviendrons), cela ne change rien à son déni du conventionnalisme, d'autant que cette séparation d'avec la thèse des *Recherches logiques* n'est en fait qu'une anticipation de la position définitive de Husserl, que ce dernier salue d'ailleurs joyeusement dans la lettre du 21-XII-1930[2]. Qu'un même contenu identique, donc distinct de la teneur propre des vécus, soit accessible à tous les locuteurs, cela constitue la clef de voûte de la possibilité d'une connaissance objective, et l'affirmation de la saisie des essences et des idéalités en constitue de surcroît le deuxième tenant, garant d'une connaissance apriorique universelle.

La théorie de la connaissance

Le souci central d'Ingarden est ainsi dirigé sur la question de la vérité et de la possibilité d'une connaissance objective valide. Ses premiers travaux [3] sont en conséquence principalement tournés vers l'épistémologie – plus justement vers la théorie de la connaissance – dans la mesure où il s'interroge sur la tâche et les structures que doit revêtir une théorie de la connaissance pour proposer une méthode correcte. Tout d'abord, il remarque que l'intérêt pour la connaissance n'apparaît que lorsque naissent des doutes sur les résultats mêmes de la connaissance. Par conséquent, la raison d'être de la théorie de la connaissance réside pour Ingarden dans la solution du

1. *Briefe an Roman Ingarden, Erläuterungen zu den Briefen,* ad. XIV (28-III-1921) p. 144.

2. *Briefe an Roman Ingarden :* « Votre critique de mes premières leçons sur la signification comme « espèces idéales » fut pour moi une joyeuse surprise. Les « Études logiques » sont aussi au-delà de cela et vont tout à fait dans votre sens ». Husserl ajoute qu'il a abandonné depuis longtemps la position des *Recherches logiques*, et qu'il était alors « un enfant en philosophie », p. 63.

3. Voir « Über die Gefahr einer *Petitio Principii* in der Erkenntnistheorie » de 1921, et « Über die Stellung der Erkenntnistheorie im System der Philosophie » de 1925, dans Gesammelte Werke, t. 6, voir les références en fin de volume.

problème de l'objectivité de la connaissance. Elle doit donc inclure en son champ une critique de la connaissance, c'est-à-dire une estimation de la valeur de connaissance des résultats obtenus de fait et, pour cela, doit développer des critères permettant cette estimation de la valeur des résultats. Il convient de s'arrêter ici sur l'approche d'Ingarden, car cela éclaire également sa reprise particulière de certains thèmes husserliens et, notamment, celui de la réduction.

L'accès à de tels critères de la valeur cognitive des résultats de la connaissance pose un problème épineux, car on risque d'être conduit à une régression à l'infini : évaluer une connaissance ne peut se faire qu'au travers d'un nouvel acte de connaissance ; comment garantir que cette nouvelle connaissance soit objective ? Ou bien cela est admis *a priori* et l'on commet dès lors une pétition de principe. Ou bien on soumet cette connaissance à de nouveaux actes de connaissance, ce qui conduit à une régression à l'infini[1]. Contre une alternative aussi peu satisfaisante, Ingarden propose une autre voie.

L'erreur de cette analyse vient, selon lui, de ce que l'on croît en général que le processus de connaissance doit nécessairement différer de l'objet à connaître. Or, Ingarden suppose qu'il existe des états de conscience particuliers, ou des actes, qui sont absolument conscients de soi sans qu'un autre acte ait besoin d'être accompli ; autrement dit, qu'il existe des actes pour lesquels leur occurrence même, le fait d'en faire l'épreuve vivante ou de les « vivre de part en part » (*Durchleben*), est en même temps une connaissance certaine de soi. Il appelle cet état remarquable l'intuition du *Durchleben.* Dans cette situation exceptionnelle, nous obtenons une connaissance infaillible et indubitable qui n'a plus besoin de critère extérieur pour évaluer sa validité absolue. Cet état peut donc se caractériser comme étant « auto-contrôlé » et, à ce titre, il met fin à la régression infinie qui vise un contrôle épistémologique radical et définitif

L'intuition du *Durchleben* permet de comprendre ce que cela signifie pour une connaissance d'être vraie, et nous saisissons par là l'idée de l'objectivité de la connaissance. Ingarden réutilise ici le fait de l'indubitabilité de la perception immanente, telle que Husserl l'avait dégagée dans les *Ideen* I, avec cette différence cependant que le *Durchleben* se donne dans une intuition immédiate, voire comme une « lumière » qui accompagne l'acte, sans nécessiter la formation d'un nouvel acte. Cette expérience donne désormais un point d'Archimède pour jauger la validité des connais-

1. Nous reprenons largement sur ces points la présentation de Danuta Gierulanka : « Ingarden's Philosophical Work », dans *On the Aesthetics of Roman Ingarden, Interpretations and Assessments*, B. Dziemidok et P. McCormick (eds.), Den Haag, Nijhoff, 1989, p. 1-20.

sances, arme requise pour asseoir une réfutation ou une validation définitives dans la théorie de la connaissance [1].

Concernant encore l'erreur épistémologique qui conduit à une pétition de principe, Ingarden a recours à la méthode de réduction phénoménologique, en tant que moyen de se garder d'un tel danger. Autrement dit, il crédite la réduction d'une fonction épistémologique ponctuelle, ce qu'évidemment Husserl n'aurait pas approuvé. C'est pourtant aux propos de Husserl qu'il se réfère en présentant cette question [2]. Lors des séminaires qu'il a suivis, Ingarden se souvient qu'il a souvent entendu Husserl parler du non-sens qui consiste à essayer d'obtenir une solution épistémologique, concernant par exemple la valeur cognitive de la perception externe, en faisant appel à l'existence des qualités de l'objet donné dans ladite connaissance. Autrement dit, on justifie ou on invalide la perception par le fait même de la perception ; le subterfuge consistant à prendre une partie de ce qui est saisi dans le perçu comme garantie ou inversement comme mise en échec de la totalité du perçu. Par exemple, si la perception nous donne à connaître telles qualités d'un objet, comment savoir que cette perception est valide (c'est-à-dire que les qualités appartiennent bien à l'objet), si ce n'est en percevant à nouveau l'objet ? Le problème est alors de savoir, comme plus haut, comment sortir de ce cercle.

La réponse d'Ingarden est la suivante : la réduction phénoménologique peut servir de rempart à une telle erreur, même si Husserl ne lui a pas assigné ce but. Elle peut donc jouer un rôle dans la théorie de la connaissance, distinct de celui qu'elle joue dans l'introduction à la phénoménologie transcendantale. Son avantage immédiat consiste en la suspension de la croyance en l'existence des objets de connaissance concernés, pour examiner en lui-même le seul acte de connaissance, sans le contaminer par la position même de ce qu'il a à connaître, ou pour examiner les objets eux-mêmes dans leur essence, quoi qu'il en soit de leur existence réelle. Dès lors que la réduction nous maintient sur le seul plan des analyses éidétiques et qu'elle exclut par là toute affirmation sur l'existence ou le type d'existence des objets considérés, elle constitue pour Ingarden un moyen utile à l'élaboration d'une méthode correcte pour la théorie

1. Pour plus de précision sur l'intuition du *Durchleben* et la théorie de la connaissance d'Ingarden, voir *Die Erkenntnistheorie von Roman Ingarden*, d'A. Chrudzimski, Dordrecht-Boston-London, Kluwer Academic Publishers, (Phaenomenologica 151), 1999, chap. 2. L'auteur montre comment l'intuition du *Durchleben* satisfait ainsi les trois postulats de la théorie de la connaissance d'Ingarden, à savoir le principe de l'absence de présupposition, le principe de l'universalité de la connaissance et celui du caractère définitif de la connaissance.

2. Voir sur ce point l'ouvrage d'Ingarden : *On the Motives which led Husserl to Transcendantal Idealism*, Den Haag, Nijhoff, 1975, p. 12 et 40.

de la connaissance. Elle a valeur pour lui de méthode épistémologique ponctuelle et provisoire.

Les domaines de la philosophie

Ingarden conserve donc principalement la thématique des essences présente dans le premier Husserl, la question de la connaissance et de son objectivité couplée à certaine appréhension de la réduction, ce qui le conduit à privilégier un plan et une démarche principalement ontologiques. Il sépare systématiquement les questions relevant de l'essence et celles relevant de l'existence, distinguant par là le domaine des sciences particulières et le domaine philosophique. Les sciences particulières sont, comme chez Husserl, divisées en sciences des faits (sciences de la nature et sciences de l'homme) et sciences aprioriques, dont les mathématiques portant sur des objets idéaux, atemporels. Qu'elles portent sur des faits du monde réel ou sur des objets idéaux, dans les deux cas ces sciences admettent l'existence de leurs objets et du monde réel sans les soumettre à examen critique. De son côté, le champ philosophique, susceptible quant à lui de mener un tel examen, se voit à son tour distribué en trois domaines : l'ontologie, la métaphysique et l'épistémologie que nous venons d'envisager en tant que théorie de la connaissance et critériologie.

L'ontologie a pour objet le domaine des structures idéales, en tant que possibilités pures (abstraction faite de toute thèse existentielle[1]), l'analyse des idées et de leurs relations nécessaires aux qualités idéales. Ingarden en donne la définition au paragraphe 4 des *Remarques sur le problème Idéalisme-Réalisme* : « Par ontologie, j'entends toute recherche apriorique sur le statut des idées, idées appartenant à un domaine unifié par une idée régionale et étant l'idée d'entités-d'être [*Seins-entitäten*]. Sous l'ontologie prise en ce sens tombe donc aussi la phénoménologie de la conscience pure, qui constitue aussi pour elle-même une région ontologique déterminée[2] ». C'est donc un champ ontologique plus vaste que propose Ingarden, puisqu'il englobe la phénoménologie (que Husserl opposait pourtant aux ontologies) et également ce qu'Ingarden nomme l'ontologie existentielle, portant sur l'analyse des idées des modes d'existence.

La métaphysique est comprise comme un examen tourné vers les faits et leur existence, mais, contrairement aux sciences particulières qui les acceptent simplement dans leur facticité, la métaphysique envisage les faits

1. *Der Streit*, t. 1, § 6 : « La possibilité pure (donc non-empirique) n'est déterminée par aucun fait situé à l'intérieur du monde réel. Elle n'est pas non plus relative à un moment de temps déterminé et ne souffre aucune variation quant à ses degrés », p. 38.

2. *Remarques sur le problème Idéalisme-Réalisme*, p.[24-25], voir *infra* pour les références et l'ensemble de la traduction.

et les existences à la lumière de leur essence; ce pour quoi elle est seconde par rapport à la démarche ontologique qui la prépare et se tient au point d'articulation, problématique et vraisemblablement non résolu, de l'ontologie et des sciences particulières puisqu'elle reste en liaison étroite avec les résultats de celles-ci. La définition des *Bemerkungen* est précise: « J'entends par métaphysique, une recherche tournée vers l'essence des régions ontologiques existant à titre de fait (par suite vers celle de leurs éléments), vers l'essence de leurs relations réciproques et de leur ultime fondement ontologique, une recherche qui a à statuer sur leur existence et leur être-ainsi essentiellement factuels[1] ». La métaphysique ne s'en tient donc pas à la pure facticité existentielle, bien que ce soit à elle qu'il incombe ultimement de constater l'irrationalité factuelle de l'être: « Partout où, dans la structure de l'objet, apparaît un moment quelconque qui ne soit pas indiqué avec nécessité par la nature ou par l'essence de l'objet (...) nous rencontrons l'irrationalité dans l'être; le fait de cette irrationalité doit être constaté dans un examen métaphysique[2] ». Le domaine métaphysique concerne ainsi l'existence effective du monde conçu comme totalité de ce qui existe, l'essence effective des êtres dont l'existence a été affirmée, la question de la cause du monde (dans son essence et son existence correspondante).

Ces distinctions sont essentielles aux yeux d'Ingarden, et il prend soin en toute question de faire la part des problèmes relevant de chaque prérogative, les confusions venant toujours selon lui de ce que les différents domaines sont confondus – c'est précisément le cas de la polémique Idéalisme-Réalisme portant sur le mode d'existence du monde réel par rapport à celui de la conscience[3]. Si Ingarden retrouve donc une conception du champ philosophique finalement assez classique, il présente toutefois cette particularité de donner au travail d'analyse ontologique, maintenu au seul plan éidétique, une priorité et des proportions considérables qui orientent déjà le sens qu'il accorde à la phénoménologie.

De la théorie de la connaissance à la querelle Idéalisme-Réalisme

Parce que la question de l'objectivité de la connaissance est au centre de sa réflexion, Ingarden retrouve les difficultés cartésiennes liées au statut de la représentation : pourra-t-on jamais être certain de la concordance des

1. *Ibidem*, p.[25].

2. *Spor o istnienie swiata* [*La querelle sur l'existence du monde*], t. II, p.[455], 2e éd. Varsovie 1961, cité et traduit du polonais par A.T. Tymieniecka dans *Essence et existence*, Paris, Aubier, 1957, p. 153 (la référence de l'édition allemande n'est pas donnée).

3. Voir plus loin sur ce point les *Remarques sur le problème Idéalisme-Réalisme*, ainsi que l'Introduction de *Der Streit*.

idées en nous et des choses hors de nous ? La question est sérieuse, mais on sait aussi qu'elle implique déjà une certaine conception des rapports de l'être et du connaître. Plus encore, elle a déjà décidé d'une orientation spécifique, à savoir l'extériorité et l'indépendance de l'objet de connaissance vis-à-vis du sujet connaissant. Ce qui revient clairement à affirmer une position réaliste au moins sur le terrain épistémologique, et Ingarden ne le masque pas.

Toutefois, il n'ignore pas non plus que la position de principe du réalisme engage un dualisme entre sujet et objet, tel qu'il offre le risque permanent de sombrer ou dans le relativisme ou dans le scepticisme. En effet, l'affirmation d'une existence radicalement autonome d'un objet étranger au sujet est injustifiable et invérifiable, sauf précisément à réaffirmer la relation même qui a été niée. La connaissance est alors impossible, ou simplement reconduite au statut d'une possibilité pure que l'on peut penser mais jamais vérifier. Elle ne peut prendre qu'une forme conditionnelle : s'il existe un sujet tel que x, et s'il existe un objet tel que y, alors il est possible que, etc. Et, c'est bien la forme qui émaille l'ensemble des considérations ontologiques d'Ingarden. Ou bien alors une connaissance de fait a lieu relativement à une subjectivité de fait, mais dont on ne pourra jamais assurer la validité. Nous retrouvons en ce cas les impasses du relativisme et du psychologisme et, au final, la subjectivité elle-même devient à son tour incompréhensible. Cette issue est inadmissible pour Ingarden comme pour Husserl.

Il faudrait alors convenir que cette double impasse révèle en retour les failles de la question elle-même et de son présupposé, sauf à les reconduire aux termes d'une problématique plus originaire. Pour cela, il faut reprendre le problème tel qu'Ingarden le trouve d'abord chez Husserl. Nous disions plus haut que, dans les *Recherches logiques*, Husserl s'affronte à la question qui va dominer les perspectives d'Ingarden : comment une subjectivité peut-elle saisir une objectivité, « que signifie pour l'objet d'être « en soi » et « donné » dans la connaissance ?[1] ». De ce point de vue, la continuité du maître au disciple paraît indiscutable. Il y a néanmoins un élément qui fait basculer les travaux et les raisonnements sur deux voies divergentes, engendrant *eo ipso* la querelle Idéalisme-Réalisme.

Si Husserl et Ingarden posent la même question épistémologique, il s'avère que la solution adoptée par Husserl prend le nom de l'intentionnalité. Or, celle-ci ne correspond pas à une option anodine de la psychologie, mais elle décide fermement d'une conception ontologique des rapports entre sujet et objet ou conscience et monde, c'est-à-dire aussi d'une orientation qui peut passer pour doctrinaire.

1. *Recherches logiques*, II, 1, Introduction, § 2.

En effet, dire que toute conscience est conscience de quelque chose, c'est reconnaître que rien n'existe hors des déterminations de la conscience, que tout objet n'est que l'index d'un système de vécus – c'est la forme idéaliste apparente, retenue et critiquée de la phénoménologie. Pourtant, le principe de l'intentionnalité doit se lire aussi de manière réversible, en ce qu'il affirme qu'il n'y a pas non plus de conscience sans objet, de sujet sans monde – et c'est le caractère réaliste de la phénoménologie qui fait dire à Husserl que jamais il n'a nié l'existence et la consistance du monde[1]. Mais, en définitive, dire que toute conscience est conscience de quelque chose, c'est poser que ce qui est véritablement premier et fondateur sur le plan ontologique, c'est le rapport lui-même, la corrélation universelle de la conscience et des choses. Telle est la voie toute particulière qu'embrasse la phénoménologie husserlienne pour dépasser la querelle Idéalisme-Réalisme, ainsi que le dualisme épineux sous-jacent au réalisme.

D'une certaine manière, c'est la solution de l'intentionnalité qui réélabore elle-même en retour la question directrice de la philosophie de Husserl et oblige à relire les *Recherches logiques* sous cet angle. En ce sens, la problématique huserlienne ne porte pas sur la correspondance des idées et des choses – ce qu'elle reste en fait chez Ingarden – mais sur un point en quelque sorte antérieur à cette formulation et qui la court-circuite, à savoir le problème de la relation même d'une conscience à un objet existant en soi. Autrement dit, c'est la possibilité de l'accès aux choses par la conscience qui est mise en cause. La question n'est donc pas de savoir si notre saisie des choses est véridique, mais « comment il se fait » que nous pouvons nous y rapporter. C'est en cela que réside la constance du motif husserlien qui vise à « comprendre l'objectivité ». De ce point de vue, il ressort sans ambiguïté que l'affirmation de l'intentionnalité renvoie à l'affirmation d'une certaine conception de l'être, déjà présente dans les *Recherches logiques*, mais il faut attendre les *Ideen* I pour la voir explicitée franchement.

Ingarden ne s'y est pas trompé qui, dès le début de sa réflexion philosophique avec et contre Husserl, prend ses distances par rapport à l'intentionnalité pour mieux réaffirmer la fermeté de sa position ontologique réaliste. A cet égard, la longue lettre[2] de 1918 – la seule qui ait échappé aux bombardements de la guerre parce qu'Ingarden en avait gardé le brouillon – est particulièrement instructive et révélatrice de ses positions. Le disciple y fait part à Husserl de ses critiques aux *Ideen* I et, par là, dévoile ce qui constitue le noyau de toute sa pensée à venir. Son souci majeur est axé sur

1. Voir par exemple *Postface aux Ideen* I : « avant tout l'idéalisme phénoménologique ne nie pas l'existence effective du monde réel », p. 198 [152].

2. Voir *infra* les références et notre traduction.

le statut du monde réel par rapport à la conscience parallèlement à son ferme refus de la corrélation intentionnelle comme rapport primordial et principiel du sujet et de l'objet. Cela le conduit en conséquence à rechercher les conditions de possibilité de ce rapport, désormais contingent et aléatoire; par suite à en rechercher également les conditions de validité et d'objectivité, entreprise qu'il nomme *Rechtsbetrachtungen*, considérations de légitimité principalement appliquées à la constitution des objets intentionnels. Car il faut bien maintenant introduire cette catégorie singulière de l'objet intentionnel. En effet, les vives réactions de protestation qui font suite à la publication des *Ideen* I portent en priorité sur la réduction et le statut de l'objet noématique. L'objet réduit pris comme objet d'analyse, en lieu et place de la chose réelle ou de l'objet idéal, est vu comme une déréalisation du statut de l'être transcendant, comme une reconduction de l'être au statut d'un être de représentation, d'un sens immanent et subjectif. Autrement dit, pour les partisans du « Retour aux choses mêmes », l'objet intentionnel est bien la preuve d'un virage transcendantal dans la pensée de Husserl, c'est-à-dire d'un déni pur et simple de l'existence du monde réel. Car si l'arbre réduit, l'arbre-perçu-en-tant-que-tel, ne peut pas brûler[1], c'est bien qu'il n'est pas un arbre au sens réel du terme, et si Husserl considère vraiment que la réalité n'est rien de plus que ce qui est ainsi visé et représenté, alors c'est qu'il a renoncé au réalisme supposé des *Recherches logiques*.

Suivons donc le début de cette lettre, puisqu'elle inaugure pas moins de quarante années d'efforts et d'opposition critiques à Husserl, et constitue finalement un texte programmatique, valide jusque dans les derniers écrits de 1967, les leçons d'Oslo.

La Lettre de 1918 : manifeste du réalisme ingardénien

Ingarden commence par proposer une définition générale de l'idéalisme, à savoir l'identification de la conscience pure et de la réalité, la réduction de l'être à son être-pour-et-dans-la-conscience. Il n'en accuse pas Husserl directement, car il reconnaît que les analyses des *Ideen* I insistent clairement sur l'hétérogénéité essentielle de la conscience et de la réalité. Mais il considère que les *Ideen* conduisent à l'idéalisme d'une manière plus subtile, par l'introduction de la différence entre noème et noèse qui « réinterprète » la différence essentielle entre la réalité et la conscience, au point de la « nier ». « Cela se produit du fait que, d'une part la « réalité » (pour poser le problème de manière plus étroite et en faisant abstraction de l'être idéal) est comprise comme quelque chose de *seulement* visé, et « au-delà de

1. Voir *Ideen* I, § 89.

cela comme un rien », et que d'autre part, l'essence de la conscience est étendue à la sphère noématique. Au fond, selon vous, la chose par exemple... n'est rien d'autre qu'un sens noématique (et « au-delà de cela elle n'est rien »)[1] ».

L'idéalisme pour Ingarden se comprend donc comme la tentative de réduire l'objet réel au statut de l'objet intentionnel. Et contre une telle réduction, il va travailler inlassablement en empruntant toutes les directions susceptibles de servir ce propos. Ainsi, en 1929, l'introduction de *L'Œuvre d'art littéraire,* ouvrage apparemment littéraire, indique d'emblée que ses motivations ultimes sont « de nature *philosophique* » et « étroitement liées à la question Idéalisme-Réalisme ». Prenant alors comme modèle, voire comme porte-parole de l'idéalisme, la philosophie husserlienne, Ingarden la présente comme volonté de « comprendre le monde réel et les éléments qui le composent, comme des « objets » purement intentionnels dont le fondement d'être et de détermination réside dans les profondeurs de la conscience pure constituante[2] ».

La tâche d'Ingarden est alors parfaitement claire : si l'on veut résoudre la question et départager les points de vue idéaliste et réaliste, « il convient de mettre au jour la structure essentielle et le mode d'être de l'objet purement intentionnel, puis de voir ensuite si les « objets » réels, selon leur essence, peuvent avoir la même structure et le même mode d'être[3] ». Vingt ans plus tard, c'est avec la même fermeté qu'Ingarden présente l'opposition de l'objet réel et de l'objet intentionnel dans l'Avant-propos de *Der Streit*, en 1947. A nouveau l'idéalisme est défini comme la tentative de « reconduire les objets réels aux objets intentionnels » et seule l'analyse de leur différence radicale de structure formelle, telle qu'elle est initiée dans *L'Œuvre d'art littéraire*, peut mettre fin à cette réduction et, partant, rétablir l'autonomie spécifique du réel par rapport à l'intentionnel.

Il ressort déjà qu'Ingarden se fait une conception négative et bien particulière de l'objet intentionnel en tant que substitut irréel des choses mêmes, comme si l'idéalisme transcendantal avait pour seule fin de nier et de détruire la valeur existentielle du monde réel. Quelle que soit la vérité de cette interprétation, c'est en elle que s'enracine son opposition à Husserl, laquelle est continûment associée à la référence du paragraphe 50 des *Ideen* I qui provoque et justifie selon lui cette critique : « La réalité, aussi bien la réalité d'une chose prise séparément que la réalité du monde dans son ensemble, ne comporte par essence (au sens strict que nous prenons) aucune autonomie. Ce n'est pas en soi quelque chose d'absolu qui se lie secon-

1. *Lettre de 1918*, p.[5].
2. *L'Œuvre d'art littéraire*, p. 8.
3. *Ibidem.*

dairement à un autre absolu ; ce n'est, au sens absolu, strictement rien ; elle n'a aucune « essence absolue » ; son titre d'essence est celui de quelque chose qui par principe est *seulement* intentionnel, *seulement* connu, représenté de façon consciente, et apparaissant[1] ».

Par cette affirmation, le monde lui paraît transformé en simulacre, en sous-produit de la conscience pure, seule réalité absolue et autonome. Or, c'est précisément l'autonomie des choses et du monde réel face à la conscience qu'Ingarden entend maintenir et fonder ontologiquement. La *Lettre de 1918* expose fortement cette conviction : « Je ne peux moi-même me résoudre à approuver cet idéalisme. Je ne peux renoncer à l'hétérogénéité d'essence entre la conscience et la réalité[2] ».

Comme principe de différence d'essence et de mode d'être, Ingarden reprend l'opposition classique entre le statut matériel (spatial et divisible *partes extra partes*) du réel et la vie consciente « de part en part » de la conscience. Nous avons déjà évoqué cette conception du *Durchleben*, en tant qu'aperception transversale de la conscience qui se sait consciente de toute son intériorité, cette saisie immédiate de soi par soi donnant aussi l'indice d'une certitude inébranlable. Mais, dans cette lettre, ce n'est pas la spécificité de la conscience qui intéresse Ingarden, il veut en premier lieu tirer les conséquences de cette dichotomie en faveur de l'être autonome de la chose. Si le mode d'être de la chose réside dans son étendue, elle n'a pas besoin pour exister d'autre chose que cette qualité première, par exemple le fait d'être visée ou perçue, il lui suffit d'être étendue et spatiale *en elle-même*. En revanche, une conscience qui ne serait pas conscience d'elle-même serait en contradiction avec son essence, ne pourrait donc pas exister.

La chose réelle, prise en elle-même, « peut certainement devenir un « objet intentionnel ». Mais cela n'épuise pas son essence. Plus encore, il n'appartient pas du tout à son essence qu'elle *soit* un objet intentionnel[3] ». Autrement dit, toute chose peut éventuellement, par accident ou par occasion, devenir l'objet d'un acte de visée intentionnelle, devenir donc un objet intentionnel en un sens impropre, car cela n'affecte en rien son essence ni son mode d'être. Elle peut exister sans être perçue ni visée de quelque manière que ce soit. Elle peut exister et elle existe « en soi ». Son *esse* ne se résume pas à son *percipi*. L'intentionnalité ne trouve donc pas ici de véritable terrain d'application, elle est au mieux une propriété du sujet, mais elle ne garantit en rien la possibilité d'une corrélation avec un objet. Le texte des *Remarques sur le problème Idéalisme-Réalisme* envisagera

1. *Ideen* I, § 50, p. 164-65 [93-94].
2. *Lettre de 1918*, p.[6].
3. *Ibidem*, p.[8].

même la possibilité de qualités muettes en l'objet, c'est-à-dire de qualités inaccessibles à la visée du sujet.

Ingarden affirme ainsi clairement sa position réaliste : il existe une réalité spatiale matérielle, autre et indépendante de la conscience, accidentellement ou accessoirement visée par une conscience sans que cela affecte son être. La réponse à la formule des *Ideen* I est donnée par là : le paragraphe 50 affirme que la réalité n'est pas « un absolu qui se lie accessoirement à un autre absolu », tandis qu'Ingarden soutient au contraire la mise en présence de deux absolus, de deux réalités autonomes dont la relation éventuelle est par principe accessoire, étant donné leur essence respective. Et, par suite, là où Husserl indique que la réalité « mise entre parenthèses » ne présente aucune essence absolue, Ingarden maintient au contraire fortement cette attribution de l'essence à la réalité. L'essence est même le propre des objets individuels autonomes, tandis qu'à ses yeux, c'est l'objet intentionnel (au sens qu'il lui donne) qui, précisément, est dénué de toute essence.

Ce manifeste du réalisme est suivi d'une définition précise de la réalité, laquelle a toujours été reprise dans les écrits postérieurs. « La réalité existe seulement pour autant qu'il s'agisse de quelque chose existant « en soi ». Qu'elle puisse être visée ne relève pas d'elle spécifiquement. Elle est ce qu'elle est « en soi » et existe en tant que telle, elle est un être complet en soi, en tout temps et universellement déterminé [1] ». L'existence en soi, la complétude et l'immanence des déterminations, sa transcendance vis-à-vis de la conscience sont les caractères premiers de la réalité, les traits majeurs de son mode d'être. Sa transcendance paraît d'ailleurs bien prendre pour Ingarden le sens immédiat de l'extériorité. Deux remarques militent en ce sens.

D'une part, le rappel de l'expérience perceptive qui, pour Ingarden, donne à vivre au sujet le sentiment de l'altérité, voire de l'étrangeté : « Dans les actes de l'expérience en question, je me heurte à quelque chose, qui est « non-ego » et non-conscient, mais qui est quelque chose d'étranger à la conscience et existant pour soi [2] ». Ce vocabulaire du heurt, qui est souvent repris, laisse apparaître la rencontre avec le réel sur le mode de l'extériorité physique, voire sur le mode du contact par choc de deux réalités occupant un espace commun.

D'autre part, Ingarden discute un point particulier des *Ideen* I, à savoir la question de la suspension de la transcendance divine. Dieu est-il à mettre sur le même plan que toutes les transcendances mondaines, et peut-il être réduit de la même façon [3] ? Ingarden présente les choses selon une alterna-

1. *Lettre de 1918*, p.[8].

2. *Ibidem*, p.[10].

3. Voir sur ce point la remarque du § 51 des *Ideen* I et la décision du § 58 de réduire la transcendance de Dieu.

tive qui dévoile sa conception de la transcendance. Ou bien, Dieu est une idée immanente, une *perceptio clara et distincta*, et il ne peut dès lors pas être mis entre parenthèses par la réduction. Ou bien Dieu est vraiment transcendant, il peut tomber sous le coup de la réduction et devenir alors seulement un être visé. Mais, ajoute Ingarden, s'il est ainsi mis entre parenthèses, comment et pourquoi en faire encore un « être en soi », un « être absolu » ? La question rend manifeste la difficulté d'Ingarden à considérer la transcendance de l'objet intentionnel, ou de l'objet réduit comme une transcendance réelle ; celle-ci étant visiblement corrélative, à ses yeux, de l'être en soi, existant absolument en toute autonomie. Par suite, la transcendance de l'objet intentionnel vis-à-vis de l'acte reste pour lui toute relative, c'est-à-dire au fond maintenue dans l'immanence au sens large, donc non extérieure. On peut bien dire que l'objet visé en tant que visé est transcendant, mais il n'existe pas en soi : ce qui veut dire qu'il n'est rien, n'est un pas objet au sens propre. Et sur ce point Ingarden accorde volontiers à Husserl que l'objet purement intentionnel n'a pas d'essence propre. Le problème étant qu'ils ne parlent pas des mêmes objets. La suite du texte s'emploie à distinguer trois types de transcendance ; distinction typique de la méthode d'Ingarden destinée à supprimer tout lieu de confusion et qui permet de confirmer notre propos quant au sens privilégié accordé par Ingarden à la notion de transcendance :

– La transcendance I (celle que nous venons d'évoquer) désigne l'extériorité d'un être par rapport à la conscience : « l'être différent de la conscience et différent du sens noématique[1] ». En ce cas, non seulement la transcendance n'exclut pas l'être en soi de l'objet, « mais bien plutôt elle *l'exige*, pour autant que l'objet doive exister ».

– La transcendance II désigne le sens noématique supérieur dominant la perception et qui « transcende ce qui est véritablement rempli ». Mais alors, remarque Ingarden, « cette transcendance ne concerne qu'une détermination des structures noématiques, et elle ne relève pas de notre question[2] ». L'exclusion est particulièrement remarquable puisqu'elle confirme que la transcendance intentionnelle, c'est-à-dire la transcendance dans l'immanence, ne lui paraît pas constituer un cas véritable de transcendance, celle-ci devant se coupler à la position d'un être en soi, extérieur à la sphère de la conscience.

– Enfin, la transcendance III désigne le sens de la réalité qui transcende « le sens de remplissement de n'importe quelle multiplicité finie des synthèses perceptives ». Ce sens de la réalité ou de l'objet réel renvoie alors au « sens *incarné* » dans l'objet qui serait le point de mire du noème par-

1. *Lettre de 1918*, p.[11].
2. *Ibidem*, p.[11].

delà les synthèses perceptives, inévitablement finies et restant toujours dans une distance asymptotique à l'objet. Ingarden pointe ici, quoique sans le dire, toute l'ambiguïté des formules du paragraphe 129 des *Ideen* I traitant du rapport du sens noématique à l'objet[1], comme si, après s'être dépassée vers un sens visé, la conscience se transcendait à nouveau et au travers de cette médiation noématique vers une réalité, cette fois bien extérieure à elle. Pour Ingarden cette interprétation ne fait pas de doute et lui permet d'affirmer une nouvelle fois que la transcendance, ainsi comprise, « exige que l'objet réel existe « en soi » puisqu'alors seulement le « sens de l'objet réel » peut exister, et résider dans la relation de transcendance vis-à-vis des multiplicités de remplissement[2] ».

La transcendance, au sens fort, est ainsi définie par référence à l'existence en soi de l'objet, elle caractérise le mode d'être de la réalité; mode d'être qu'Ingarden n'entend pas assimiler à la valeur de position dont Husserl charge les actes noétiques, puisqu'il s'agirait encore de données immanentes à la conscience et non pas de l'indice d'une véritable extériorité.

Cette première lettre critique témoigne ainsi très clairement de ce que son point de départ et sa « ligne directrice » s'inscrivent dans le droit fil de la tradition philosophique réaliste, et Ingarden l'énonce comme suit : « Ce qui sert de ligne directrice ici c'est une opposition originaire entre le « subjectif » (ce qui est apparenté à la conscience) et « l'objectif » (ce qui est « être-en-soi », étranger à la conscience)[3] ». Cette remarque suffit à introduire la direction de tout son travail à venir.

On peut remarquer en outre que si la question du statut des essences, ou de l'être idéal en général, a été laissée de côté dans la lettre, cette absence ne correspond qu'à la présentation nécessairement hiérarchique des motifs de critique. Car ce point, tout aussi décisif pour Ingarden que la question de l'autonomie de la réalité, n'est que provisoirement suspendu. En conséquence, le registre de ce qui est « objectif », et dont le propos d'Ingarden est d'assurer la défense contre l'hégémonie de l'idéalisme transcendantal, concerne toujours les deux modes d'être que sont l'être du réel et l'être de l'idéal. C'est dire que le réalisme dont fait preuve Ingarden vis-à-vis du monde réel est doublé d'un réalisme des essences, à la manière dont on a pu parler, à tort ou à raison, du « platonisme » du premier Husserl. Les

1. *Ideen* I, § 129, par exemple : « par contenu, nous entendons le « sens » dont nous disons que, en lui ou par lui, la conscience se rapporte à un objet en tant qu'il est le sien », ou encore : « Tout noème a un « *contenu* », à savoir son « sens » ; par lui le noème se rapporte à « son » *objet* », p. 436 [267].

2. *Lettre de 1918*, p.[12].

3. *Ibidem*, p.[15].

essences sont créditées par Ingarden d'un mode d'être absolu et autonome, comparable à celui du monde réel et doué d'une transcendance encore plus radicale vis-à-vis de la conscience.

Entre ces deux réalités prégnantes, Ingarden découvre et place ces objets étranges que sont les noèmes ou objets intentionnels. Il ne veut pas « les attribuer à la conscience en un sens authentique », c'est-à-dire au sens de l'immanence réelle, puisqu'en faire des données réelles de la conscience signifierait rechuter dans les apories du psychologisme. Or, ils se donnent bien comme des objets pouvant être saisis identiquement par n'importe quel esprit. Et, cependant, « ce ne sont pas des « choses » du monde réel extérieur[1] », on ne les rencontre pas dans la nature. Ingarden montrera également qu'ils ne partagent pas non plus le statut des idéalités. Quel est alors leur statut ? Que sont-ils, s'ils sont quelque chose ? Ce sera l'objet de la recherche ultérieure menée dans *L'Œuvre d'art littéraire*.

Il reste que pour le moment, c'est-à-dire dès 1918, Ingarden se trouve déjà en présence de trois catégories d'être : le réel, l'idéal et l'intentionnel. A la fois, parce qu'il identifie immédiatement sens noématique et être intentionnel et aussi parce qu'il considère l'objet intentionnel comme relevant d'un mode d'être spécifique dont il faut rendre compte.

Le projet ontologique comme issue de la querelle

Cette triade est donc le leitmotiv de son débat avec Husserl sur l'idéalisme, compris comme absorption ou résorption du réel sous la catégorie de l'intentionnel. Contre cette perspective, Ingarden revient au programme d'étude éidétique des régions d'objets. Car il est convaincu que la mise au jour des structures formelles de ces êtres est décisive quant à la clarification de leur mode d'être. En conséquence, le projet d'élaborer une ontologie (existentielle, formelle et matérielle[2]) constitue la base même des analyses destinées à résoudre la polémique « Réalisme-Idéalisme ». En affrontant la question sur le terrain ontologique et par la seule voie ontologique (clarifier le mode d'être effectif de la conscience et du monde), Ingarden fait montre d'une grande confiance rationaliste qui suppose que le choix doctrinaire – Idéalisme *vs.* Réalisme – pourrait ne pas être seulement subjectif et enraciné dans des convictions idiosyncrasiques dont on ne peut rendre compte, mais qu'il pourrait être justifié par la nature même des choses, par

1. *Lettre de 1918*, p.[7].

2. L'ontologie matérielle (*Materiale Ontologie der realen Welt*) qui devait constituer la dernière partie de son grand ouvrage *Der Streit um die Existenz der Welt*, n'a pas été réalisée; Ingarden est mort en 1970 alors qu'il terminait la troisième partie de l'ontologie formelle (*Über die kausale Struktur der realen Welt*), laquelle n'était pas initialement prévue.

l'essence même de la conscience et du monde. En clarifiant les concepts en jeu – concept du monde réel, concept de la conscience pure, concept de dépendance – à la lumière du contenu de leurs idées, il espère sortir du conflit et montrer ce qu'il en est des relations véritables du monde réel et de la conscience du point de vue des choses elles-mêmes.

Ingarden déploie ainsi le projet d'une ontologie fidèle au principe du « Retour aux choses mêmes » ; ontologie qui entend interroger directement les choses elles-mêmes, ainsi que le relève A.T. Tymieniecka : « il s'agit d'approcher les êtres directement, c'est-à-dire ni dans les termes ni dans la perspective des processus de conscience à travers lesquels l'expérience nous les offre, mais dans leur vraie nature, tels qu'immédiatement ils nous sont donnés[1] ». On peut s'interroger sur la possibilité même d'une telle démarche, mais sa prétention reste au moins théoriquement en accord avec le réalisme pur auquel Ingarden aspire.

Il est remarquable que le différend avec Husserl porte également sur ce point de méthode, car la volonté de saisir les choses elles-mêmes, sans passer par la conscience, si jamais c'est possible, définit un réalisme auquel Husserl s'oppose massivement. Un commentaire du Père Van Breda est à cet égard particulièrement significatif. Lors de la discussion d'un colloque tenu au Canada en avril 1969, il est intervenu pour rappeler que l'usage du concept d'idéalisme chez Husserl n'a de sens que par opposition à un certain réalisme qu'il ne peut admettre et qu'il combat : « « Idéalisme » signifie pour lui [Husserl] « intervention » : *Leistung der Subjectivität des Bewusstseins*. Quand il se définit lui-même en tant qu'idéaliste, cela signifie avant tout une défense contre le type de réalisme qu'il n'aime pas, tel que l'*Empiriocriticisme* d'Avenarius, qu'il a étudié par exemple à l'école de Brentano. « Idéalisme », quand il utilise ce terme, cela ne signifie jamais directement un monde naissant *de* la conscience, mais avant tout une attaque vis-à-vis d'un monde et d'une connaissance *sur* le monde *sans la conscience*, ou sans son activité. Et pour accentuer l'intervention du *Leisten*, il utilise le mot "idéalisme"[2] ».

1. A.T. Tymieniecka, « Beyond Ingarden's Idealism/Realism controversy with Husserl » dans *Analecta Husserliana*, t. IV, 1976, p. 257. Cette expression est bien présente sous la plume d'Ingarden dès l'introduction de *Der Streit um die Existenz der Welt* : « ...beschäftige ich mich ausschließlich mit der Streitfrage nach der Existenz der realen Welt, und zwar letzen Endes genau derjenigen Welt, die in der Gestalt unzähliger Dinge, Prozesse und Ereignisse uns in der *unmittelbaren* Erfahrung gegeben ist... », t. I, p. 5.

2. Actes de la Conférence Internationale de Phénoménologie, tenue à l'Université de Waterloo, Canada, 9-14 avril 1969, dans *Analecta Husserliana*, t. II, 1972, p. 164.

Parce qu'au contraire Ingarden admet la possibilité d'une saisie des idées et des choses[1] qui soit objective et impartiale, sans marque ni projection de la subjectivité, le divorce avec Husserl passe bien par cette ligne. *A contrario*, l'adoption du principe de l'intentionnalité fait dire à Husserl que « le sens de l'être en général est inséparable de sa corrélation avec le *pouvoir*-être-perçu, – intuitionné, – signifié, – connu[2] ». La « chose » du phénoménologue n'est donc pas une chose existant en soi et par soi, mais la chose telle qu'elle apparaît, le phénomène dont tout l'être et l'être-ainsi sont corrélatifs du sujet qui les appréhende. Par là, la démarche phénoménologique prolonge la perspective ouverte par Kant en retenant la liaison essentielle de l'objet au sujet connaissant qui conduit à repenser le statut de l'être. Mais elle en refuse l'étrange « réalisme transcendantal », qui oblige à poser de manière paradoxale une chose en soi inconnaissable, en faisant passer tout l'être dans le phénomène : l'être n'est rien de plus que ce qui se manifeste au sujet : « n'est rien ce qui ne *peut* être perçu[3] ».

Ingarden en revanche semble refuser la leçon de Kant et ses conséquences ontologiques. Considérant que la connaissance peut atteindre, sous certaines conditions, l'être même des choses existant en soi, il laisse entendre que c'est au pouvoir de connaître de se régler sur l'objet, non pas le contraire ; autrement dit, il donne à penser qu'il ne reconnaît pas le sens de la révolution copernicienne théorisée par Kant. Ce que confirme à certains égards le projet d'analyse ontologique des différents modes d'être mené d'un point de vue éidétique. D'autant que toute son investigation présuppose explicitement une conception très déterminée de l'objet : « Nous ne parlons ici d'objets réels ou idéaux qu'au sens d'un quelque chose qui est en soi *ontologiquement autonome* et qui est ontologiquement indépendant de l'acte cognitif dirigé sur lui[4] ». Cette affirmation réaliste, forte et massive, (combinant le double niveau de l'existence et de la connaissance) confirme, s'il était besoin, que le propos entend bien dévoiler ces choses mêmes qui existent indépendamment de tout sujet, et dont Ingarden va préciser les modalités d'autonomie et éventuellement d'hétéronomie. Étant entendu que si l'objet véritable est autonome, ceux qui ne le sont pas, ne sont pas non plus de vrais objets. Ne seront donc objets proprement dit que les objets idéaux et réels, les autres devant voir leur statut déterminé.

1. On verra également plus loin que cette possibilité ne concerne pas seulement la saisie des essences, mais encore la perception des choses.

2. *Recherches logiques*, III, § 65, p. 240 [201].

3. *Recherches logiques*, III, § 62, p. 226 [188].

4. *L'Œuvre d'art littéraire*, § 3, p. 27.

Le pluralisme ontologique d'Ingarden

Dans l'Avant-propos de *Der Streit um die Existenz der Welt*, Ingarden fait un bilan de son cheminement philosophique et rapporte, qu'à partir de 1918, sa conviction de ne pouvoir partager l'idéalisme transcendantal de Husserl l'a conduit à chercher le moyen de fonder un autre point de vue. Il en est venu à considérer que ce chemin passait par l'examen de nombreuses questions d'ontologie formelle et existentielle, et « qu'il fallait d'abord accomplir une série de recherches préliminaires dont le rapport essentiel au problème Idéalisme-Réalisme ne se laisse guère pressentir à première vue[1] ». Parmi ces recherches préliminaires, Ingarden indique plusieurs ouvrages qui ont marqué ses débuts en philosophie.

En premier lieu, son écrit d'habilitation de 1925, *Essentiale Fragen, Eine Beitrag zu dem Wesensproblem,* qui « entre autres tâches, se donnait celle de déterminer plus précisément l'opposition entre objet individuel et idée, et en même temps d'appréhender le sens de l'essence d'un objet individuel[2] ». Ensuite, deux ouvrages sont déterminants pour son orientation ultérieure : *L'Œuvre d'art littéraire* de 1929, et la dissertation de 1930 *Remarques sur le problème Idéalisme-Réalisme ;* s'attachant pour l'une à la détermination d'un objet intentionnel type face à l'objet réel, puis pour l'autre à la distinction des différentes problématiques (ontologique, épistémologique et métaphysique) susceptibles d'éclairer la controverse. En d'autres termes, les recherches préliminaires d'Ingarden ont d'abord porté sur le statut de l'idéalité, puis sur celui de l'objet intentionnel. Nous commençons par l'idéalité.

Le mode d'être de l'idéal

L'objectif d'Ingarden est de revenir sur l'analyse et le statut des essences, telles que Husserl les avait initialement appréhendées, afin de procéder à une distinction « plus précise » des différences entre objet idéal, idée et essence d'un objet individuel. Ce projet de rectification et de précision de la terminologie husserlienne a déjà fait l'objet d'un travail de Jean Hering[3], disciple français de Husserl. Ingarden reprend la question à son tour, considérant que les notions d'essence et d'idée restent vagues et confuses, voire confondues dans les *Recherches logiques*. Par exemple, Husserl ne distingue pas l'unité de l'espèce « couleur » (*Species*) de l'unité

1. *Der Streit,* I, p. VII.
2. *Ibidem,* p. VII.
3. « Bemerkungen über das Wesen, die Wesenheit und die Idee », dans *Jahrbuch für Philosophie und phäenomenologische Forschung*, t. IV, Niemeyer, 1921.

de signification idéale contenue dans le jugement, ni l'objet idéal « 5 » de la signification idéale « 5 ». La reconnaissance généralisée d'une essence propre à tout existant et à toute qualité ne crée pas de démarcation spéciale entre les essences matérielles et les essences plus générales, (genres ou régions). L'usage des termes « *Eidos* », « *Wesen* », « *Idee* », ou « *Was* » reste donc assez largement indifférencié. L'essence désigne aussi bien le *Was* d'un objet individuel que la catégorie la plus haute de la forme de l'objet en général. En chaque circonstance, ce qui importe pour Husserl, c'est de faire la différence entre le mouvement de généralisation, permettant de passer d'une singularité éidétique matérielle à un genre puis à une région, et le mouvement de formalisation qui met au jour des essences formelles (relation, ensemble, qualité, etc.). Pour le reste, il ne procède pas à des différenciations plus subtiles.

Ingarden, en revanche, entend lever cette imprécision et procéder à une clarification des différentes objectités visées à chaque fois. Mais le motif profond de cette volonté de révision se trouve dans son hostilité à l'égard des deux dernières *Recherches logiques* (5 et 6), qui rendent l'appréhension des essences relatives à la conscience et à ses lois (puisque la saisie des essences trouve dans le champ de la conscience son sol et ses critères de validité). Le divorce avec la conception husserlienne est ensuite explicitement consommé, lorsqu'en 1929 la *Logique formelle et logique transcendantale* présente les généralités éidétiques comme les produits d'une constitution intentionnelle particulière[1].

Contre la possibilité de réduire les essences à des produits de la conscience constituante, Ingarden établit l'être idéal en position d'existence absolue et le reconnaît comme immuable, atemporel, sans début ni fin[2]. Contre le « *Wesen* » collectif de Husserl, Ingarden distingue l'objet idéal, en tant qu'être individuel (le 5, le triangle), la pure qualité idéale (ou essentialité, le rouge, la quadralité), et l'idée (parfois concept idéal). Par là, il affirme la réalité de trois domaines d'être : l'être individuel, la qualité et l'idée.

En lieu et place de l'*Eidos* husserlien, c'est principalement la notion d'idée qui joue un rôle central dans l'ontologie d'Ingarden. L'idée englobe la totalité des déterminations essentielles d'un être, et sa consultation permet de l'appréhender dans sa structure intelligible. L'idée du carré contient, par exemple, selon Ingarden, plusieurs essentialités (*Wesenheit*) : la quadralité, l'orthogonalité, la parallélogrammité[3]; elle contient éga-

1. Ingarden s'en explique dans la préface à *L'Œuvre d'art littéraire*.
2. Voir par exemple *L'Œuvre d'art littéraire*, § 3, p. 27.
3. Voir *L'Œuvre d'art littéraire*, § 16, p. 88.

lement son mode d'être (idéal) et ses moments existentiels (autonomie, séparation).

A côté des idées et des objets idéaux, figure l'essence des objets individuels. L'essence est aussi individuelle que ces objets eux-mêmes, car elle est incarnée ou incorporée en eux. Il faut donc entrer dans l'analyse des objets réels individuels pour la présenter, ce que nous ferons plus loin. Les êtres idéaux sont crédités d'une existence autonome et absolument indépendante vis-à-vis des actes du sujet. Ils sont par là des objets au sens propre et constituent une sphère « où les objets sont éloignés de toute activité spontanée du sujet de conscience, et résistent à toute tentative d'y produire une modification[1] ». Et s'il était nécessaire de lever une quelconque ambiguïté résiduelle quant à leur statut, la *Lettre de 1918* est formelle : « L'essence elle-même est naturellement étrangère à la conscience. En ce sens elle est transcendante[2] ».

Que l'idée devienne la notion centrale de cette ontologie, cela ne constitue pas un simple changement de dénomination par rapport à l'essence husserlienne. Car l'idée présente aussi pour Ingarden une particularité de structure – une dualité – qui la distingue des êtres individuels autant que des qualités, et qui tente de rendre compte de sa relation aux êtres individuels. Les êtres individuels, qu'ils soient réels ou idéaux, présentent une structure simple, ils sont ce qu'ils sont, à savoir *un être*, tel ou tel, ainsi déterminé et rien de plus. Par opposition, l'idée est douée d'une structure double ou duale, à savoir : 1) une structure qui la définit en tant qu'idée, *qua idea* ; à ce titre, elle est un être immuable, atemporel, général ou universel, et 2) en même temps, chaque idée offre un contenu qui fait d'elle l'idée d'un certain type d'objet : l'idée de l'homme, par exemple, englobe tous les individus humains et regroupe l'ensemble des moments formels, matériels et existentiels définissant tous les objets de ce type. Ce contenu de l'idée consiste ainsi en un choix particulier de qualités idéales.

De cette manière Ingarden sort des contradictions traditionnelles inhérentes au statut de l'idée et des universaux. Comment l'idée universelle « homme en général » peut-elle, en effet, désigner tout à la fois un être réel, vivant dans le temps, changeant, fini, et un objet immuable, idéal, atemporel ? La double face de l'idée permet précisément d'en rendre compte : par sa structure *qua idea*, elle représente un objet idéal invariable, tandis que par son contenu particularisant qui en fait l'idée de tel être, elle peut présenter, sans contradiction, des qualités tout autres, telles la temporalité, la finitude, la vertébralité, la verticalité, la rationalité, etc. Ce contenu

1. *Ibidem*, § 18, p. 100.
2. *Lettre de 1918*, p.[13].

particularisant comprend tous les moments qui déterminent pleinement et de manière univoque le type d'être en question, ne laissant alors aucun vide dans la qualification de cet être. Toutefois, cette précision dans la détermination ne permet pas de franchir l'abîme qui sépare l'idée de l'existant réel. Car les déterminations variables, indiquées par les qualités individuelles, sont toujours à comprendre sur le plan de la possibilité pure, c'est-à-dire qu'elles laissent ouverte la possibilité de concrétiser une multitude indéfinie de cas individuels; elles ne font pas accéder à la particularité de l'existant concret, mais rendent seulement possible une telle particularité parmi les existants. Pour prendre l'exemple du carré, les constantes de l'idée de carré posent la nécessité stricte d'un parallélogramme à côté égaux et à angles droits; les variables ajoutent, quant à elles, la nécessité de longueur, de dimension, voire de couleur possibles et indéfinies. Mais il est clair qu'il y a encore loin jusqu'à l'existence réelle et singulière de tel carré *hic et nunc*.

Particularité de l'ontologie d'Ingarden : l'ontologie existentielle

Ce point permet d'insister sur le fait que l'ontologie ingardénienne ne renvoie à aucune existence effective et reste bien sur le plan de la seule possibilité pure. L'existence même de l'idée et des objets idéaux, c'est-à-dire leur position en tant qu'existants, ne relève pas des compétences de l'ontologie, mais bien de celles de la métaphysique. L'ontologie, dont la source fondamentale est l'analyse de l'idée, se diversifie en trois directions. En effet, puisque l'idée de n'importe quel être recouvre toujours trois composants – matière, forme et existence – Ingarden distingue trois types d'investigations ontologiques correspondants : les problèmes d'ontologie matérielle, les problèmes d'ontologie formelle et les problèmes d'ontologie existentielle.

On peut s'interroger sur le sens exact d'une ontologie existentielle, puisque l'ontologie est exclusive de toute existence, effective ou factuelle. De fait, Ingarden, en présentant ce qui constitue selon lui les questions d'ontologie existentielle[1], indique que l'on peut poser deux sortes de question à propos de l'existence : « a) existe-t-il, de fait et selon un mode qui lui est propre, un certain objet en question (une chose, un homme, le monde)? et b) quel est le mode d'être qui lui est propre, qui est donc prescrit par son essence, indépendamment de la question de savoir s'il

1. Voir *Der Streit um die Existenz der Welt*, I, § 9, note 34, p. 58, où Ingarden exclut toute ressemblance, tant avec la « philosophie existentiale » de Heidegger, qu'avec l'existentialisme français (repris sous la note 1 de *Time and Modes of Being*, p. 22, qui est la traduction anglaise partielle de ce volume).

existe ainsi de fait ou non?[1] ». La première question relève des sciences particulières de fait, ou encore de la métaphysique; tandis que la seconde est spécifiquement ontologique et « requiert une analyse purement ontologique de l'idée d'existence en général et des idées des modes d'existence particuliers, aussi bien d'autre part qu'une analyse de l'idée de l'objet en question et, à vrai dire, tant selon sa forme que selon sa matière[2] ».

Faut-il comprendre que, pour Ingarden, l'existence est une partie, un élément ou une propriété de l'objet qui pourrait être dégagée par l'analyse de son idée? La réponse d'Ingarden est à la fois ferme et ambiguë. Il reprend à la suite de Kant que « l'existence n'est pas un prédicat réel », mais c'est pour mieux ajouter que « tout ce qui peut être distingué dans une objectité n'en constitue pas une propriété[3] ». Ainsi, la forme d'un objet et son existence (selon tel mode déterminé) peuvent être distinguées, c'est-à-dire saisies dans un acte d'abstraction, sans que ni l'une ni l'autre ne soient des propriétés réellement séparables. A titre d'exemple, Ingarden propose de considérer la couleur « orange ». Prise en soi-même, celle-ci n'est pas composée de rouge et de jaune en tant que parties réelles mais elle forme quelque chose d'unitaire et de tout à fait spécifique. Pourtant, une démarche abstractive spécifique peut permettre de saisir ces deux qualités dans une vue intuitive et de distinguer ces deux moments qualitatifs dépendants [inséparables] en elle[4]. Ingarden tire alors la conclusion de l'analogie : « Il en est peut-être également ainsi avec l'être réel[5] ». En ce sens, l'existence ne désigne pas quelque chose comme une propriété ou un prédicat séparable de l'objet. Ingarden estime même plutôt qu'existence et existant sont indissociables : « Quand un objet existant nous est donné dans l'expérience, son être et son mode d'être demeurent aussi, en quelque façon que ce soit, dans le cadre de cette expérience (...). En aucun cas un objet existant ne peut nous être donné sans que son être et son mode d'être ne le soient également[6] ». Ils forment une unité intime telle que l'existant « absorbe » son existence en lui-même et, inversement, son existence est tout entière diffuse en lui, elle l'imprègne et le pénètre en totalité.

C'est pourquoi, dans la mesure où l'existence (le mode d'être) est toujours existence *de* quelque chose, sans être en soi-même une chose ou une qualité isolée, il n'existe pas une idée qui serait l'idée de ce seul

1. *Der Streit*, I, p. 58-59.
2. *Ibidem*, p. 58-59.
3. *Ibidem*, p. 60, (*Time and Modes of Being*, p. 26).
4. *Ibidem*, : « Die Orangegefarbe z. b. setzt sich gewiß nicht aus Röte und Gelbheit zusammen, sie ist etwas ganz Eingenartiges, und es ist doch möglich, in ihr die beiden Momente zu unterschieden », p. 66.
5. *Ibidem*, p. 66, (et p. 29 de *Time and Modes of Being*).
6. *Der Streit*, I, p. 69.

contenu « existence »[1]. L'analyse ontologique portant sur le contenu de l'idée porte nécessairement sur le contenu de l'idée de l'existence *de* quelque chose. Reste alors à comprendre – si l'existence et le mode d'existence ne sont pas des parties séparables – comment il est possible d'en faire l'analyse en vue d'une ontologie existentielle, d'autant qu'Ingarden n'apporte pas d'élément supplémentaire sur la nature de l'opération abstractive qui en permet l'intuition. Une remarque éclaire néanmoins le sens qu'il donne à son ontologie existentielle. Si on considère, dit-il, l'idée de quelque chose d'existant sur le mode réel en général (un existant quelconque, sans désigner d'objet précis) alors les éléments formels et matériels se donnent comme variables, tandis que la composante existentielle est constante. Si, en revanche, on prend l'existence de n'importe quoi en général, les éléments existentiels eux-mêmes deviennent variables, puisque dans le mode d'être de l'idéal, du possible ou de l'intentionnel, l'existence réelle n'est pas nécessairement admise. Mais si l'on se tourne vers l'idée d'un mode d'existence particulier (le réel ou l'idéal), alors les composants ne sont plus absolument variables, et il apparaît que « la forme d'un objet est strictement reliée à son mode d'être[2] ».

Autrement dit, Ingarden considère que si l'existence n'est réductible ni à la matière ni à la forme, ni à un prédicat séparable[3], la détermination de son mode d'être et de ses moments existentiels reste toutefois étroitement liée aux caractéristiques formelles et matérielles de l'objet en question. Matière, forme et existence s'associent et se déterminent mutuellement, pour former des êtres conformes à tels ou tels modes d'être. Ce qui ne manque pas de poser problème dans l'effort pour marquer les limites de la variabilité des formes et des constitutions matérielles, étant donné l'empiétement possible des trois niveaux ontologiques.

L'ontologie existentielle ne porte donc pas directement sur l'existence puisque, s'agissant de l'existence réelle, celle-ci se constate comme une donnée de fait absolue. Par ailleurs, l'analyse même de l'existence, si elle est possible, est elle-même tributaire des caractéristiques formelles et matérielles de l'objet, et ne peut être que seconde par rapport aux ontologies formelle et matérielle. Or, Ingarden commence son investigation par l'ontologie existentielle. Sur quoi porte-t-elle alors exactement ? Car, il ne s'agit pas non plus de recenser les différents modes d'être, ceux-ci étant considérés comme déjà donnés sous les aspects du réel, de l'idéal et de l'intentionnel. Ingarden fait ici intervenir un nouvel élément, « le moment

1. *Ibidem*, p. 61, (*Time and Modes of Being*, p. 26).
2. *Ibidem*, p. 62, note 39.
3. *Time and Modes of Being*, p. 33.

d'existence » qui joue un rôle central dans le travail de distinction et de différenciation des modes d'être [1] qu'il se propose.

Le moment d'existence, plus exactement les moments d'existence sont à leur tour saisis et prélevés par un acte d'abstraction de second degré sur les modes d'être. Ils sont en soi absolument inséparables mais selon un degré encore supérieur au mode d'être lui-même. Car selon Ingarden, non seulement les moments d'existence doivent demeurer dans le cadre d'un certain mode, mais encore un seul de ces moments ne suffit pas à former un mode d'être complet : un certain nombre, un certain choix de ces moments, conforme aux lois a priori de connexion et d'exclusion, est requis pour former la totalité du mode d'être d'un objet. Tandis que le mode d'être est seul dans un existant et n'a pas besoin d'être complété par un autre mode d'être. Les moments existentiels jouent ainsi le rôle d'éléments fondamentaux de la structure de l'être, sorte de briques élémentaires de l'être.

Et, parce que ces moments existentiels désignent précisément toutes les modalités possibles de dépendance et d'indépendance pouvant qualifier un objet, ils sont au centre de la polémique Idéalisme-Réalisme, en tant qu'ils permettraient de décider du statut réciproque de la conscience et du monde réel. Ingarden définit quatre paires de moments existentiels : autonomie et hétéronomie, originarité et dérivation, séparabilité et inséparabilité, indépendance et dépendance [2]. Les deux premiers couples concernent des objets individuels, le troisième caractérise les rapports de tout à parties, le quatrième s'applique à des modes de relation déterminante (père-fils, mari-femme) ou conditionnante (l'air ou la chaleur pour un organisme). Sur la base de ces oppositions, Ingarden développe une combinatoire complexe visant à mettre au jour tous les modes d'être possibles et leurs moments. Il en dénombrera huit [3] ; les autres combinaisons ayant été éliminées à cause

1. Voir *infra* sur ce point les *Remarques sur le problème Idéalisme-Réalisme*, § 6 : « Il est bien sûr possible, par principe, que la « réalité » soit quelque chose de tout à fait spécifique et particulier, qui ne se laisse réduire à rien d'autre, et que l'on ne peut découvrir que dans l'intuition. Mais même si c'était le cas, cela n'exclurait pas que l'on puisse prélever sur elle, par abstraction, des moments originaires et que l'on puisse de la sorte la questionner d'après la saisie intuitive de sa totalité, sur sa parenté avec les autres modes d'être », p.[26].

2. *Der Streit,* I, : « 1. Seinsautonomie – Seinsheteronomie, 2. Seinsursprünglichkeit – Seinsabgeleitetheit, 3. Seinsselbständigkeit – Seinsunselbständigkeit, 4. Seinsunabhängigkeit – Seinsabhängigkeit », p. 78, voir aussi *infra* les *Remarques sur le problème Idéalisme-Réalisme,* p.[27-28].

3. Voir *Der Streit,* I ; I : Un être absolu conjuguant autonomie, originarité, séparabilité et indépendance, et 7 espèces d'êtres relatifs, II : autonomie, dérivation, séparabilité et indépendance, III : autonomie, originarité, inséparabilité, IV : autonomie, originarité, séparabilité, et dépendance, V : autonomie, dérivation, séparabilité et dépendance, VI : autonomie, dérivation, inséparabilité, VII : hétéronomie, dérivation, séparabilité, et dépendance,

de leurs contradictions internes. Ces huit possibilités pures de mode d'existence, ces huit concepts « ont été obtenus au moyen d'une construction, donc par combinaison des moments existentiels individuels les uns avec les autres, et non dans une analyse immédiate des modes d'être prédonnés[1] ». Il s'agit de « possibilités purement logiques[2] », et Ingarden n'affirme pas ici que ces concepts soient réalisables, c'est-à-dire que l'on puisse donner pour chacun d'eux un exemple concret d'objet existant sous le mode désigné, car seule une analyse métaphysique permettrait de déterminer s'ils renvoient à une existence *de facto*. L'ensemble des considérations reste donc conditionnel.

Au final, Ingarden propose un tableau de quatre modes d'être possibles : 1. l'être absolu (cas limite et réduit à une seule possibilité), 2. l'être idéal (distribué en objet, qualité, relation et état de choses), 3. l'être temporel, (divisé en objet, processus et événement, et pour chacun des trois, envisagé selon le présent, le passé et le futur) – sans qu'il soit précisé si ce dernier concept correspond à l'être réel, car ce problème relèverait à nouveau de la métaphysique –, et enfin 4. l'être intentionnel (deux cas possibles). L'ensemble des variations dans la combinaison des moments porte le total à 14 cas possibles. Ingarden n'affirme toujours pas que les concepts construits correspondent aux modes d'être des différents types d'objet effectivement donnés dans l'expérience, il faut encore, selon lui, satisfaire à des considérations d'ontologie formelle pour s'y risquer. Mais il considère néanmoins qu'il se trouve plus près d'une solution qu'avant de faire l'étude des déterminations temporelles des objets.

Étant donné la limitation de notre propos à la querelle Idéalisme-Réalisme, nous n'entrons pas dans l'analyse et le détail de ces différentes figures. Comme on l'entrevoit, le mode d'existence est au croisement de tous ces éléments : matière, forme, essence individuelle, moments existentiels ; mais leur division et leur distinction continues donnent le sentiment qu'il est impossible de sortir du terrain des possibilités pures, idéales et logiques, alors même que l'ambition première et récurrente d'Ingarden est d'affirmer l'existence réelle et autonome du monde face à la conscience.

(ce sera le statut de l'objet intentionnel) VIII : hétéronomie, dérivation et inséparabilité, p. 124-125, (*Time and Modes of Being*, p. 93).

1. *Ibidem*, : « Da die von uns angegebenen Begriffe vorerst auf konstruktivem Wege gewonnen wurden, also durch Kombination der einzelnen existentialen Momente miteinander, und nicht in unmittelbarer Analyse der vorgegebenen Seinsweise », p. 125, (*Time and Modes of Being*, p. 94).

2. *Der Streit*, I, : « indem wir diese acht Seinsbegriffe als bloße logische Möglichkeiten angeben, präjudizieren wir auch nicht, daß alle diese Begriffe in dem Sinne « realisierbar » wären », p 126.

Le mode d'être de l'objet réel

Par distinction avec l'idéal, Ingarden caractérise l'objet réel, d'après le contenu de son idée, comme un être ontologiquement autonome « produit à un moment donné, ayant une certaine durée, se modifiant éventuellement pendant ce temps, et cessant finalement d'exister[1] ». Il offre ainsi les caractères de l'être temporel-réel, à savoir : l'autonomie, la dérivation (le fait d'être produit), l'actualité (l'inscription dans le présent), l'étroitesse (la durée limitée), la fragilité (modification et mort), la séparabilité et l'indépendance (le fait de n'avoir pas besoin d'être complété par autre chose que soi pour exister).

Autonomie, temporalité et devenir, sont ainsi les premiers traits généraux du réel, à quoi il faut ajouter l'unité et l'individualité pour entrer tout à fait dans l'essence de l'objet réel. Ingarden introduit la notion d'individu par le biais du rapport de l'objet à ses qualités et à ses propriétés. Car la marque distinctive du réel, par opposition à l'idéal et à l'intentionnel, consiste selon lui en sa simplicité de structure, laquelle lui donne le statut d'un être déterminé de « manière complète et parfaitement univoque[2] ». L'objet réel comporte en lui-même tous ses prédicats et accidents de manière immanente et, comme dit souvent Ingarden, ils lui sont incorporés. L'immanence des propriétés est à la fois ce qui décide du caractère ontologiquement autonome de l'objet[3] et ce qui l'établit en tant qu'individu. « Si un objet doit être individuel, alors il est nécessaire qu'il soit déterminé de manière universelle complète et univoque [*allseitig vollkommen eindeutig bestimmt ist*] (qu'il n'offre aucune position d'indétermination)[4] ». Il faut remarquer que cette complétude des déterminations s'applique également à l'être idéal (objet ou qualité) en tant qu'il manifeste aussi le caractère de l'autonomie ; elle désigne donc le fait même d'être un objet véritable et trouve toute sa portée dans l'opposition aux êtres intentionnels.

1. *L'Œuvre d'art littéraire* § 3, p. 27.
2. *Ibidem*, § 22, p. 130.
3. Voir par exemple la définition donnée dans l'article, « Sur l'idéalisme transcendantal de Husserl », : « Une chose est « existentiellement autonome » quand elle a « en elle-même » son fondement existentiel, qui consiste dans les déterminations qui lui sont immanentes et qui sont au sens propre incorporées en elle », trad. fr. par J. Taminiaux, dans *Husserl et la pensée moderne*, Nijhoff, Den Haag, 1959, p. 212. De même dans *Der Streit*, I, p. 81 : « Cette immanence complète des déterminations d'une objectité est la condition essentielle de son autonomie : les déterminations complètement immanentes d'une objectité constituent précisément le fondement d'être qui lui est propre, et la structurent », (et *Time and Modes of Being*, p. 46).
4. *Remarques sur le problème Idéalisme-Réalisme*, § 7, p.[36].

La reconnaissance de l'individualité passe en outre, chez Ingarden, par la reprise aménagée du concept aristotélicien de substance, présenté désormais comme « porteur » (*Träger*). Ingarden récuse d'emblée la conception d'un « porteur indéterminé » et ne pose le porteur qu'en tant qu'il est le support de certaines qualités. Il n'est pas possible selon lui d'associer un substrat vide ou formel à des qualités quelconques, comme si celles-ci étaient sans importance, voire inessentielles à la fonction de porteur. Au contraire, le porteur est support *de* qualités et n'existe pas sans elles. Les qualités sont unifiées [1] par le porteur, mais réciproquement ce dernier n'existe que dans la dépendance de cette fonction : « C'est à condition de restreindre le sens du mot « objet » au porteur de propriétés qu'on est en droit de dire que l'objet est le *fondement* de tous ces états de choses. Il les *fonde* en ce qu'il « fonctionne » en chacun d'eux comme porteur (...). Mais il ne pourrait absolument pas exister sans ces états de choses. On peut donc dire : le simple porteur est aussi ontologiquement *dépendant* qu'un accident. Ce n'est qu'avec tous ses « accidents » (propriétés, moments, etc.) que le porteur assure son indépendance ontologique à un domaine d'être, ou pose un « individu » qui ne serait pas possible sans l'effet de cette fonction de porteur [2] ».

Individu pleinement déterminé, l'être réel est un être autonome et indépendant de la conscience. Ainsi que la *Lettre de 1918* l'exposait déjà, il a son être propre, indifférent et imperméable [3] aux actes éventuels d'un sujet susceptible de le viser. Il existe et peut exister sans rapport à un sujet ; son être n'est pas réductible à son être-perçu. Pour en terminer tout à fait avec la singularité du mode d'être de l'objet réel individuel, Ingarden propose un bilan de ce qui lui est propre au paragraphe 38 de *L'Œuvre d'art littéraire* : « 1. Chaque objet réel est *de toute part* (c'est-à-dire à tous égards) *univoquement déterminé.* (...) il ne présente dans son être-tel *aucun lieu d'indétermination.* 2. Toutes les déterminations de l'objet réel prises ensemble forment une *unité concrète originaire* [« une concrescence »]. (...) 3. Chaque objet réel est *absolument individuel* ». Ajoutons enfin que les qualités et déterminations idéales, génériques et générales sont en lui individuées et concrétisées.

L'insistance d'Ingarden sur ces points atteste de sa double volonté de marquer, d'une part, la distance entre objet réel et objet intentionnel, et de lutter, d'autre part, contre les philosophies de tendance idéaliste qui,

1. « L'être de « cette rose-là » est, pris explicitement, la *con-sistance* (*Zusammenbestehen*) de tous ses états de choses qu'unifie le porteur identiquement présent en chacun d'eux », *L'Œuvre d'art littéraire*, § 22, p. 128.

2. *Ibidem*, p. 128.

3. « Le fait d'être perçu ne lui fait subir aucune altération », *ibidem*, § 40, p. 218.

cherchant à nier cette différence, ont « ouvert la voie à la réduction des objets réels à des « objets » purement intentionnels[1] ». Ce double motif reste constant dans l'ensemble de son entreprise philosophique.

Le chemin vers l'objet intentionnel

L'Œuvre d'art littéraire soumet l'objet intentionnel à une analyse rigoureuse visant à en dégager le mode d'être et la structure formelle par opposition à celle de l'objet réel. Dans ce but, l'œuvre littéraire constitue, pour Ingarden, un exemple directeur-type très satisfaisant parce que son « caractère de pure intentionnalité est hors de doute[2] ». La confrontation avec le mode d'être du réel peut ainsi se faire sans risque d'ambiguïté ou de collusion avec des qualités communes, des parentés ou des similitudes ; ce qui sous-entend que, pour Ingarden, le divorce entre fiction et réalité est radical. Si le propos est immédiatement orienté sur la confrontation de l'intentionnel et du réel, le choix de l'objet littéraire, en tant qu'ensemble de significations lexicales, contraint Ingarden à considérer également le rapport de l'intentionnel à l'idéal ; car depuis les *Recherches logiques* de Husserl, les disciples de Göttingen sont habitués à penser les significations comme des idéalités, ou des objets idéaux intangibles. Il importe alors de clarifier en premier lieu le statut des significations : si elles sont idéales et si l'œuvre littéraire en est une composition choisie, ne faudrait-il pas en conclure que l'objet littéraire présente lui aussi une forme d'idéalité ? S'il en est ainsi, plus rien ne justifie l'introduction de cette troisième catégorie d'être, nommée objet intentionnel. La difficulté est donc entière de savoir si l'objet littéraire est à ranger parmi le réel ou parmi l'idéal.

Ingarden part d'un exemple : quel statut accorder au *Faust* de Goethe ? Ce texte a été créé à un moment précis, on peut admettre qu'il lui est possible de subir des modifications, voire de disparaître tout à fait. A cet égard, il conviendrait de le considérer comme un objet réel, puisqu'il en partage les caractères premiers : être produit à un moment, durer, changer, disparaître. Pourtant, la tentation est toute aussi forte de l'assimiler à un objet idéal. « Qu'est-il, en effet, sinon une certaine multiplicité ordonnée de phrases ? Or, une phrase n'est rien de réel ; elle doit être – comme on l'a souvent affirmé – un sens idéal déterminé, constitué d'une multiplicité de significations idéales qui forment une unité *sui generis*[3] ». Ce point plaide en faveur de l'idéalité de l'objet littéraire, mais il est contrebalancé par le fait tout aussi indéniable de son apparition à un moment donné du temps.

1. *L'Œuvre d'art littéraire*, note 46, p. 210.
2. *L'Œuvre d'art littéraire*, préface, p. 8.
3. *Ibidem*, § 3, p. 28.

Or, ce fait d'être créé est, pour Ingarden, radicalement incompatible avec l'être de l'idéal. En conséquence, il y a autant d'arguments des deux côtés, sans qu'aucune solution ne soit satisfaisante. Et si, malgré tout, le fait incontestable de la production de l'objet littéraire incite à l'admettre au titre des objets réels, il s'avère en revanche fort difficile de renoncer à l'existence des significations idéales. Car cela obligerait à retomber dans les apories du psychologisme, réduisant l'œuvre à des représentations ou des vécus psychiques singuliers, et dans le lecteur et dans l'auteur, ce qui ruine aussi la possibilité de considérer l'œuvre comme une et identique. Or, l'œuvre se donne bien comme « un quelque chose en soi identique [1] », reconnu comme tel par tous les lecteurs. En conséquence, les objets littéraires ne peuvent être définis : – ni comme des êtres psychiques, car même si « on les appelle des « représentations » ou des « produits de l'imagination », on les oppose simultanément au vécu subjectif [2] » qu'ils transcendent par leur objectivité et leur identité, – ni comme des objets réels, puisqu'ils sont constitués par des phrases, ils « ne sont que de « simples représentations », et au fond un néant [3] », – ni assimilés à des objets idéaux, puisqu'ils sont créés. C'est donc bien un quatrième mode d'être qu'il faut parvenir à penser.

La difficulté tourne manifestement autour du statut des significations. Elles sont un élément constitutif de l'œuvre littéraire, mais elles sont des objets idéaux. La question est alors de savoir si l'objet littéraire doit nécessairement partager leur mode d'être. L'enjeu consiste tout à la fois à maintenir la signification en position d'idéalité absolue et à admettre des formations où les significations apparaissent sans que pour autant les formations héritent de leur mode d'être. Cette première difficulté conduit Ingarden à rompre avec la thèse des *Recherches logiques* sur l'idéalité de la signification. La nouvelle conception qu'il en propose dans *L'Œuvre d'art littéraire* est déterminante pour la fondation et le statut de l'objet intentionnel.

Significations idéales et significations lexicales

Ingarden se livre d'abord à une définition de la signification nominale pour en déterminer ensuite le mode d'être. Elle est présentée provisoirement comme « tout ce qui est associé à un vocable et contribue ainsi à former un « mot » [4] ». La démarche d'examen reste analytique, voire structurelle, en ce qu'elle isole dans la signification les éléments qui la

1. *L'Œuvre d'art littéraire*, § 4, p. 31.
2. *Ibidem*, § 5, p. 32-33.
3. *Ibidem*, p. 33.
4. *L'Œuvre d'art littéraire*, § 15, p. 70.

composent, tout en précisant qu'il ne s'agit pas d'une somme où l'on distinguerait des parties séparées, mais d'une unité formée de moments interdépendants et, en fait, inséparables. Ainsi toute signification nominale comprend les éléments suivants : « 1. le facteur d'orientation intentionnel, 2. le contenu matériel, 3. le contenu formel, 4. le moment de la caractérisation existentielle et, parfois également, 5. le moment de la position existentielle[1] ».

Cela revient à dire que toute signification se réfère à un objet qu'elle vise ou désigne selon une qualification matérielle particulière (fonction de détermination). Elle implique aussi une détermination formelle de son objet, selon qu'il s'agit d'objet, d'état, de consistance, de qualité, etc. Enfin, elle comporte une caractérisation existentielle qui qualifie l'objet visé selon un mode réel, idéal ou fictif. Mais cet indice existentiel ne doit pas, selon Ingarden, être confondu avec le moment de position existentielle qui inscrit le mode d'être en question dans la réalité « réelle », ou éventuellement dans un univers fictif. L'exemple pris est celui de Hamlet qui « n'a jamais existé réellement, voire qui n'existera jamais, mais qui, au cas où il existerait, ferait partie des objets existants sur le mode de la « réalité ». La pleine signification de ce nom comporte donc un moment de caractérisation existentielle, mais la position d'existant réel lui fait absolument défaut[2] ».

La signification est ainsi investie d'un rapport de détermination assez complet de l'objet et, à ce titre, elle est apte à pro-jeter son objet comme quelque chose de distinct d'elle-même – l'objet intentionnel en tant que tel. La fonction de détermination (matérielle, formelle, existentielle) fait de la signification « par essence, un viser intentionnel[3] », dont l'effectuation a le pouvoir de pro-jeter (ou figurer, représenter) des objets et des états de choses intentionnels, dérivés et tributaires de ces actes.

Après cette précision sur la nature de la signification nominale, Ingarden retrouve les difficultés inhérentes aux significations (nominales et propositionnelles) qui mettent en péril leur statut d'idéalité. Il s'agit de la variabilité dans le rapport à l'objet, variabilité liée à l'utilisation de significations synonymes, ainsi que de la transformation des significations dans le réaménagement toujours possible des phrases.

Dans les substitutions de définitions synonymes, un même mot pouvant être utilisé de diverses manières, la signification en subit le contrecoup malgré son identité et présente de réelles transformations. Le mot « carré » porte une signification qui lui est propre, mais pour peu qu'on veuille le définir, on fera appel à d'autres mots, porteurs d'autres significations (parallélogramme,

1. *Ibidem*, p. 70.
2. *L'Œuvre d'art littéraire*, § 15, p. 75.
3. *Ibidem*, p. 72.

équilatéral, orthogonal). Nous ne sommes donc plus en présence d'une seule signification, mais bien de plusieurs « qui pourtant sont « les mêmes » en quelque sens qui reste à déterminer[1] ». On ne peut rendre compte de cette « *mêmeté [Dieselbigkeit]* » de la signification en invoquant le fait qu'elles se réfèrent toutes au même objet, car malgré cette orientation commune, les expressions ont bien des significations différentes. On ne peut plus alors envisager ces significations comme des idéalités, car, en tant qu'unités idéales, elles doivent être immuables, intransformables, et leur équivalence devient problématique. Si pourtant, on tient à sauver leur mode idéal, on peut émettre l'hypothèse de la circulation d'une signification à une autre au lieu de parler de transformation de la signification. Mais, la conséquence est immédiatement absurde pour Ingarden, en ce qu'elle oblige à admettre une « prolifération démesurée des significations » : « par exemple, au lieu de s'en tenir à la seule signification « table », il faudrait admettre autant de significations, même apparentées, qu'il y a de modifications de cette signification dans ses diverses utilisations[2] ».

De même, s'agissant des transformations dans l'ordre et dans l'organisation des membres d'une phrase qui entraînent des variations dans le sens, il s'avère difficile de maintenir l'idéalité de ces significations composées à titre de réalités atemporelles : car, notre simple pratique de la parole et du récit nous montre que nous pouvons « produire *ad libitum* une grande variété d'autres ensembles de phrases[3] ». S'il s'agissait à chaque fois, non pas de transformation des significations, mais du simple passage à de nouvelles significations idéales (simples ou composées), alors « il faudrait considérer un écrivain non comme le créateur de son œuvre, mais simplement comme le découvreur de connexions de phrases[4] ». La possibilité de parler de multiples manières de la même chose nous confirme quotidiennement que cette variation dépend de nous et que dans cette activité nous n'avons pas affaire à des objets idéaux.

Est-ce à dire qu'Ingarden renonce tout à fait à l'idéalité de la signification ? Loin d'un tel abandon, il entend plutôt distinguer le plan idéal et atemporel de la signification d'avec celui de son actualisation factuelle et variable dans la construction des phrases. Pour cela, il considère l'unité de signification idéale (au sens de la *Species* de Husserl) comme partie d'une totalité idéale plus large : le concept idéal, et pose que « à chaque concept idéal correspondent *plusieurs* significations de même objectité[5] ». Leur

1. *Ibidem*, § 16, p. 86-87.
2. *Ibidem*, p. 97.
3. *Ibidem*, p. 97-98.
4. *Ibidem*, p. 98.
5. *L'Œuvre d'art littéraire*, § 16, p. 88.

apparition dans une phrase constitue alors l'actualisation d'une partie de ce contenu idéal, ce qui permet de comprendre leur équivalence dans les démarches de substitution de définition. Ainsi, « il appartient au *concept* « carré » d'être constitué de la quadralité en tant que moment qualitatif de sa nature constitutive, mais d'autre part (et conformément à son essence) de receler *eo ipso* dans sa nature le moment de la « parallélogrammité » et d'être simultanément doté de « l'orthogonalité » et de « l'équilatéralité »[1] ». Lorsqu'on parle du carré de manière générale, seule une partie du concept est actualisée tandis que les autres aspects restent à l'état potentiel. Leur mention et leur actualisation dans une nouvelle phrase, visant à proposer une expression synonyme, ne constituent pas une transformation de la signification idéale qui, en tant que telle, est immuable, c'est plutôt une modification de la signification lexicale qui se trouve en fait enrichie. L'actualisation des significations idéales permet ainsi de reconnaître que les unités de signification nominales ou lexicales ne sont pas des espèces idéales, mais seulement une manifestation concrète et ponctuelle d'objets idéaux. D'autre part, cette actualisation trouve sa condition dans « des opérations subjectives effectivement *formatrices* de phrases[2] » ; formation, transformation et variation sont désormais le fait d'actes intentionnels donateurs de sens s'exerçant en toute liberté, quoique dans les limites des règles logiques et ontologiques.

La théorie que propose Ingarden présente trois aspects assez intéressants et qui la démarquent de la solution de Husserl. Tout d'abord, la connexion des unités de signification sous un concept idéal offre l'avantage de résoudre immédiatement la question des relations de substitution entre les significations, tout en maintenant l'idéalité et la permanence du sens.

En second lieu, le fait de la concrétisation ou de l'actualisation du sens idéal dans des expressions signifiantes ponctuelles permet tout à la fois de maintenir l'existence d'un mode d'être idéal, de le placer en position de principe ou de modèle fondateur (même si les modalités de la participation entre l'ordre des concepts idéaux et celui de leur actualisation ne sont pas explicitées) et d'offrir une garantie d'identité et d'objectivité aux significations ainsi formées – évitant par là l'écueil du psychologisme, enclin à dissoudre les unités de sens dans les contenus réels de conscience.

Enfin, cette thèse de l'actualisation oblige à faire mention pour la première fois des actes de conscience, en tant que producteurs ou formateurs des phrases, qui président à l'actualisation, aux transformations et aux variations des parties de significations : « Ce que l'opération formatrice de phrases (…) peut faire, c'est d'*actualiser* des éléments de sens des concepts

1. *Ibidem*, p. 88.
2. *L'Œuvre d'art littéraire*, § 18, p. 98.

idéaux correspondants et de *donner forme à un tout unitaire* à partir de ces actualisations (...). Or, il ne fait aucun doute que cette actualisation produit quelque chose de *nouveau* : la teneur de sens phrasique [ou encore] la teneur de sens d'un enchaînement de phrases [1] ». Ce dernier aspect éclaire aussi les capacités créatives du langage. Sur la base de ces trois conditions, Ingarden peut alors affirmer que la phrase formée et sa signification lexicale (ainsi que son objet intentionnel, nous allons y venir) constituent par rapport à la conscience, une unité nouvelle, close et objective, transcendant l'acte et le flux du vécu en tant que « produit » distinct et qui, à ce titre, ne saurait être assimilée à un contenu de conscience. Cette unité objective est le résultat d'un acte subjectif, sans être elle-même subjective ou de nature psychique.

Puisque les concepts idéaux « constituent le fondement d'être des phrases et le principe régulateur de leur formation [2] », ce deuxième fondement (après les actes producteurs de conscience) assure identité, objectivité et intersubjectivité [3] à la signification. Mais si les concepts idéaux jouent le rôle de fondement des significations lexicales qui les actualisent, ils ne sont pas pour autant incarnés en elles, ils restent transcendants et intangibles, selon leur propre statut d'être idéal. De même que la formation lexicale s'avère transcendante à l'opération subjective qui la produit, de même les concepts idéaux sont transcendants à cette formation qu'ils régulent autant qu'aux actes de conscience qui les visent sans avoir le pouvoir de les modifier.

L'actualisation de l'idéal n'est donc pas une réalisation *in re* de teneurs de sens ou de qualités idéales, de telle sorte que l'idéal deviendrait partie réelle, selon une immanence réelle [4], des formations lexicales et de leurs objets intentionnels correspondants. Elle n'est pas non plus une création ou une re-création authentique des concepts idéaux dans un objet par l'acte de conscience, sans quoi il faudrait admettre que la conscience a le pouvoir de « créer d'authentiques « objets » réels [5] ». Le rapport des concepts idéaux aux significations lexicales se comprend seulement selon un rapport de participation et de fondation intentionnelle.

1. *Ibidem*, § 66, p. 305.

2. *Ibidem*, p. 305.

3. Voir *Ibidem*, § 66 : « l'acceptation des concepts idéaux rend possible (...) l'acceptation de l'identité intersubjective des phrases pour différents sujets de conscience. Ce n'est que par rapport aux teneurs-de-sens des concepts idéaux que le lecteur d'une œuvre littéraire peut réactualiser de manière identique la teneur-de-sens d'une phrase qui lui avait été donnée par l'auteur », p. 307.

4. Voir sur ce point, *L'Œuvre d'art littéraire*, le § 66, p. 306.

5. *Ibidem*, p. 306.

La conséquence de cette analyse montre que les significations lexicales ne sont pas réductibles à des êtres psychiques relevant du mode d'être réel, ni assimilables à des entités idéales dont elles ne font qu'emprunter intentionnellement les qualités. Ingarden se trouve alors autorisé à dire « que le partage entre objets « réels » et « idéaux » est insuffisant » et qu'il faut « admettre encore un autre type « d'objet »[1] ». Quel statut lui reconnaître ? La signification lexicale étant prise entre deux fondements – les opérations subjectives formatrices de phrases et les concepts idéaux – il convient de saisir sa position par rapport à ces deux pôles pour dégager le mode d'être dont elle est susceptible d'hériter.

Puisque la signification lexicale produite par les actes de conscience intentionnels n'est pas un être psychique, elle ne partage pas le mode d'être de l'acte et de la conscience. Ceux-ci ont pour Ingarden un mode d'être absolu ontologiquement autonome, tandis que leur produit est « un quelque chose qui existe sur un tout *autre* mode d'être, à savoir, un mode d'être où « l'objet » renvoie de soi à un autre être, d'où il tient son origine et duquel il est tributaire. L'acte de conscience *crée,* ici au sens propre, quelque chose qui n'existait pas auparavant, mais il est incapable de créer quelque chose qui, une fois constitué, aurait une existence *ontologiquement autonome*[2] ». Le premier trait qui caractérise la signification lexicale est une relativité, une dépendance par rapport aux actes de conscience, par suite une absence radicale d'autonomie ontologique. Son mode d'être est celui de l'hétéronomie existentielle, car elle ne saurait non plus partager l'autonomie de son deuxième fondement, les concepts idéaux. Ceux-ci demeurent enclos dans leur idéalité et leur autonomie ontologiques qu'ils ne partagent pas ni ne diffusent, si ce n'est à titre intentionnel. Or, seule la présence de qualités réellement incorporées dans l'objet, inscrites en lui selon un mode d'immanence réel et non pas seulement intentionnel, est corrélative de l'existence autonome. Ajoutons tout de suite que si l'hétéronomie et la dépendance sont le lot de la signification lexicale, ils qualifient de surcroît l'objet ou l'état de choses intentionnel que la signification pro-jette dans sa visée. Désormais, Ingarden dispose d'un ordre de la signification, détrôné du prestige de l'idéalité et, avec lui, d'une classe d'objets hétéronomes – les objets purement intentionnels – situés à mi-distance du réel et de l'idéal.

Par cette analyse de la signification, Ingarden anticipe et élabore une distinction comparable à celle établie par Husserl entre les unités idéales de signification et les significations comprises comme corrélats noématiques

1. *Ibidem,* § 18, p. 98.

2. *L'Œuvre d'art littéraire,* p. 99.

ponctuels. Ingarden explique dans la préface de *L'Œuvre d'art littéraire* qu'il ne connaissait pas, lors de sa propre rédaction, l'évolution de Husserl sur le statut de la signification lexicale. La nouvelle conception, élaborée dès 1908 et rendue explicite dans la *Logique formelle et transcendantale*, est accueillie avec joie par Ingarden, en ce qu'elle établit entre eux un point de convergence indéniable et Husserl l'en félicite dans la lettre du 21-XII-1930[1]. Toutefois, Ingarden ne manque pas de rappeler les divergences, à savoir que même si Husserl définit les significations, les phrases et les unités de sens supérieurs comme des formations issues d'opérations subjectives de la conscience, il continue d'employer indifféremment le qualificatif d'idéal et, parfois trop rarement, celui d'irréel. Ingarden préfère quant à lui maintenir une ferme délimitation entre les formations intentionnelles (irréelles) et les objets idéaux. Le motif en est clairement philosophique : Husserl « considère tous les « objets » anciennement appelés « idéaux » – au premier sens du terme – comme des formations intentionnelles d'un genre particulier, et il aboutit ainsi à une généralisation de l'idéalisme transcendantal[2] ». Cette issue étant inacceptable, Ingarden s'empresse de préciser que si leurs conceptions de la signification lexicale (et partant de l'objet intentionnel) semblent apparentées, leur motivation et leur fondement sont radicalement distincts : motif idéaliste transcendantal pour Husserl, motif strictement ontologique pour Ingarden. Le statut de l'intentionnel (et du réel) constitue explicitement le cœur du débat Husserl-Ingarden

Le mode d'être de l'objet purement intentionnel

Les actes formateurs de signification et de proposition constituent des objets d'un nouveau type – dépendants et hétéronomes. Significations et phrases sont des objets « directement » posés par les actes d'un moi ; mais comme leur propriété intentionnelle les rend aptes à viser et à poser, en quelque sorte « par dérivation[3] », des objets et des états de choses, ceux-ci à leur tour forment une sphère d'objets intentionnels hétéronomes. Et à vrai

1. Il est à noter que dès 1918, Husserl informait Ingarden de son évolution et le mettait sur la piste d'un tel changement de conception sur le statut de la signification : « Il y a longtemps que j'ai reconnu que la position des *Prolégomènes* était inexacte, c'est-à-dire exacte seulement pour les vérités d'essence, et j'ai clarifié les raisons de la différence fondamentale entre vérité de fait et vérité d'essence. La faute était située d'abord dans la saisie du « sens » et de la « proposition » (...) en tant qu'essence, ou en tant qu'idées au sens d'essence (*Species*). L'indépendance du sens d'une proposition par rapport au juger et au jugement contingents ne dit pas encore que l'idéal-identique est un spécifique », lettre du 5 avril 1918, *Briefe an Roman Ingarden*, p. 10.

2. *L'Œuvre d'art littéraire*, p. 9.

3. *Ibidem*, § 20, p. 111.

dire, la discussion porte davantage sur ces objets eux-mêmes que sur les significations, même si elles sont premières selon l'ordre de la genèse. D'autant que les exemples d'objets intentionnels sont principalement ceux figurés et projetés par le récit littéraire, autrement dit par le corpus de phrases et de significations lexicales qui en forment l'origine et la teneur.

Ingarden se livre à l'analyse détaillée de ces objets, au paragraphe 20 de *L'Œuvre d'art littéraire,* en commençant par une définition générale : « Par « objet » purement intentionnel nous entendons un « objet » que « crée », en un sens dérivé, un acte de conscience, resp. [ou] une série d'actes, ou enfin une formation (par ex. une signification lexicale, une phrase) qui contient en soi l'intentionnalité dévolue ; un objet créé exclusivement à la faveur de leur intentionnalité originaire ou simplement prêtée ; un objet qui a en ceux-ci la source de son être et de son être-ainsi[1] ».

L'objet intentionnel est essentiellement un produit. Créé par des actes de conscience, son existence, sa complexion qualitative (matérielle et formelle, ou comme dit Ingarden son « être-ainsi ») autant que sa subsistance en dépendent radicalement et sont à leur merci. Sa dépendance extrême en fait un être dérivé ontologiquement hétéronome. L'existence lui est attribuée intentionnellement, mais elle ne se maintient pas d'elle-même par son propre ressort. Les actes de conscience créateurs n'ont pas une force de création telle qu'ils soient capables d'engendrer un objet autonome, « spontané (volontaire), indépendant, souverain[2] ». Son incapacité à exister et subsister par lui-même constitue « la raison ultime pour laquelle l'objet purement intentionnel en tant que tel n'est en lui-même qu'un « rien » au sens de l'autonomie de l'être[3] ». Ingarden insiste sur le manque d'être de cet objet et le qualifie régulièrement comme un néant ou une pure apparence à laquelle tout est attribué. Par opposition, l'être individuel réel puise sa consistance et son autonomie ontologique de l'immanence de ses propriétés. Tandis que les qualités de l'objet intentionnel lui sont seulement conférées intentionnellement : il ne les contient pas de façon immanente, elles ne lui sont pas incorporées. Pour cette raison, l'objectité intentionnelle « est proprement un Rien, au sens strict, elle n'a aucune essence propre[4] ». Seuls les objets autonomes ont une essence en tant que celle-ci est une combinaison particulière de déterminations contenues de manière immanente dans un objet.

Que l'objet intentionnel soit privé d'autonomie existentielle, ne le prive pas pour autant d'existence. Mais celle-ci doit être repensée selon un mode nouveau, autorisant à son sujet non seulement des propos d'échange

1. *L'Œuvre d'art littéraire,* p. 111.
2. *Der Streit,* I, p. 85.
3. *L'Œuvre d'art littéraire,* § 20, p. 115.
4. *Remarques sur le problème Idéalisme-Réalisme,* § 6, p.[28].

entre différents lecteurs, mais encore la possibilité d'une science littéraire, dans le cas des objectités de fiction. Si donc il est un rien au sens de l'autonomie d'être, cet objet reste cependant quelque chose, et Ingarden le reconnaît bien volontiers : « Pourtant l'objet purement intentionnel n'est pas un néant total, un néant qui n'aurait nulle part, dans aucune sphère d'être, ni appui ni connexion [1] ». Ou encore s'agissant de l'objectité intentionnelle qu'est la phrase, il déclare : « aussi introuvable soit-elle dans le monde réel comme réalité, on ne peut nier que *simplement* elle existe [2] ». Ni réel, ni idéal, l'objet intentionnel est bien un quelque chose qui existe à sa manière ; et peut-être faudrait-il parler de subsistance, à la manière de Meinong, plutôt que d'existence hétéronome. Cependant Ingarden n'y a pas recours, préférant, sans doute pour marquer le statut singulier de ce qui n'est pas un objet au sens strict, parler de *quasi*-objet. En effet, puisque l'objet véritable se comprend comme quelque chose d'ontologiquement autonome, « l'objet » intentionnel peut tout au plus imiter l'objet, se donner « comme un objet », « à la manière d'un objet », mais sans pouvoir prétendre rigoureusement à ce statut.

Quasi-objet, l'objectité intentionnelle n'existe que sur le mode du « comme si », en ce sens que son être et sa consistance sont simulés. Corrélativement, les propositions littéraires et les significations lexicales qui les projettent ne sont à leur tour que des *quasi*-propositions. Les phrases de l'œuvre littéraire ne sont pas « de véritables *jugements* au sens de la logique, où quelque chose est sérieusement affirmé [3] ». Le jugement véritable implique une thèse d'existence qui pose un état de choses déterminé comme réellement existant (que ce soit dans la sphère d'être du réel ou dans celle de l'idéal). Au contraire, dans les propositions littéraires, le facteur de position existentielle est absent et il ne subsiste que le moment de la caractérisation existentielle : « les objets qui se rencontrent dans l'état de choses purement intentionnel sont *caractérisés selon leur mode d'être*, par ex. comme réels, idéaux, seulement possibles, etc. mais ils ne sont pas *posés* comme effectivement existants dans ce mode d'être. L'état de choses déployé intentionnellement, malgré sa caractérisation existentielle, est complètement suspendu en l'air : il lui manque d'être enraciné dans une sphère d'être indépendante de la proposition énonciative. (…) l'état-de-choses purement intentionnel a l'air « d'être-maintenu-en-état-de-flottement » [4] ». Les propositions littéraires sont donc seulement « *quasi*-judicatoires » et, à ce titre, ne sont jamais ni vraies ni fausses. Reste que ce

1. *L'Œuvre d'art littéraire*, § 20, p. 115.
2. *Ibidem*, § 66, p. 306.
3. *L'Œuvre d'art littéraire*, § 25, p. 144.
4. *Ibidem*, p. 148.

n'est pas l'indice de la vérité qui est recherchée par leur entremise, mais bien leur capacité à créer l'illusion de la réalité pour constituer un monde spécifique, le monde de la fiction offrant un « *habitus extérieur* de la réalité qui, pour ainsi dire, ne veut pas être pris tout à fait au sérieux [1] ».

Quasi-objet, l'objet intentionnel trouve le fondement de sa genèse dans la sphère d'être absolue et autonome des actes de conscience et le fondement de son subsister dans celle tout aussi autonome des concepts idéaux. Cette double fondation est mobilisée par le sujet créateur (l'écrivain, par exemple) comme par le lecteur qui, à son tour, en s'appuyant sur leur trace écrite, réactualise les intentionnalités premières de l'auteur et projette ces mêmes objets intentionnels – c'est-à-dire, dans les termes d'Ingarden, les concrétise [2]. L'aptitude de tout sujet conscient à retrouver et à s'approprier, dans de nouveaux actes intentionnels, les objets constitués par un autre sujet trouve sa source principale dans le fait que les objets intentionnels littéraires sont corrélatifs des significations, donc du langage en général. C'est en vertu de cette dimension linguistique que les objets littéraires accèdent au rang de l'intersubjectivité.

Malgré cette dimension intersubjective et éventuellement historique, les objets intentionnels n'existent qu'autant qu'ils sont perçus, projetés et concrétisés. L'absence d'autonomie dont Husserl qualifie les noèmes est donc également appliquée aux objets purement intentionnels d'Ingarden, avec cette différence toutefois que si le noème husserlien recouvre la totalité des êtres et objectités (réels, idéaux ou fictifs) qui peuvent être visés par un sujet, l'objet purement intentionnel, quant à lui, est restreint à cette sphère particulière d'objets irréels projetés par le discours littéraire et la production artistique en général. Cela signifie aussi que le modèle de la création artistique, qui sert de base pour penser le mode d'être de l'objet intentionnel, est finalement généralisé et étendu à toute la sphère de l'intentionnel chez Ingarden. En témoigne le fait que dans les exposés d'esthétique postérieurs à *L'Œuvre d'art littéraire*, Ingarden propose systématiquement un exemple littéraire (Hamlet, un poème de Rilke) pour illustrer le statut de l'objet intentionnel.

Si l'analyse d'ontologie existentielle atteste bien la différence de mode d'être entre l'objet intentionnel hétéronome et l'être réel ou idéal autonomes, Ingarden considère qu'il reste encore deux aspects par lesquels

1. *Ibidem*, § 33, p. 190.

2. Ingarden distingue réalisation et concrétisation : la première désigne l'incarnation ou l'incorporation de qualités idéales dans un être réel, elle ne vaut que pour le réel autonome ; s'agissant des objets figurés par une œuvre littéraire, donc des objets hétéronomes, Ingarden parle de concrétisation, et la lecture en est la forme privilégiée en tant qu'elle permet de (re)-constituer les objets et de les porter à la manifestation.

l'intentionnel se démarque du réel et de l'idéal ; deux aspects relevant de sa structure formelle.

Les lieux d'indétermination de l'objet intentionnel

En premier lieu, Ingarden dévoile un trait singulier de l'objet intentionnel, à savoir la présence en lui de *lieux d'indétermination*. Pour être fidèle à cette caractéristique négative, il faudrait d'ailleurs plutôt parler de manques, de failles ou de trous dans sa détermination, tandis que l'être réel est univoquement et complètement déterminé. La raison se trouve dans la source même de sa constitution. Parce que l'objet intentionnel est le produit de la projection intentionnelle des phrases et de leurs teneurs de sens (significations lexicales), son origine impose aussitôt le fait nécessaire et inévitable de sa limite : l'objet intentionnel ne peut être projeté que « par un nombre fini d'unités de signification[1] ». Par suite, cette finitude sémantique induit des lacunes insurmontables (sauf à reprendre et prolonger le travail créateur de l'écrivain) dans la constitution de l'objet, des points aveugles n'autorisant pas d'en dresser une figure exhaustive. Ingarden indique aussi, à juste titre, que la plupart du temps cette indétermination foncière passe inaperçue aux yeux du lecteur, absorbé par le fil du récit et attentif surtout aux déterminations positives qui, elles, sont données.

Son indétermination fait que l'objet *quasi*-individuel ne peut à aucun titre rivaliser avec la richesse réelle et inépuisable d'un être individuel autonome. « De même que l'individuel ontologiquement autonome n'est épuisable par aucune sorte de connaissance finie explorant l'objet dans ses propriétés singulières, de même l'individuel ontologiquement hétéronome n'est totalement déterminable par aucune opération finie des actes de visée ou des unités de signification[2] ». L'objet intentionnel est donc entouré d'un halo de déterminations et d'indéterminations potentielles, toujours co-visées par les actes intentionnels, mais en quelque sorte à vide, tandis qu'il n'est « pas possible qu'un objet réel présente de tels « blancs »[3] ». C'est pourquoi Ingarden considère le personnage de fiction, simulant l'individualité de l'être réel, comme un être *schématique*, car ce n'est que de manière formelle qu'il est projeté en tant qu'individu pleinement déterminé.

La rupture entre être individuel réel et objet intentionnel *quasi*-individuel s'avère désormais tout à fait établie : là où l'individuel réel présente

1. *L'Œuvre d'art littéraire*, § 38, p. 209.
2. *Der Streit*, II/1, § 47, p. 223. Voir également *L'Œuvre d'art littéraire*, p. 210-211.
3. *L'Œuvre d'art littéraire*, § 38, p. 212.

plénitude, complétude et immanence de ses déterminations, se donnant sous les traits d'un être achevé et infini en ses qualités, l'objet intentionnel, quant à lui, montre des manques, des trous, un caractère inachevé (toujours en cours de constitution potentielle), une finitude corrélative de la finitude de son origine (le nombre des unités de signification), des qualités seulement conférées, prêtées intentionnellement. D'un côté un individu, de l'autre un schème. L'opposition paraît tourner au réquisitoire et, pourtant, Ingarden n'en a pas fini avec le statut de l'objet intentionnel. Il dégage un dernier élément de sa structure formelle qui consomme définitivement la rupture entre le réel et l'intentionnel, c'est-à-dire éradique toute tentation de réduire le réel à l'intentionnel.

La double structure de l'objet intentionnel

La particularité formelle la plus significative pour Ingarden est celle de la double structure (*Doppelseitigkeit*)[1] de l'objet intentionnel, qui lui vaut aussi d'être pourvu de deux porteurs. Pour comprendre comment Ingarden en vient à l'idée d'une structure double, il faut conserver en mémoire le fait étonnant selon lequel l'objet intentionnel – un héros de fiction par exemple – se donne simultanément sous les traits d'un objet particulier (un homme vivant, âgé, lépreux, etc.) ayant un mode d'être précis (réel) et en tant qu'objet intentionnel proprement dit, c'est-à-dire comme un *quasi*-objet. Ce qui est alors remarquable dans son statut, c'est sa capacité à réunir des aspects et des modes d'être contradictoires. Un personnage de roman se donne à la fois comme un être réel individuel ontologiquement autonome (un homme vivant ici ou là) et comme un objet intentionnel *quasi*-individuel ontologiquement hétéronome. Comment le même objet peut-il supporter des qualités contradictoires ? Comment peut-il présenter une double face ?

La solution passe pour Ingarden dans une structure double, comparable à certains égards à la double structure de l'idée. Pour la dévoiler, il faut distinguer entre la « teneur » de l'objet intentionnel et sa « structure intentionnelle[2] ». La teneur désigne l'objet tel qu'il nous apparaît immédiatement dans la lecture, c'est-à-dire le personnage qui émane des descriptions et qui intéresse le lecteur en premier lieu. Dans la teneur de l'objet sont rassemblées ses déterminations formelles, matérielles et existentielles, c'est-à-dire tous les traits sous lesquels cet objet peut être amené à figuration ou à concrétisation. Si l'on y regarde de plus près, on peut

1. Voir *ibidem*, p. 211 *sq.*
2. *L'Œuvre d'art littéraire*, § 20, p. 112.

distinguer également, derrière les qualités, leur sujet ou leur porteur, comme c'est le cas s'agissant des êtres individuels autonomes.

A titre d'exemple, Ingarden se livre à un commentaire ontologique d'un poème de R.M Rilke, dans le chapitre IX de *Der Streit* consacré à l'objet intentionnel : « Observons par exemple, le bruyant lépreux, pris formellement, il est un objet individuel (compris en tant que « teneur » d'un objet purement intentionnel) ; matériellement, il est pourvu de propriétés sur un mode tout à fait déterminé (en tant qu'homme, que malade et, tout particulièrement, en tant qu'homme atteint de la lèpre, etc.). Finalement, il est aussi visé en tant qu'objet réel, comme quelqu'un qui ne vit pas simplement dans le monde réel, mais existe aussi lui-même sur le mode d'être de l'être réel. Que tout ceci soit seulement « visé », seulement attribué intentionnellement, mais ne lui soit pas, au sens strict, immanent en son être, ne fait rien à l'affaire : l'objet purement intentionnel « est », en sa teneur, exactement ce qu'il est visé[1] ».

Du point de vue de la teneur – et c'est aussi le point de vue du lecteur – seules les caractéristiques visées et projetées sont prises en compte. Si, par contre, on veut maintenant introduire ce fait de n'être qu'un objet intentionnel, doué de qualités seulement attribuées, il faut se tourner vers la « structure » de l'objet en tant qu'objet intentionnel : là se trouvent les déterminations qui en font un tel objet, à savoir : – n'être qu'une chose visée, nécessairement corrélative à l'acte de conscience correspondant, – comporter telle ou telle teneur (avoir tel contenu) avec tel porteur ou sujet de propriété, – avoir une double structure, etc.

L'originalité de cette structure tient au fait qu'en tant qu'ensemble de propriétés, elle doit elle-même disposer d'un porteur, sujet de ses propriétés : « Mais aussitôt que dans cette structure intentionnelle, par suite dans l'objet purement intentionnel, des « propriétés » se trouvent d'avance, le sujet des propriétés doit naturellement aussi être présent[2] ». L'objet intentionnel en tant que tel offre alors « un étrange doublage, un curieux « double supportement » (*Doppelträgerschaft*)[3] ». De ces deux porteurs, l'authentique sujet est celui de la structure, en tant qu'il embrasse le tout, y compris le porteur de la teneur particulière. La difficulté étant que celui-ci échappe en général à la vue, l'intérêt du lecteur restant polarisé sur les aventures du sujet figuré ; il faudrait donc déployer une attention plus spécifique et comme latérale pour saisir cette structure, et faire sortir le porteur véritable de son « état de latence et presque de recèlement[4] ».

1. *Der Streit*, II/1, § 47, p. 216-217.
2. *Der Streit*, II/1, § 47, p. 217.
3. *L'Œuvre d'art littéraire*, § 20, p. 113.
4. *Ibidem*, § 20, p. 113.

Toutefois, le caractère délibéré et comme contraint de cette attention spécifique ne signifie pas pour autant que le lecteur se méprenne sur la véritable nature de l'objet qu'il considère. Il sait très bien qu'il ne considère qu'un être fictif et intentionnel, et c'est bien tout le charme et la caractéristique propre de la littérature que de se prêter à cette équivoque feinte.

Comme on peut le remarquer, la double structure de l'objet intentionnel l'apparente à la double structure de l'idée. Pour celle-là aussi, il faut distinguer entre sa structure *qua idea* et son contenu particulier qui en fait l'idée de tel être. Nous sommes dans le même cas de figure en séparant la structure de l'objet en tant qu'objet intentionnel de son contenu particulier, ou teneur, qui le détermine comme cet objet-là. Néanmoins la comparaison s'arrête ici. Car d'une part, l'idée a été posée comme un être idéal ontologiquement autonome et, d'autre part, l'indétermination dans le contenu de l'idée (les éléments constants et les variables) a une signification éminemment positive, en ce qu'elle la rend apte à être réalisée de manière indéfinie, tandis que l'indétermination de l'objet intentionnel est indice de manque et d'inachèvement. Enfin, la transcendance de l'idée est absolue vis-à-vis des actes de conscience, alors que la transcendance de l'objet intentionnel vis-à-vis des actes qui le constituent est toute relative; elle désigne seulement le fait de l'extériorité de l'objet par rapport à l'immanence réelle de la conscience. Et si l'impression de transcendance que procure cet objet persiste, elle tient davantage à son manque de détermination qui en fait un être fuyant, évanescent et schématique, qu'à une véritable consistance qui tiendrait en échec les efforts de saisie et de détermination.

En définitive, avec la figure de l'objet intentionnel, Ingarden propose d'admettre une nouvelle classe d'objets – hétéronomes, dérivés et dépendants – dont l'ensemble forme un domaine d'être autonome et distinct des deux autres. De même que le *quasi*-objet est comme suspendu en l'air, cette classe d'objets purement intentionnels paraît suspendue entre les deux autres modes d'être – idéal et réel – tous deux doués d'autonomie ontologique et auxquels il puise également son origine et son être. L'intentionnel reste marqué d'apparence, il n'est pas rien mais presque rien et l'ensemble de son investigation sert essentiellement de repoussoir contre l'idée d'identifier le réel à un tel défaut d'être.

L'ontologie ingardénienne déploie ainsi une pluralité d'êtres et l'analyse de leurs caractéristiques existentielles et formelles, menée de manière éidétique par le biais du contenu de leur idée, doit permettre de sortir de la polémique sur l'existence du monde en tranchant la question de leur mode d'être respectif. A cet égard, on pourrait penser qu'après la rédaction de *L'Œuvre d'art littéraire*, Ingarden s'est acquitté de la tâche qui consiste à montrer explicitement toute la distance qui sépare le réel de l'intentionnel et, qu'à ce titre, il en a fini avec la critique de l'idéalisme transcendantal husserlien, dans la mesure où la volonté de réduire l'être réel au mode d'être de l'intentionnel trouve son démenti dans l'analyse formelle de ces différents objets. Pourtant, il continue tout au long de sa vie d'entretenir une activité philosophique critique vis-à-vis de cet idéalisme tant redouté. Et même après la mort de Husserl, il maintient avec lui, quoique désormais pour lui-même, une sorte de dialogue critique permanent.

Les éléments de la controverse Idéalisme-Réalisme

Héritages et déplacements

Objet intentionnel et objet noématique

L'objet intentionnel est au centre de la critique qu'Ingarden adresse à Husserl. Pourtant, à lire Ingarden, il semble qu'il ne parle pas exactement du même intentionnel que Husserl. Si l'on y regarde de plus près, il s'avère que le passage de la catégorie husserlienne du sens noématique à celle d'objet purement intentionnel chez Ingarden subit bien plus qu'un changement de nom : c'est essentiellement le passage d'un mode d'apparaître à un mode d'être ou, plus encore, la conversion d'un mode de donation des choses en mode d'être – donc une décision ontologique. La comparaison des deux démarches, qui aboutissent à la considération de ce que l'on peut appeler au sens large *l'objet intentionnel*, révèle en fait l'opposition de deux attitudes et deux méthodes radicalement différentes.

Pour Husserl, l'ouverture de cette classe d'objets intentionnels que sont les noèmes (ou sens, ou corrélats noématiques) est le fruit de la réduction phénoménologique. La mise entre parenthèses de la position existentielle des choses rend le sujet réceptif à leur dimension de pur apparaître, tout en lui rendant visible l'ensemble de la vie intentionnelle et les vécus d'actes impliqués dans ces apparitions. La réduction permet alors d'accéder à un nouveau mode de donation des choses qui dévoile leur relativité aux vécus. Mais cette réduction ne produit pas de nouveaux objets, pas plus qu'elle ne supprime les précédents, simplement elle les éclaire de la lumière de la corrélation noético-noématique, totalement occultée sur le plan de l'attitude naturelle. C'est pourquoi le noème n'est pas une chose telle qu'une chose naturelle, et le paragraphe 89 des *Ideen* I l'a suffisamment et fortement souligné en opposant l'arbre réel qui peut brûler et « l'arbre perçu en tant quel ». De même dans les *Ideen* III, confrontant phénoménologie et ontologie, Husserl rappelle que : « Une « chose » comme corrélat n'est pas une chose : d'où les guillemets [1] ». Le noème n'est pas non plus un nouveau type d'être que l'on découvrirait par l'entremise de la réduction et dont il faudrait mettre au jour le statut ontologique. Il n'est que la reprise sous l'indice des guillemets de la même réalité et du même monde dans une nouvelle attitude. C'est pourquoi le noème ne se limite pas à une catégorie spécifique de réalités, mais toute chose, quels que soient son type d'être et sa région, peut être considérée à la lumière de cette nouvelle attitude réduite comme corrélat noématique (tant les choses sensibles, que les personnes, les objets artificiels, les idées, les cultures, etc.). Ce qui veut dire aussi que l'on ne peut pas mettre sur le même plan ni sur des plans ontologiques parallèles, la chose réelle et l'objet intentionnel, séparés qu'ils sont par toute la distance de l'attitude naturelle à l'attitude réduite. Cela ne signifie pas non plus que l'objet intentionnel serait fictif par rapport à la chose réelle, mais simplement que l'on doit tenir compte du nouvel indice que crée la modification de la réduction – les parenthèses ou les guillemets en étant toujours les marques visibles. Inversement, cela ne signifie pas que la chose réelle serait niée, supprimée ou transformée en fantôme intentionnel. L'accès au plan noématique n'est que l'accès à un plan d'intelligibilité des choses et de notre rapport aux choses.

Ingarden, au contraire, en faisant de l'hétéronomie un moment existentiel – quasiment un mode d'être – décide d'emblée du statut ontologique de l'objet intentionnel, comme être parmi d'autres types d'être ; ce faisant, il s'inscrit immédiatement en rupture avec la doctrine husserlienne qui ne donne le noème ou l'objet intentionnel que comme un mode d'apparaître de la chose. La raison principale s'en situe encore dans l'attitude adoptée. Loin de la réduction phénoménologique, le souci ontologique d'Ingarden le conduit à pratiquer presqu'exclusivement la réduction éidétique. Or, celle-ci reste toujours prise dans le prolongement de l'attitude naturelle, c'est-à-dire conserve dans sa ligne de mire les étants et leurs positions, qu'ils soient réels ou idéaux, pour en dégager les essences. Ainsi que Husserl le rappelle clairement : « En ontologie, à l'encontre, nous effectuons des positions actuelles qui, au lieu d'être dirigées sur les corrélats et sur les objets entre guillemets, le sont sur les objets purs et simples [2] ». Car l'intérêt tourné vers l'essence ne produit pas la mise entre parenthèses de l'objet ou du fait considéré à titre d'exemple ; il est maintenu dans sa position d'être, telle qu'elle a été rencontrée sur le plan de l'attitude naturelle et cette valeur autant que son mode d'être apparent se maintiennent à l'arrière-plan de la recherche. C'est-à-dire que non seulement le plan

1. *Ideen* III, *La phénoménologie et les fondements des sciences*, § 15, p. 101 [85].
2. *Ideen* III, § 16, p. 105 [88].

naturel avec sa croyance forte en l'existence d'une réalité en soi est maintenu, mais encore, la distribution même des objets sous des catégories et des régions ontologiques différentes est conservée et c'est elle qui sert de tremplin à l'analyse ontologique. C'est pourquoi la classification ontologique d'Ingarden des êtres selon les modes du réel, de l'idéal et de l'intentionnel ne fait que reprendre une distinction habituelle à la vie naturelle et le conduit à placer sous le mode d'être de l'objet intentionnel des objets tout à fait spécifiques, de préférence des *ficta* ou des objets de production artistique, alors que le noème embrasse tous les objets possibles en tant que réduits.

La distance avec l'objet intentionnel husserlien s'affirme et se creuse par là : ce que propose Ingarden, c'est un objet intentionnel sans réduction phénoménologique. Or, l'objet intentionnel husserlien n'apparaît que par la réduction phénoménologique.

Que recouvre alors cette expression chez Ingarden ? Si l'on reprend les termes de sa présentation de l'objet intentionnel, celui-ci est un être dérivé et dépendant d'actes d'intention de signification qui le projettent par l'intermédiaire des phrases et des significations, il est un *quasi*-objet qui existe à peine, un « irréel » hétéronome à la merci des actes d'un sujet. En tant qu'hétéronome et tributaire des actes de conscience, il paraît s'apparenter au noème husserlien. Cependant tous ces caractères : hétéronomie, dépendance, irréalité, n'en font pas un objet réduit. Comme le remarque fort justement M. Dufrenne : « Lorsqu'il fait de l'objet représenté un objet purement intentionnel, Ingarden semble invité à cette identification par le fait que l'objet représenté est en effet frappé de neutralité, et, en ce sens, irréel ; mais précisément l'irréalité du représenté n'est pas celle de l'intentionnel[1] ». Dès lors que cet objet est appréhendé en dehors du cadre de la réduction phénoménologique, il n'est exemplaire en définitive que de la classe des objets représentés, c'est-à-dire des êtres de représentation produits par le discours. A cet égard, le fait qu'Ingarden donne volontiers pour synonymes des expressions telles que l'objet figuré, représenté, projeté, ou l'objet intentionnel est révélateur de son maintien sur le plan de la représentation, partant sur le plan naturel de l'ordre du discours. C'est pourquoi l'objet d'Ingarden, en tant que représenté, « n'est pas plus un objet intentionnel que l'objet perçu, remémoré ou attendu[2] » ; de même que, sur le plan naturel, la corrélation du perçu aux actes de conscience qui le perçoivent n'en fait ni un objet intentionnel, ni un objet hétéronome. On peut donc s'interroger, comme le fait M. Dufrenne, sur la légitimité de sa caractérisation comme hétéronome, car « la corrélation de

1. M. Dufrenne, *Phénoménologie de l'expérience esthétique*, t. I, p. 269.
2. *Ibidem*, p. 270.

l'objet à l'acte qui le vise constitue-t-elle un brevet d'hétéronomie?[1] ». Si c'était le cas, il faudrait également affecter ce défaut d'être à l'objet réel dès lors qu'il est perçu puisqu'il est tributaire de cette visée perceptive, ce que refuse de faire Ingarden.

En effet, dès la *Lettre de 1918*, Ingarden opère une distinction qu'il maintient tout au long de ses écrits entre les objets *purement* intentionnels et les objets intentionnels par accident (ou par occasion), c'est-à-dire les objets autonomes qui deviennent ponctuellement l'objet d'une visée intentionnelle. Les premiers sont hétéronomes, les seconds autonomes. Mais cette dichotomie n'a pas d'autre source que la croyance primordiale de l'attitude naturelle qui attribue aux objets réels naturels une existence et une consistance indépendantes, tandis que les êtres de discours se font immédiatement remarquer par un être amoindri et plus flottant. Seule la réduction phénoménologique, puis la réduction transcendantale, permettraient de lever cette typologie et de la ramener à sa véritable source, c'est-à-dire permettraient de montrer la constitution commune, quoique différente, de l'être réel et de l'être de représentation. En ce cas, il n'y aurait plus de motif à accorder l'autonomie à l'un pour la refuser à l'autre. En revanche, en restant sur le plan naturel, on peut se demander si la relativité de l'être de discours justifie d'y voir une hétéronomie existentielle et un mode d'être spécifique, antinomiques de l'autonomie du mode d'être du réel, ou même de l'idéal. Le mode de la représentation peut-il légitimement être érigé au niveau d'un mode d'être ontologique ?

La conception et l'analyse de l'objet intentionnel, comme d'ailleurs de l'objet réel, restent ainsi manifestement tributaires de l'adhésion d'Ingarden au plan de l'attitude naturelle, c'est-à-dire de son réalisme foncier. Mais cette nouvelle conception de l'objet intentionnel fausse désormais toute la discussion avec Husserl sur le danger de l'idéalisme transcendantal de réduire le réel à l'intentionnel. Parce qu'ils ne parlent pas du même intentionnel, les objections de l'un et les défenses éventuelles de l'autre restent en porte-à-faux. La source véritable de cette divergence réside dans les points de départ respectifs : ontologique et donc d'une certaine manière « naturaliste » pour Ingarden, immédiatement phénoménologique pour Husserl. Or, comme le dit Husserl : « en soi, nous en reparlerons encore, l'ontologie n'est pas la phénoménologie[2] ».

Ce premier constat n'est toutefois pas satisfaisant, en ce que la divergence entre les deux sens d'objet intentionnel paraît trop grande pour avoir échappé à Ingarden. Mais, dans la mesure où il n'en parle pas lui-même,

1. M. Dufrenne, *op.cit.*, p. 270.

2. *Ideen* III, Appendice I, § 6, p. 158 [129].

maintient ses positions et entretient continûment sa polémique avec Husserl sur l'opposition de l'intentionnel et du réel, on doit se demander ce qui le justifie dans cette démarche. On peut supposer que, lorsqu'il critique Husserl sur ce qu'il considère être une conception réductrice du réel, Ingarden a encore en vue un autre sens de l'intentionnel ; un intentionnel qui serait distinct de l'analyse menée dans *L'Œuvre d'art littéraire*, alors même que celle-ci devait servir de base et de modèle à sa détermination. Car on ne peut pas sérieusement croire que Husserl soit, pour Ingarden, celui qui entend réduire le statut du réel au statut d'un Hamlet, ainsi que le fait A.T. Tymieniecka[1]. Toutefois, dans cette formule délibérément provocatrice, la disciple polonaise d'Ingarden pointe aussi une distinction importante pour notre propos, à savoir la distinction entre « l'objet intentionnel » et « l'objet *purement* intentionnel ». Le premier désignerait « l'objet intentionnel de connaissance au travers duquel nous connaissons les objets réels du monde, ou les objets mathématiques[2] », tandis que le second ne concernerait que le cas des objets créés par les œuvres d'art, ou les œuvres de l'imagination, les *ficta*, objets d'une création arbitraire ou fantaisiste.

Cette distinction est décisive car elle signifie que, pour Ingarden, entre le niveau de l'objet réel autonome (objet intentionnel par accident) et celui de la pure fiction (objet purement intentionnel), s'ouvre l'espace de la représentation immanente, constitué d'objets intentionnels, c'est-à-dire de corrélats ou d'unités de sens intentionnels. C'est manifestement cette acception qui est au centre de la polémique avec Husserl. Elle suppose que la vie perceptive et le travail intellectuel de connaissance qui prend appui sur elle sont constitutifs d'objectités intentionnelles ou de sens intentionnels, ceux-ci se situant alors dans une sorte d'espace intérieur, qu'il faut bien appeler espace de représentation, et qui constitue l'antichambre de la connaissance, en tant que lieu de rencontre et d'échange des actes du sujet avec le monde réel. Ces objectités intentionnelles, destinées à la connaissance du réel et servant en quelque sorte de médiation entre le réel et la

1. Actes de la conférence de 1969, Waterloo Canada, dans *Analecta Husserliana*, t. II, 1972 : « Si chez Husserl une telle distinction [entre objet intentionnel et objet purement intentionnel] n'est pas possible, c'est parce que Husserl a réduit tous les objets de la connaissance ou de la constitution à des objets intentionnels ; l'objet réel est représenté par Husserl dans la constitution comme transcendant, cependant cette transcendance est supposée être un mode existentiel constitué par un ensemble spécial d'actes de conscience. Alors cette table avec tous ses aspects transcendants est existentiellement réduite par Husserl au statut d'Hamlet, c'est-à-dire au statut d'un objet purement intentionnel. S'il était vrai que l'objet réel pût être complètement assimilé à l'objet intentionnel, alors la constitution de la réalité serait comparable à celle de l'œuvre d'art », p. 74.

2. *Ibidem*, p. 73.

conscience, semblent bien correspondre, dans l'esprit d'Ingarden, à ce que Husserl nomme sens noématique, sens de la perception ou corrélat intentionnel, et c'est à leur propos qu'il développe sa critique de l'idéalisme. Toutefois, dans la mesure où ces objectités intentionnelles sont indiscutablement présentées comme des doubles immanents des objets réels extérieurs qu'ils cherchent à déterminer, cette conception tombe sous le coup de l'accusation husserlienne de dédoublement des objets.

Le dédoublement d'Ingarden : objet intentionnel et objet réel

Les analyses menées dans *L'Œuvre d'art littéraire* offrent des indications décisives pour comprendre quel statut Ingarden confère à ces objectités intentionnelles, ayant une visée de connaissance. La phrase qui, avec sa teneur de sens, rend possible la projection d'objets et d'états de choses intentionnels, constitue elle-même une première unité intentionnelle déployant un état de choses intentionnel. « Ainsi est-elle avant tout une unité intentionnelle, c'est-à-dire une unité qui indique, par-delà elle-même, quelque chose qui est différent d'elle [1] ». A quoi il faut ajouter que si la phrase se dépasse vers un état de choses intentionnel, celui-ci à son tour vise, dans certains cas, un état de choses réel qui lui correspond. Cette propriété spécifique ne se rencontre que lorsque la phrase et les opérations qui la sous-tendent sont « au service de la connaissance de quelque chose de réel [2] ». Alors, explique aussitôt Ingarden, « cette opération s'effectue en général sur fond de saisie intuitive d'un état de choses objectivement existant, et ses phases s'adaptent plus ou moins exactement au contenu de celui-ci [3] ».

Autrement dit, lorsque le souci d'un sujet est celui de la description ou de la connaissance de la réalité, son activité consiste à déployer, par la parole, des états de choses intentionnels visant à s'adapter et à recouvrir entièrement un état de choses réel correspondant, de manière à obtenir une adéquation, c'est-à-dire à pouvoir être une expression vraie de la réalité. Dans le cas d'un recouvrement parfait entre état de choses intentionnel (corrélat phrasique) et état de choses réel, c'est-à-dire lorsque le premier s'adapte comme un vêtement au second, il s'opère une identification qui passe inaperçue dans l'attitude spontanée, car : « l'état de choses purement intentionnel est pour ainsi dire perdu de vue en tant que purement intentionnel ; il ne se détache plus comme tel, et il faut adopter une attitude toute particulière pour le saisir dans ce qu'il a de propre et pour l'opposer à l'état

1. *L'Œuvre d'art littéraire*, § 19, p. 104.
2. *Ibidem*, § 19, p. 106.
3. *Ibidem*.

de choses objectivement existant[1] ». Simplement dit, cet état de choses intentionnel devient transparent.

Néanmoins, pour invisible qu'il soit, ce recouvrement n'empêche pas que les deux états de choses doivent être absolument distingués, puisque leurs statuts ontologiques sont absolument différents. D'une part, se trouve un état de choses déployé par la phrase, donc un objet ontologiquement dépendant et hétéronome (présentant par ailleurs une double structure, à l'instar de l'objet fictif, car dans le recouvrement, l'état de choses intentionnel s'approprie le caractère ontologique de l'état de choses réel ou idéal qu'il vise et se fait passer pour lui). D'autre part, on a affaire à un état de choses objectif et consistant, donc à un objet ontologiquement autonome. Si la distinction des deux états de choses s'impose pour ce strict motif ontologique, Ingarden remarque aussi qu'elle peut se faire très naturellement, quoique très consciemment, lorsque le sujet, soucieux de la validité de son énoncé, en vient à les comparer pour savoir si ce qui est dit dans la phrase « est effectivement vrai[2] ». On peut également penser aux cas d'illusion perceptive pour lesquels le désaccord entre le perçu comme tel et l'objet réel provoque une comparaison qui semble confirmer la dissociation des deux objets.

L'objet intentionnel à visée de connaissance prend manifestement ici le sens d'un double perceptif et intellectuel. Sa constitution sert de relais et de transition pour la détermination des aspects ou propriétés d'un objet réel. On retrouve, en d'autres termes, ce que l'on peut imaginer être la démarche du physicien, formulant des hypothèses – objectités intentionnelles par excellence – et s'employant à les vérifier, c'est-à-dire à les ajuster aux états de choses réels concernés. Son travail se meut alors en « zigzag », pour reprendre une expression que Husserl affectionne, de l'objectité intentionnelle à son objet correspondant, jusqu'à rencontrer une parfaite adéquation. L'objet intentionnel offre ainsi tous les traits d'une médiation immanente ; telle une doublure de l'objet qui doit se laisser recouvrir par celui-ci, jusqu'à la limite espérée de son effacement au profit de la chose elle-même, désormais saisie dans ses déterminations véritables.

Cette analyse est reprise presque textuellement dans le paragraphe 46 de *Der Streit.* Ingarden y insiste davantage encore sur le travail de recou-

1. *Ibidem,* p. 145-146. On remarquera qu'Ingarden utilise ici la formule de « purement intentionnel » alors même qu'il ne s'agit pas d'un objet fictif créé, tel que celui des œuvres d'art ou de l'imagination. C'est dire que ces deux types de formation restent très proches et surtout qu'elles offrent toutes les deux pour Ingarden la même structure formelle et existentielle.

2. *Ibidem,* § 25 : « Or, dans un examen du pour et du contre, on oppose très nettement les deux états de choses, qui ne sont identifiés qu'au moment où nous avons des raisons contraignantes de le faire », p. 145, note 147.

vrement de l'objectité intentionnelle par l'objet réel radicalement transcendant, provoquant sa transparence ou son « passer inaperçu » : « les objectités purement intentionnelles formées par eux [les actes de connaissance] ne se détachent pas pour elles-mêmes, mais elles sont si exactement ajustées et produites à l'image des objets radicalement transcendants donnés dans ces actes, qu'elles parviennent à recouvrement avec ces derniers et, dans ce recouvrement, à disparaître du regard du sujet de conscience concerné et, devenues d'une certaine manière « transparentes », à rendre possible le détachement d'objets radicalement transcendants[1] ». Une précision nouvelle – et une confirmation du dédoublement opéré – est en outre donnée sur le fait que les objets réels transcendants « parviennent à apparition, pour ainsi dire, « sous le vêtement » des objets intentionnels formés dans du matériau intuitif[2] ». Seuls les cas d'illusion et d'erreur entraînant le phénomène de la déception permettent de lever spontanément cette identification et de restituer « l'être-autre de l'objet radicalement transcendant[3] ».

Cela appelle trois remarques. En premier lieu, on retrouve l'insistance du vocabulaire sur la transcendance radicale, qui crédite l'objet réel autonome d'une extériorité irréductible vis-à-vis de la conscience et qui renforce le réalisme sous-jacent à cette conception de l'intentionnel. Ensuite, l'objet intentionnel est indiscutablement caractérisé comme sens médiateur, servant non seulement à la connaissance de l'objet réel, mais encore à sa manifestation même pour le sujet. L'objet réel n'apparaît jamais qu'au travers des actes qui le visent et qu'au travers des sens intentionnels qui le qualifient; en conséquence, dans son travail de connaissance, « le moi cherche constamment à ajuster leurs sens aux propriétés de l'objet à connaître et exerce sur sa conformation une influence correspondante[4] ». Enfin, et surtout, ce sens intentionnel est formé à partir de matériau intuitif, c'est-à-dire qu'il est formé à partir des *data* de sensation, saisis immédiatement dans l'intuition réceptrice, sans la médiation des intentionnalités signitives. Le recours aux intentionnalités signitives est second et comme dérivé-fondé dans ces premières données de sensation auxquelles elles s'efforcent de se plier et de rester fidèles. C'est donc le passage de la sensation à la conception qui exige la médiation de l'objet ou du sens intentionnel, en vue de l'appréhension de l'objet réel transcendant.

1. *Der Streit*, II/1, § 46, p. 206.

2. *Ibidem* : « ... die radikal transzendenten Gegenstände, die wir zu erkennen trachten, sozusagen « im Gewande » der im anschaulichen Material gebildeten intentionalen Gegenstände zur Erscheinung gelangen », p. 207.

3. *Ibidem* : « ... das Anderssein des radikal transzendenten Gegenstandes », p. 207.

4. *Der Streit*, II/1, § 46, p. 206.

Cette base intuitive et réceptive de la connaissance en constitue aussi l'idéal, conforme à l'idéal réaliste de la saisie des choses elles-mêmes telles qu'elles sont en soi. Cet idéal, Ingarden l'exprime ainsi : « On pourrait, dans la connaissance et en particulier dans la saisie immédiate de l'objet à connaître, se passer totalement de la *médiation* des objectités purement intentionnelles et du conduire-à-recouvrement de ces dernières avec les premiers, si on parvenait à toucher *directement* les premiers [les objets à connaître] au moyen du seul viser intentionnel [1] ».

Si cependant la médiation des sens intentionnels est inévitable dans l'accès à la manifestation et à la connaissance des objets réels, il reste que pour Ingarden la démarche sérieuse de connaissance doit s'employer à la purger de toute déviation, de toute infidélité à l'objet. L'objectivité de la connaissance est au prix d'un travail critique permanent qui vise à éliminer toute influence du connaître sur l'objet, à éliminer tout ce qui serait l'œuvre ou la projection du sujet sur l'objet, pour ne pas prendre comme propriétés réelles de l'objet réel des aspects appartenant seulement à l'objectité intentionnelle médiatrice ; autrement dit, relevant d'une production arbitraire du sujet.

Le partage entre ce qui relève de l'objet réel autonome et ce qui est constitué par le sujet se trouve, pour Ingarden, à la base de la différenciation tant des formations intentionnelles que des actes intentionnels qui les constituent. La différence entre les objets *purement* intentionnels, tels que les *ficta*, et les objectités intentionnelles médiatrices s'enracine dans une différence des actes producteurs eux-mêmes, car, n'ayant pas la même finalité (ludique ou sérieuse), ils se plient à des règles différentes et prennent en conséquence des directions divergentes. Dès la *Lettre de 1918*, Ingarden procédait à une telle différenciation entre les activités du sujet. Il opposait ainsi deux grands types d'activité intentionnelle [2] ; d'une part, une activité constructive « arbitraire », dont le motif n'est pas la connaissance mais la fantaisie ou le jeu, donnant lieu à la production d'objets intentionnels sans rapport à la réalité, d'autre part, une activité « qu'on définirait comme *passive*, une activité *découlant* [*folgende*] des derniers éléments

1. *Ibidem* : « Man könnte bei Erkennen und insbesondere beim *unmittelbaren* Erfassen des zu erkennen Gegenstandes die *Vermittlung* des rein intentionalen Gegenständlichkeiten und das Zur-Deckung-Bringen der letzeren mit den ersteren vollkommen entbehren, wenn es nur gelänge, die ersteren durch das intentionale Meinen *direkt* zu treffen », p. 206, (souligné par nous).

2. Nous reprenons cette expression d'Ingarden déclarant : « Chaque acte signifie activité », *Lettre de 1918*, p.[16], nous discuterons plus loin de sa signification, manifestement dissidente par rapport au sens que Husserl accorde à l'acte intentionnel.

noématiques suivant leur sens[1] ». Cette dernière est à l'œuvre dans l'activité de connaissance et, dans son déploiement, s'efforce de rester conforme et docile à la chose même qu'il s'agit de connaître. La fidélité, garante de l'adéquation de la connaissance et donc du recouvrement de l'objet réel par l'objectité intentionnelle, consiste à découler des « derniers éléments noématiques originaires ». Que désigne cette expression ? Ingarden se réfère ici à ce qu'il nomme « matériau intuitif » dans *Der Streit*. On remarquera aussi qu'à cette époque, encore proche de l'enseignement de Husserl, Ingarden en conserve le vocabulaire – noème et sens noématique – ce qui ne sera plus le cas par la suite, et dès *L'Œuvre d'art littéraire*.

Les derniers éléments noématiques, servant de fondement à l'édification du sens noématique supérieur, autrement dit à l'objectité intentionnelle médiatrice, sont définis comme les éléments les plus inférieurs du noème « ceux qui ne sont plus eux-mêmes constitués, que l'on doit établir en tant qu'*absolue facticité*[2] ». Ce donné originaire, qui n'est pas lui-même constitué, forme, selon Ingarden, le fonds matériel intuitif du noème, reçu de l'extériorité transcendante dans une appréhension immédiate, non signitive. Les sens noématiques de degré supérieur sont construits sur cette base intuitive et ils tirent leur légitimation (éventuellement leur disqualification) de leur fidélité à cette source première. La fidélité au donné originaire – l'ajustement – doit induire une certaine « passivité » dans l'activité intentionnelle, tout en permettant le déploiement d'une objectité supérieure dont les différentes couches conservent la présence de ce donné. Si cette formation intentionnelle supérieure est « *exclusivement* motivée par les derniers éléments noématiques, alors le sens noématique supérieur est *nécessairement* donné et l'objet [de ce sens] se justifie lui-même comme existant[3] ».

Le statut médiateur du sens noématique ressort sans ambiguïté et sa présentation donne aussi des indications sur la conception qu'Ingarden se fait de la constitution. Car l'objet intentionnel est avant tout un objet construit, produit. Et on peut réunir les deux sens principaux distingués par Ingarden – objet intentionnel (double noématique, perceptif ou cognitif, de l'objet réel) et objet *purement* intentionnel (irréalité littéraire). Ils sont, dans les deux cas, compris comme des objets créés par le jeu des intentionnalités perceptives et signitives, peu importe désormais qu'elles soient

1. *Lettre de 1918*, p.[16]. Voir aussi *infra* le texte de 1969, *Qu'y a-t-il de nouveau dans la Krisis de Husserl ?*, où Ingarden s'exprime dans les mêmes termes et distingue deux types d'activité intentionnelle, p.[448-449].

2. *Lettre de 1918*, p.[15]. Voir à nouveau *Qu'y a-t-il de nouveau dans la Krisis de Husserl ?*, p.[449].

3. *Lettre de 1918*, p.[16].

ou non au service de la connaissance, c'est-à-dire plus ou moins fidèles au donné originaire; car elles produisent également un objet (un double mental, un être de représentation ou un être de discours) qui, par sa structure formelle et son mode d'être ontologique, n'a au mieux que l'apparence fantomatique d'un objet réel.

Dédoublement des objets et médiation intentionnelle

La conséquence directe en est le dédoublement des objets. Il n'y a pas, comme Husserl l'exige, un seul et même objet visé et atteint, mais bien deux objets différents : un objet intentionnel et un objet réel, présentant statut et structure ontologiques différents, et c'est précisément leur identification chez Husserl qui est, pour Ingarden, la marque de l'idéalisme transcendantal qu'il combat. Le refus critique d'Ingarden laisse supposer, pour sa propre validité, que Husserl procède bien à une telle assimilation, et surtout qu'il partage avec Ingarden cette conception du noème comme médiation vers la chose réelle. Or, quelles que soient les ambiguïtés parfois présentes dans le texte des *Ideen* I, cette acception du noème ne vaut pas, précisément parce qu'elle omet tout le poids de la réduction phénoménologique transcendantale. La difficulté de la phénoménologie réside bien d'ailleurs dans ce passage paradoxal de l'attitude naturelle à l'attitude réduite, passage qui ne supporte pas de retour en arrière sans faire courir le risque de mêler les attitudes. Le passage à l'attitude phénoménologique réduite dévoile la vie intentionnelle invisible, les corrélations noético-noématiques insoupçonnées dans l'attitude naturelle et qui tissent notre rapport au monde. Mais ici la considération du noème – de l'objet intentionnel pour Ingarden – ne peut se faire que dans l'effacement de la chose mondaine, en sorte que la question de savoir si le noème correspond fidèlement ou non à la chose ne se pose pas. Car, il n'est ni un double immanent ni une médiation cognitive vers la chose réelle, il est cette chose elle-même pour autant qu'on l'envisage du point de vue transcendantal [1]. Le malentendu avec Husserl commence ici, dans le statut même de l'objet intentionnel et finalement de la réduction phénoménologique. Car nous avons déjà indiqué que l'objet intentionnel d'Ingarden s'avère être un

1. Voir le § 90 des *Ideen* I qui rejette clairement la conception du noème comme double immanent. Mais cette interprétation du noème comme sens médiateur persiste chez certains commentateurs; voir par exemple le récent ouvrage de A. Chrudzimski, *Die Erkenntnistheorie von Roman Ingarden*, *op.cit.*, qui en comparant les conceptions de Husserl et d'Ingarden sur l'objet intentionnel, déclare explicitement qu'à partir des *Ideen* I, le noème est un médiateur intentionnel, voir p. 110 et l'ensemble du chapitre consacré à l'intentionnalité.

objet saisi hors réduction, dans une perspective qui reste celle de l'attitude naturelle.

S'agissant de l'objet mondain pris dans l'attitude naturelle, il est entendu qu'il ne se donne à nous qu'à l'intérieur ou à travers un ensemble de sens qui font ses déterminations, au moins provisoires. Mais en ce cas, la considération du noème n'est plus de mise puisqu'elle présuppose la mise en place de la réduction et donc des parenthèses. Ou alors, mais c'est une autre attitude, il faut envisager le noème sur un plan strictement psychologique sans donner poids au sens véritable de la réduction. En se plaçant seulement sur le terrain d'une attitude réflexive, comme cela peut être le cas en psychologie, et comme c'est visiblement le cas pour Ingarden, le noème apparaît en effet comme un contenu conscientiel intermédiaire, permettant une relation de détermination à l'objet. Mais il est clair qu'il n'en va pas de même sur le plan de la réduction ; or, c'est bien sur ce plan que travaille Husserl.

Dans son grand texte de défense de la phénoménologie, E. Fink pointe fort clairement la source de l'ambiguïté concernant le statut du noème. Elle s'enracine dans le fait que les analyses noétiques et noématiques sont « d'après leur contenu, tout aussi valides dans l'attitude psychologique et donc comme insensibles à la différence entre psychologie et phénoménologie[1] ». En raison de cette ambivalence, il importe d'établir très distinctement, comme le fait Fink, la différence de valeur et de fonction entre les deux attitudes et entre les deux types de noèmes : « La relation à l'objet, propre au noème, doit être commentée différemment selon qu'il s'agit du concept psychologique ou du concept transcendantal ». Car ainsi qu'il l'a indiqué plus haut : « Si le noème psychologique est le *sens* d'une intentionnalité actuelle que nous distinguons de l'étant lui-même auquel il se rapporte, le noème transcendantal, en revanche, est l'étant même[2] ».

Sur le plan psychologique, c'est-à-dire en gardant en prise l'ordre réel mondain par derrière les parenthèses, le noème définit le sens d'expérience de la chose, existante « au dehors », à travers un processus indéfini d'identification. Ici, seule la chose transcendante s'esquisse, se donne selon une multiplicité de sens noématiques. C'est la version qu'en propose Ingarden restant donc en-deçà du niveau d'analyse et d'attitude revendiquées par Husserl. Car en ce qui concerne le noème transcendantal, celui-ci ne peut pas renvoyer à un étant au-delà de lui-même ; il est l'étant lui-même. Dans ce cas, poursuit Fink, la « relation à l'objet » à partir du sens du noème, « a seulement ici le sens d'une référence d'un noème actuel

1. E. Fink, « La philosophie phénoménologique d'Edmund Husserl face à la critique contemporaine », dans *De la phénoménologie,* trad. fr. D. Franck, Paris, Minuit, 1974, p. 152.

2. *Ibidem*, p. 152.

(c'est-à-dire du corrélat d'un acte transcendantal isolé) à la multiplicité des corrélats d'actes qui, dans la connexion synthétique d'un remplissement continu, forme l'unité de l'objet comme pôle idéal[1] ».

Le noème compris comme signification conceptuelle médiatrice ne paraît ainsi valoir que sur le plan réflexif de la psychologie ou de la démarche intellectuelle en général. Et il faut alors considérer qu'Ingarden n'opère qu'à ce niveau. D'une certaine manière, il n'est ni en rupture ni en contradiction radicale avec Husserl, puisque celui-ci indique explicitement que ces recherches phénoménologiques peuvent trouver une application en psychologie en jouant « l'utile fonction méthodologique de fixer le sens noématique en le distinguant strictement de l'objet pur et simple ». Car, précisait Husserl, dans le même passage : « le sens de la perception appartient *également*, cela va de soi, à la perception avant la réduction phénoménologique (à la perception au sens de la psychologie)[2] ». On peut donc établir un parallèle entre psychologie pure et phénoménologie transcendantale. Mais, de ce parallèle, Ingarden ne retient que le premier membre et la première attitude, alors que le souci de Husserl consiste à conduire la psychologie pure jusqu'au point où elle se dépasse dans la phénoménologie transcendantale. Au contraire, en montrant son attachement à la perspective éidétique, tant sur le plan ontologique que psychologique, Ingarden montre aussi qu'il n'opère pas le passage à l'attitude proprement phénoménologique et transcendantale. Sa prise de position critique vis-à-vis des thèses husserliennes trouve sa source dans cette méconnaissance des guillemets de l'attitude réduite.

Réduction et réflexion psychologique

La distance, plus encore la défiance, que manifeste Ingarden pour la réduction transcendantale est motivée à plusieurs titres. En premier lieu, il y voit la cause majeure du basculement dans l'idéalisme transcendantal. Autrement dit, loin d'être seulement une méthode, elle impliquerait déjà un parti-pris doctrinaire. Il l'exprime sans ambiguïté : « Est-ce que la réduction, qui – à première vue – n'est qu'une opération méthodologique particulière, n'est pas *de facto* une opération qui prédétermine le cours ultérieur de la recherche phénoménologique de telle manière qu'elle impose quasi-automatiquement une solution substantielle au problème de la relation existentielle entre le monde et les autres régions de l'être, et la conscience pure, tandis qu'en tant qu'opération purement méthodique, elle devrait laisser ouverte la possibilité d'aboutir à n'importe quelle solution

1. E. Fink, *ibidem*, p. 153.
2. *Ideen* I, § 89, p. 309 [184].

du problème[1] ». En conséquence, pour éviter ce danger extrême, il faut se méfier de la réduction phénoménologique et ne la pratiquer que de manière ponctuelle et provisoire. A cette condition, elle trouve une juste place dans la théorie de la connaissance, où la suspension de la thèse d'existence permet d'éviter la pétition de principe.

Derrière cette limite d'utilisation, se dessine un autre motif plus profond, à savoir la volonté de maintenir la réduction dans sa fonction première correspondant au commencement de la phénoménologie : « ouvrir la région des actes cognitifs de la pure conscience[2] ». Et, derrière ce rappel au véritable commencement de la phénoménologie, il faut surtout entendre la volonté de restreindre le champ et les prérogatives de la phénoménologie, la volonté de la cantonner à être « seulement une connaissance éidétique de la conscience pure » ; car, loin d'inclure en elle « l'ontologie des différentes régions d'objets[3] », c'est sous l'ontologie, telle que lui-même la définit, qu'Ingarden place la phénoménologie de la conscience pure. Ce faisant, il limite, voire assimile, la phénoménologie à la psychologie pure. « L'épochè a seulement cette conséquence que, pour ainsi dire, nous quittons la simple réalité et passons du côté des objets purement intentionnels qui deviennent *visibles* dans l'épochè, et dans le contenu desquels le *phénomène* est préservé en tant que *réalité autonome et auto-déterminée*; en même temps l'objet intentionnel devient manifeste. Il parvient à la vue précisément à cause de l'épochè[4] ». Au fond, la première vertu de l'épochè, c'est l'ouverture du champ d'immanence de la conscience pour en déterminer les modalités éidétiques. Ingarden lui reconnaît donc une valeur psychologique. Mais elle permet également la mise au jour de la double structure des objets intentionnels, elle offre ainsi une valeur ontologique. Enfin, elle révèle la fonction médiatrice des objets intentionnels par rapport aux objets réels, ce qui permet d'affiner leur ajustement à la réalité; elle présente une valeur épistémologique. Dans les trois cas, si la démarche offre une validité éidétique, cela signifie aussi qu'elle se place encore sur le terrain de l'attitude naturelle. La seule réduction admise par Ingarden, quoique de manière limitée, est la réduction éidétique. Ce n'est que par glissement de sens qu'il reconnaît la réduction transcendantale, car restreinte à la fonction d'ouverture de l'immanence de la conscience, elle n'est plus que l'amorce de la réduction, c'est-à-dire en fait une réduction

1. *On the motives which led Husserl to transcendantal Idealism,* Den Haag, Nijhoff, 1975, p. 39.

2. *Ibidem,* p. 42.

3. *Ibidem,* p. 38-39.

4. *Qu'y a-t-il de nouveau dans la Krisis de Husserl ?*, p.[454].

psychologique. Prise dans le cadre de la réduction éidétique, peut-être confondue avec elle, elle reste dans le prolongement de l'attitude naturelle et ne permet qu'une épochè partielle. Car, dès lors que le monde réel continue d'être posé à l'arrière-plan, dès lors que les choses continuent d'être appréhendées comme étant en soi, existant indépendamment de la conscience, la réduction n'a pas été totalement opérée, mais s'est arrêtée à ce niveau intermédiaire de la réflexion psychologique. Comme le remarque fort justement A. Lowit : « Il existe une manière pour ainsi dire bâtarde de prendre conscience de soi, qui reste à mi-chemin entre la conscience de soi naïve et le conscience de soi phénoménologique, à savoir la conscience de soi « psychologique » [1] ». En effet, dans la réflexion psychologique, il y a bien une certaine épochè, en ce que le moi se désintéresse de l'être ou du non-être des objets qu'il perçoit, il n'a plus besoin d'en poser la thèse d'existence, et peut alors atteindre la conscience en son essence propre. Mais n'ayant pas aboli son propre moi, il demeure dans un cadre dualiste qui oppose la conscience et le monde, « la réflexion ne peut alors que s'insérer dans ce cadre : d'avance il va de soi que les *cogitationes* que thématisera et analysera la réflexion sont des *cogitationes* de mon moi humain, que leur rapport aux choses est donc celui, non pas de constitution, mais de pure représentation [2] ».

Ce passage, ou plutôt ce retour à la catégorie classique de la représentation, a déjà été envisagé avec la conception de l'objet intentionnel hors réduction et se confirme à nouveau. La séparation de la conscience et du monde, comprise suivant la ligne de séparation de l'objectif et du subjectif – selon les termes d'Ingarden – conduit inévitablement à la restauration de la représentation, faisant de toute appréhension du monde autant de « diverses « images du monde », sensibles ou idéelles [3] ». Or, avec cette remarque, Husserl visait précisément à lever l'équivoque qui peut s'attacher à l'épochè si on en reste au plan psychologique. Ajoutons qu'il en est de même, si après avoir pratiqué la réduction, on retourne au plan de la conscience psychologique et à une confrontation des sens intentionnels et des choses réelles. C'est dire que la réduction est nécessairement une attitude définitive pour Husserl et non pas une simple méthode ponctuelle ; qui plus est, c'est par là que passe la ligne de séparation entre la philosophie proprement dite et le terrain positif des sciences, ou entre la philosophie phénoménologique et l'ontologie.

1. A. Lowit, « L'épochè de Husserl et le doute de Descartes », *Revue de Métaphysique et de Morale*, 1957, p. 411.
2. A. Lowit, *op.cit.*, p. 412.
3. Husserl, *Krisis*, § 53, p. 203.

La démarche d'Ingarden opère ainsi de nombreux déplacements de sens sur les catégories husserliennes : le dédoublement explicite des objets, l'objet intentionnel compris hors réduction comme sens médiateur vers la chose, l'enracinement des analyses dans la sphère psychologique de la conscience. Il faut en voir la source dans la priorité continûment donnée par Ingarden à la recherche ontologique.

Ontologie et phénoménologie de la constitution

De cette priorité ontologique, Husserl a fait le diagnostic dans une lettre de 1930. Le 21 décembre 1930, Husserl écrit à Ingarden pour le remercier de l'envoi de son travail sur *L'Œuvre d'art littéraire*. Aux éloges font suite des regrets, car Husserl, désireux de faire partager à son ami et élève son enthousiasme pour la phénoménologie transcendantale et son caractère révolutionnaire, se désole de la résistance d'Ingarden ; plus exactement il lui reproche son adhésion à l'ontologie qui le ferme à la théorie de la constitution transcendantale : « Malheureusement vous semblez aussi, cher ami, être devenu certain de votre *ontologie originale*. Que ne donnerais-je, si je pouvais encore espérer que votre esprit fut encore réceptif à la nouveauté, encore souple même dans les principes, encore quelque peu sceptique, tout à fait prêt à mettre en parenthèses encore cette « certitude » et à méditer à nouveaux frais dans l'époché. (...) Peut-être, si vous n'êtes pas complètement lié à *l'ontologisme*, mon mouvement d'analyses et de présentations directes vous sera-t-il quand même encore accessible[1] ».

Ingarden commente ce reproche d'ontologisme. Selon lui, cela pouvait avoir plusieurs sens : « Il pouvait s'agir d'abord simplement du fait que je mène des recherches ontologiques, au lieu d'attaquer les problèmes phénoménologiques de constitution. Mais le reproche allait visiblement plus loin, c'est-à-dire au fait que je considère les résultats obtenus en ontologie comme définitifs, que donc, comme Husserl l'a formulé, je suis « devenu si certain de l'ontologisme ». Mais l'intention du reproche allait sûrement encore plus loin, à savoir que je considérais mon travail en ontologie comme une étape préparatoire à la discussion contre l'idéalisme transcendantal[2] ». La première remarque est éclairante en ce qu'elle confirme que la priorité pour Ingarden est bien l'ontologie. C'est elle qui initie les recherches et vraisemblablement les règle. L'ordre à suivre va donc de l'ontologie à la phénoménologie de la constitution et non pas l'inverse. Or, c'est cette deuxième voie qui est suivie par Husserl, puisque la phénoménologie transcendantale, pleinement développée, doit englober

1. *Briefe an Roman Ingarden*, 21-XII-1930, p. 63-64, souligné par nous.
2. *Briefe an Roman Ingarden, Erläuterungen zu den Briefen*, p. 165-66.

toutes les ontologies, toutes les sciences a priori et toutes les sciences en général[1]. Elle ne saurait donc commencer par l'ontologie, puisqu'une de ses tâches consiste à la fonder. Cette inversion des priorités n'est donc pas anodine, mais bien au contraire, elle constitue le noyau central du différend entre Husserl et Ingarden.

La suite du commentaire d'Ingarden sur les lettres de Husserl éclaire sa conception des relations entre ontologie et constitution. L'extrait suivant est significatif : « Il est vrai que depuis de nombreuses années – pendant lesquelles je m'occupais après mon doctorat des problèmes de la perception externe et par suite des problèmes constitutifs qui y sont liés – je me suis tourné vers les problèmes ontologiques, que j'ai exprimés d'abord dans mes *Essentiale Fragen.* Lors du traitement des problèmes constitutifs liés à la perception externe, il s'introduisit en moi l'idée que la considération constitutive ne se laisse pas accomplir avec succès sans une élucidation antérieure du sens conforme à l'essence du constitué. Pour reprendre une expression kantienne, on doit avoir un « guide transcendantal » qui permet de poursuivre le « se-constituant » d'une objectité constituée dans les cours de conscience correspondants. On doit savoir précisément ce qu'un X constitué déterminé doit être pour trouver le point d'accès à une considération ultérieure. Et, à vrai dire, cet X – en tant que constitué – doit être examiné selon trois directions différentes : d'après sa forme, d'après sa complexion matérielle et d'après son mode d'être. Alors on peut d'abord faire voir les multiplicités de conscience dans lesquelles un tel X se constitue, à partir de toutes les multiplicités de conscience possibles et, pour un matériel choisi, on peut poursuivre l'œuvre de constitution dans ses simples décours, mais aussi d'après sa conformité à la raison. La considération ontologique de l'objet, dont la constitution doit être recherchée, doit précéder la considération constitutive spécifique, orientée sur le plan noétique. Mais, dans mes *Remarques sur le problème Idéalisme-Réalisme*, il était clairement indiqué que l'ontologie ne devait en aucun cas être le mode final de considération des problèmes, mais bien plutôt que – après une considération métaphysique – devait encore suivre une « recherche de théorie de la connaissance » en tant que dernier contrôle de toutes les considérations. Dans ce « contrôle épistémologique » était bien sûr contenue, entre autres choses, la considération constitutive au sens de Husserl. Le postulat de Husserl devait donc par là être proprement satisfait. (...) Mais il était clair que Husserl ne pouvait être satisfait de mon explication, à savoir que je ne conteste pas du tout la considération constitutive, mais seulement que je la déplace à la fin de l'ensemble de la problématique[2] ».

1. Voir *Briefe an Roman Ingarden*, p. 63.
2. *Briefe an Roman Ingarden, Erläuterungen zu den Briefen*, p. 166-167.

Là où Ingarden ne voit qu'un simple déplacement dans l'ordre des démarches, Husserl mesure une véritable incompréhension de son projet. Car en commençant par se donner, dés le départ et *a priori*, une ontologie des différents types d'objet et de modes d'être, Ingarden s'impose de placer la théorie de la constitution dans le prolongement de cette classification. Ce faisant l'examen ontologique qui a révélé et décrit trois modes d'être – l'idéal, le réel et l'intentionnel – a par là même exclu toute constitution des deux premiers modes. Les objets idéaux, en tant qu'immuables et extra-temporels, sont au-delà de toute constitution et de toute genèse[1]. S'ils existent, ils existent d'une manière originaire et leur statut les assigne à exercer un rôle fondateur pour la constitution d'autres entités, intentionnelles celles-là et seulement intentionnelles. Quant à leur rapport aux êtres réels, il est de réalisation ou d'exemplification, quoique les modalités n'en soient pas explicitées. En second lieu, l'idée d'une constitution des êtres réels ne trouve pas non plus de sens auprès d'Ingarden, puisqu'ils se caractérisent par leur être en soi, « trouvé » ou constaté dans la perception. La constitution ne peut alors s'exercer qu'à l'égard des objectités intentionnelles, qu'il s'agisse des *ficta* (des irréalités dont parle *L'Œuvre d'art littéraire*, par exemple) ou des sens d'objets (des doubles noématiques des objets réels). La constitution ingardénienne se distingue ainsi résolument de la théorie de la constitution transcendantale husserlienne, dès lors que cette dernière entend décrire la constitution de l'ensemble du monde réel et du monde de la vie, et non pas seulement celle des objectités intentionnelles.

Construction active et constitution passive

La *Lettre de 1918* a déjà donné un premier élément de détermination du statut de la constitution. Il s'agit de la distinction entre activité créatrice arbitraire et activité fidèle aux *data* premiers. Cette distinction suit un rappel sur le sens accordé à la question de la légitimité ou *Rechtsbetrachtung*. La constitution est toujours associée à cette question dans la mesure où les formations de sens intentionnels, issues de l'activité de connaissance fidèle au donné, doivent être contrôlées dans un examen de nature épistémologique déterminant si et comment les sens constitués sont bien

1. Voir par exemple la préface à *L'Œuvre d'art littéraire* : « quant à moi, je maintiens la stricte réalité de divers "objets" idéaux (des concepts idéaux, des objets individuels idéaux, des idées, des essentialités) et je vois même dans les concepts idéaux un fondement ontique des significations lexicales. », p. 9. Voir aussi et surtout, la dernière *Remarque* aux *Méditations Cartésiennes* : « Je ne saurais dire que les objets idéaux *véritables* – les idées, les concepts idéaux et les entités – sont des « produits », des « formations intentionnelles » créés au terme d'opérations subjectives », p. 231.

valides, c'est-à-dire conformes aux derniers éléments originaires. Présentant la distinction entre les actes, Ingarden a cette remarque étonnante pour un disciple de Husserl : « Chaque acte signifie activité et, en de nombreux cas, cette activité est indispensable pour la compréhension de l'objet[1] ». Or, cette qualification est fermement récusée par Husserl dès les *Recherches logiques* : « En ce qui concerne, par ailleurs, le terme *d'actes*, il ne faut naturellement plus penser ici au sens littéral primitif d'*actus*, *l'idée de l'activité doit demeurer absolument exclue*[2] ». L'acte ou le vécu intentionnel, chez Husserl, ne doit pas être assimilé à une activité psychologique consciente, voire volontaire, ni désigner des formes de pensée, de représentation ou de décision puisque tous les vécus ne sont pas opérés activement par le moi et qu'il faut envisager une intentionnalité passive par rapport à laquelle le moi est réceptif[3]. Pourtant, c'est bien cette acception qu'Ingarden adopte lorsqu'il dissocie les deux grands types d'activité de constitution corrélatifs des deux grands types d'objets intentionnels, les *ficta* ou objets intentionnels de fantaisie (irréalités littéraires, artistiques, etc.) et les sens intentionnels (perceptifs ou cognitifs) correspondants à des objets extérieurs existant en soi. Mais précisément cette diversité des objets crée une ambiguïté certaine quant au sens qu'Ingarden donne à la constitution. Car si les objets intentionnels relèvent tous du même domaine ontologique en tant qu'ils sont hétéronomes et constitués, il reste cependant délicat de saisir leur formation en termes identiques ou apparentés. Les objets de fantaisie, les *ficta*, sont explicitement des produits de la créativité humaine, consciente et délibérée, sans correspondants dans le monde réel. Par contre, l'objet intentionnel de perception (le sens intentionnel du perçu) tout comme l'objet intentionnel de connaissance, se laissent plus difficilement appréhender. Non seulement parce qu'ils sont « transparents » et passent la plupart du temps inaperçus, mais encore parce que leur formation ne paraît pas pouvoir être pensée de la même manière. Pourtant le chapitre IX de *Der Streit* consacré à l'objet intentionnel envisage ces constitutions de manière homogène, tout en tenant ferme la dichotomie entre activité arbitraire et fidélité à la réalité donnée.

Ingarden aborde son exposé par la présentation des objets intentionnels issus de l'activité créatrice libre ou de l'imagination. Il en propose plusieurs exemples et commence par se référer au jeu enfantin qui consiste à imaginer des formes en regardant les nuages. Nous pouvons y voir des

1. *Lettre de 1918*, p.[16].

2. 5e *Recherche logique*, § 14, voir aussi la note : « Nous aussi nous repoussons la « mythologie des activités » ; nous définissons les « actes » non pas comme des activités psychiques, mais comme des vécus intentionnels », p. 182 [379].

3. Voir *Ideen* I, § 84 et § 115, et *Ideen* II, § 54.

bateaux, des voiles ou des oiseaux ; ce sont autant de formations fictives et irréelles, élaborées à partir de formes réelles. Même si l'on peut formuler des jugements à leur sujet, s'ils se donnent et s'appréhendent comme des objets, ils ne sont pas réels mais seulement *quasi*-réels. La différence avec les sens noématiques consiste en ce qu'ici le sujet est conscient de son libre jeu et de la soumission de ces objectités au *sic jubeo* de son imagination. A partir de cet exemple, Ingarden présente les autres types de formations intentionnelles selon une classification allant du produit le plus intime (réservé à la fantaisie intérieure et privée) jusqu'à des réalisations intersubjectives et incarnées dans le monde réel.

En premier lieu, la représentation imaginaire qui nous donne une image vivante de certains objets, ou l'imagination onirique, dont la seule finalité est le plaisir qui s'attache à ces « rêves fluants ». En deuxième place viennent les objets intentionnels plus durables, disposant d'un fondement existentiel qui leur permet de survivre au-delà de la durée des actes qui les ont formés, de sorte que « par là ils sont détachés du soubassement purement subjectif d'où ils proviennent et atteignent une objectivité intersubjective[1] ». Cela concerne non seulement toute la variété des œuvres d'art, mais encore l'ensemble de ce qu'Ingarden range sous la catégorie du « prototype » : plan, esquisse ou schéma. Tout ce qui relève de la projection technique et vise une réalisation (machine, pont, canaux, bâtiments). En ce cas, il est manifeste que l'activité créatrice est moins libre que dans les précédents et doit se conformer à des conditions objectives, si elle veut que ces objectités parviennent à réalisation. Cet aspect sert donc de transition à la troisième espèce de constitution intentionnelle, celle qui est au service de la connaissance et préside à la formation d'objectités intellectuelles destinées à reproduire et recouvrir des objets transcendants – objectités si étroitement ajustées à leur modèle qu'elles en deviennent transparentes. Ici la forme de l'objet purement intentionnel est un *analogon* de la forme de l'objet réel autonome, et l'activité constitutive n'est pas créatrice en un sens libre et arbitraire, mais soumise à l'idéal d'adéquation. Elle prend ainsi une forme « active-passive », selon les termes de la *Lettre de 1918*, c'est-à-dire qu'elle fait suite à ce qui est donné en soi dans la perception, en découle et s'y ajuste autant qu'il est possible.

L'exposé est sans équivoque. Sous le titre de constitution, c'est une activité créatrice et constructive que définit Ingarden. Autrement dit, il identifie activité créatrice et intentionnalité constituante. On ne peut alors que souscrire à cette remarque de Gadamer, déclarant : « Il semble y avoir

1. *Der Streit*, II/1, § 46 : « Dadurch werden sie von dem rein subjektiven Untergrunde, dem sie entstammen, abgelöst und erlangen eine intersubjektive Objektivität », p. 205.

une claire équivoque dans la pensée d'Ingarden entre constitution et activité formatrice. Ingarden considère que l'œuvre d'art n'est qu'une simple fiction, parce que les actes intentionnels la constituant produiraient une forme qui n'a aucune prétention à la réalité transcendante du monde, étant simplement une création humaine. Mais Husserl ne conçoit pas le sens de l'acte intentionnel constitutif au sens d'une production. C'est ici, je pense, que réside la différence fondamentale entre Husserl et Ingarden[1] ». En effet, les types d'objets intentionnels proposés (rêve, fantaisie, œuvre d'art, œuvre technique, double noématique de connaissance) ne laissent pas de doute sur leur nature et leur domaine d'exercice. Ils relèvent d'une activité psychique, largement consciente et volontaire, et le vocabulaire insistant sur le pouvoir du *sic jubeo* de l'imagination est là pour l'attester.

L'écart des deux conceptions s'avère parallèle à la distance qu'il y a entre psychologie pure éidétique et phénoménologie génétique, car les analyses d'Ingarden s'inscrivent manifestement sur le plan psychologique de la représentation et de la conception, lesquelles trouvent leur aboutissement dans la créativité. La perspective s'en trouve largement biaisée par rapport à l'enjeu de la constitution transcendantale du sens de validité des choses et du monde chez Husserl. Ce déplacement se retrouve de manière significative dans une des *Remarques aux Méditations cartésiennes* consacrée au passage portant sur la différence entre la constitution des objectités réelles et celle des objectités catégoriales[2].

Ingarden commence par dire qu'il est « tout à fait d'accord avec la distinction husserlienne entre « les opérations » qui conduisent aux objectités ontiques (*real*) et celles qui conduisent aux objets « catégoriaux[3] ». A noter qu'il remplace l'idée de la constitution des objectités réelles par une expression parlant « des opérations qui *conduisent* aux objectités ontiques ». La modification n'est pas neutre ni accidentelle, mais, bien au contraire, elle permet de réintroduire la position d'Ingarden sur le statut médiateur du sens noématique vis-à-vis de l'objet transcendant et donc de comprendre la constitution, non pas comme constitution *stricto sensu* de l'objectité réelle en tant que phénomène, mais comme constitution du sens noématique *de* cet objet réel (considéré à nouveau comme donné ou trouvé). La suite de ses remarques l'indique clairement. Il s'inter-

1. Actes du Colloque canadien de 1969, *Analecta Husserliana*, t. II, 1972, Discussion, p. 109.

2. *Méditations Cartésiennes*, § 21 : « Ici apparaît aussi la différence radicale entre les objectités réelles (au sens large) et les objectités catégoriales, ces dernières renvoyant à une origine située dans des opérations, et qui serait une activité du Je qui les engendre et les construit par étape, et les premières, aux fonctions d'une synthèse seulement passive », p. 97 [87-88].

3. *Remarques aux Méditations Cartésiennes*, annexe, p. 227.

roge d'abord sur le caractère « purement passif » des synthèses aboutissant aux objets ontiques. Cette approche lui paraît fausse car il voit déjà de l'activité dans les opérations conduisant aux choses sensibles données dans la perception (vraisemblablement le sens noématique du perçu), et *a fortiori* dans le travail scientifique avec la « *construction* par exemple d'objectités relevant de la physique ou qui doivent pourtant être d'ordre « ontique » (*real*)[1] ». Si Ingarden fait référence à la construction technique d'instruments physiques réels, ou à la constitution de concepts physiques devant avoir une application réelle, il va de soi que ces démarches ne sauraient être passives, mais il également manifeste qu'il ne parle pas du tout de la même chose que Husserl. Car s'agissant des objectités catégoriales destinées à la connaissance, elles résultent nécessairement d'un travail d'ajustement et de rectification délibéré, lequel peut encore être conçu selon les procédés qui valent pour la construction des *ficta*, même si les actes ne souffrent pas la même liberté arbitraire.

Mais cette discussion masque la difficulté véritable qui porte sur la constitution du sens noématique du perçu, l'objet intentionnel de perception. Car il paraît être le seul à pouvoir échapper aux catégories de la construction volontaire et consciente, et l'élucidation de sa conformation pourrait permettre de revenir plus strictement à la problématique de la constitution génétique des choses. De fait, sur ce terrain, Ingarden semble retrouver une voie plus proche de Husserl, considérant que cette formation est sinon passive (ce qui pose de manière problématique la question de son auteur) du moins spontanée et quasi-automatique. Dans le *Colloque de Royaumont*, il parle en effet des conditions « pour ainsi dire *mécaniques* » qui permettent la constitution des esquisses, des unités d'expérience vécues, à partir de *data* originaires inconstitués que le moi trouve face à lui. Cela demande d'envisager une croissance spontanée de la sensation dans l'habitacle de la conscience, s'appuyant seulement « sur le propre dynamisme de son être et de son devenir », sur « le développement conséquent de son propre être[2] ». Par là, des unités de vécu se construisent et se constituent d'elles-mêmes. On suppose alors que ce développement autonome progresse jusqu'à la formation du sens perceptif complet compris comme doublure intentionnelle de la chose même existant en soi. Doublure d'autant plus transparente qu'elle est plus fidèle à sa source, et d'autant plus fidèle qu'elle puise davantage dans les *data* étrangers au moi la source de sa constitution et de sa croissance que dans les actes du moi. En ce sens, dans

1. *Remarques aux Méditations Cartésiennes,* p. 227, souligné par nous.

2. *Colloque de Royaumont* (1957), « Le problème de la constitution et le sens de la considération constitutive chez E. Husserl », p. 257 et 258.

un autre texte[1], Ingarden parle de la fonction de motivation et des connexions de motivation entre les perceptions, c'est-à-dire de leur capacité propre à éliminer du perçu des aspects présentant la marque du sujet. Autrement dit, le mécanisme perceptif serait en lui-même et par lui-même apte à exclure tous les aspects vécus altérés par le comportement du sujet ou par ses conditions particulières de perception. Ce faisant, Ingarden crédite la perception d'un processus de régulation spontané permettant la sélection et l'exclusion de sens visiblement marqués et travestis par le sujet, donc inadéquats à la chose même. La concordance des noèmes perceptifs et leur adéquation à un même objet transcendant seraient en quelque sorte guidées, quoique inconsciemment et spontanément, par l'être en soi de l'objet lui-même.

Cette perspective « génétique » sur la croissance des sensations et des perceptions d'objets s'apparente davantage aux questions de constitution husserlienne que la construction créatrice de *ficta* ou d'objets d'entendement, mais pour autant elle reste encore distante de ce que Husserl nomme synthèse et constitution passives. C'est qu'au fond ce ne sont pas des catégories qui intéressent Ingarden – « L'activité et la passivité de la synthèse ont-elles ici véritablement une grande signification ?[2] » – et il lui importe surtout de réintroduire les questions de l'adéquation et de l'objectivité des formations, les *Rechtsbetrachtungen*. Et avec les questions de légitimité, il rapporte la distinction entre activité arbitraire et acte fidèle au donné. « Je préférerais mettre ici en relief un autre moment qui peut sans doute fournir le critère de distinction entre les deux synthèses ou opérations différentes, au sens où précisément les synthèses qui conduisent à des objets ontiques sont définies par un caractère de *contrainte*, de *non-liberté*, et par une tendance instinctive à *l'adaptation*, par une tendance à s'adonner à ce qui est ontique (*real*) et, ainsi par une certaine passivité[3] ». Le dédoublement est rétabli, qui rétablit également le sens noématique en position de médiateur intentionnel entre le sujet et la chose même, transcendante et donnée. Son discours est étranger à la thématique des synthèses passives, en tant que « vie cogitante anonyme[4] », opérant la pré-constitution et la prédonation du monde de la vie, tel qu'il s'offre à nous dans l'attitude naturelle. Au contraire, Ingarden reste dans le cadre d'une psychologie pure qui inventorie des types d'acte ou d'activité parallèlement à des types d'objet.

1. Voir *On the Motives which led Husserl to transcendantal Idealism*, (1975), *op.cit.*, p. 55-56.

2. *Remarques aux Méditations Cartésiennes*, p. 227.

3. *Ibidem.*

4. *Méditations Cartésiennes*, § 20, p. 93 [84].

Un détournement d'héritage

Les principales notions héritées de la phénoménologie husserlienne, et qui servent à nouveau de concepts directeurs dans la réflexion d'Ingarden, s'avèrent largement modifiées et réinterprétées par les problématiques propres à Ingarden. Il en ressort principalement une psychologisation des catégories husserliennes :

– L'objet intentionnel, d'abord, est compris hors réduction, comme un mode d'être déterminé, l'être intentionnel hétéronome, puisant son existence dans les actes créatifs et imaginatifs de conscience, et dont le modèle-type est l'objet littéraire. Son statut s'avère en définitive être celui d'un être de discours ou de représentation.

– Le sens noématique, variante perceptive et intellectuelle de l'objet intentionnel de fantaisie, s'offre comme un double intentionnel de l'objet réel transcendant, destiné à son appréhension et à sa connaissance. Il est établi en position médiatrice telle qu'on peut l'appréhender dans l'attitude réflexive psychologique; Ingarden ne reconnaît donc que le noème psychologique – justement distingué par Fink du noème transcendantal.

– La réduction pratiquée est principalement éidétique, révélant la conscience pure tout en maintenant le monde et ses validités à l'arrière-plan. La réduction phénoménologique telle que la comprend Ingarden ayant, quant à elle, le seul avantage d'ouvrir la sphère d'immanence et de dévoiler les sens noématiques transparents et dissimulés. Mais cette réduction paraît là encore plutôt parente d'un acte réflexif sur les vécus et les actes que de la réduction phénoménologique véritable ouvrant la corrélation universelle noético-noématique. Et en tant que procédure ponctuelle et non pas définitive, elle reste au niveau de la réduction psychologique.

– Enfin, la constitution, placée sous la dépendance de l'ontologie, est comprise comme activité créatrice et formatrice d'objets intentionnels, qu'ils soient de fantaisie, de perception ou de connaissance – activité la plupart du temps consciente et volontaire. Quant à la constitution des noèmes perceptifs, elle relève d'une dynamique spontanée et autonome, par rapport à laquelle le sujet est passif ce qui assure largement sa validité objective.

Dans tous les cas, les concepts husserliens subissent un changement de sens qui provient du changement de niveau adopté par l'analyse, psychologique et non transcendantal. Le dialogue critique avec Husserl s'engage donc sur ces bases discordantes, empêchant un véritable échange, mais cette confrontation biaisée offre cependant un double avantage. D'une part, celui de concentrer l'essentiel des critiques généralement adressées à Husserl et qui, à ce titre, sont loin d'être innocentes, en ce que leur répétition atteste des difficultés inhérentes à ses positions. D'autre part, elle permet aux thèses d'Ingarden de se former et d'accéder à une exposition en propre.

La critique de l'idéalisme transcendantal

Après la *Lettre de 1918*, Ingarden s'est consacré en de nombreux articles, ouvertement critiques et réprobatifs, à analyser les motifs et les décisions – arbitraires à ses yeux – qui ont conduit Husserl du réalisme légitime des *Recherches logiques* au transcendantalisme inacceptable des *Méditations Cartésiennes* et de la *Krisis*. Les critiques ont pour cible directe ce virage transcendantal qu'il ne comprend ni n'admet et sont principalement orientées sur le statut du noème et de la constitution.

Réduire la chose au noème, penser le noème comme intégralement institué et produit par la subjectivité transcendantale, revient pour Ingarden à nier l'existence même du monde réel. On comprend alors l'intention de son grand ouvrage, *La querelle sur l'existence du monde*, en tant qu'objection et réponse directement adressées à Husserl. L'exigence et la volonté de penser un en-soi du monde, un être objectif du monde réel, le conduisent à revenir sur le sens et la valeur des deux notions fondamentales de la phénoménologie : la réduction et la constitution. La réduction transcendantale s'avère pour lui synonyme de subjectivation, voire d'absorption du monde réel dans la conscience pure, et parallèlement la constitution, suivant en cela le mot de Fink, lui paraît prendre des allures de création mystérieuse et extravagante. Dans le grand texte de 1933, contresigné par Husserl, Fink est en effet un des premiers à lancer le terme de « création » pour qualifier la constitution transcendantale. Ainsi écrit-il : « Peu importe l'apparente sécheresse et le caractère doctrinaire d'une détermination de l'essence de la constitution comme création (*Kreation*) productive, elle a au moins le mérite de souligner son opposition au caractère réceptif (exigeant un être en soi) de la vie d'expérience ontico-mondaine (psychique)[1] ». De même, quelques années plus tard, Fink note explicitement que « Chez Husserl le sens de la « constitution transcendantale » oscille entre formation de sens et création[2] ». Ce sont des propos comparables que retrouve Ingarden et, précisément, il ne peut admettre une telle oscillation de

1. Eugen Fink, « La philosophie phénoménologique d'Edmund Husserl face à la critique contemporaine », dans *De la phénoménologie*, Paris, Minuit, 1974, p. 163.

2. Eugen Fink, « L'analyse intentionnelle et la pensée spéculative », Conférence de 1951, reprise dans *Proximité et distance*, trad. fr. par J. Kessler, Éd. J. Millon, Grenoble, 1994, p. 124.

l'interprétation entre constitution du sens et création des étants, c'est-à-dire une ambiguïté aussi lourde sur le sens même de la constitution. Le risque lui paraît, en effet, trop considérable de sombrer dans une conception hégémonique et omnipotente de la conscience pure, allant jusqu'à la poser comme créatrice du monde réel lui-même. La controverse Idéalisme-Réalisme ravive ainsi le débat classique entre les positions dualiste et moniste, c'est-à-dire le débat sur l'hégémonie de la conscience et la relativité du monde. Le fil conducteur des objections d'Ingarden est celui du rapport et des pouvoirs de la conscience face au monde. Il s'agit de comprendre si la démarche phénoménologique peut reconduire à une véritable donation, première et étrangère à la conscience, maintenant ainsi l'idée d'une altérité irréductible, ou si, au contraire, les réductions nous enferment dans la sphère close de la conscience pure, dont la vie intentionnelle donnerait mystérieusement naissance au monde. Contre cette possibilité, Ingarden maintient l'existence d'une extériorité absolue, c'est-à-dire travaille à restituer au monde une dimension d'objectivité et d'autonomie.

« Des motifs qui ont conduit Husserl à l'idéalisme transcendantal », ou l'histoire du virage transcendantal selon Ingarden

Il ne fait pas de doute aux yeux d'Ingarden qu'il y a bien eu une première philosophie husserlienne réaliste, suivie d'un virage transcendantal, approximativement situé entre les années 1907 et 1910, mais difficile à expliquer, si ce n'est à coup de décisions métaphysiques peu légitimes. C'est pourquoi, contrairement à de nombreux commentateurs[1], Ingarden considère que la controverse Idéalisme-Réalisme, loin d'être dépassée ou annulée, est centrale dans la discussion des textes husserliens en ce qu'elle en constitue le pivot et la clef de leur lecture.

Il définit l'idéalisme en ces termes : « une différence existentielle entre le monde réel et la conscience pure, et cela au profit de la conscience pure[2] ». L'absoluité du mode d'être de la conscience pure, imposant une relativité essentielle du monde réel, est au cœur du différend. Dans la *Lettre de 1918*, Ingarden était plus radical dans sa définition, posant alors l'iden-

1. Voir par exemple le début de la conférence de Krefeld de 1956, où il déclare explicitement : « Dans la discussion d'hier on a exprimé de divers côtés l'idée que sur le terrain de la phénoménologie husserlienne le problème Idéalisme-Réalisme s'évanouit. Je suis à cet égard d'un autre avis (...) c'est ce qui m'a poussé à modifier le sujet de ma communication (...) pour tenter d'exposer la position de Husserl au sujet de l'idéalisme », dans *Husserl et la pensée moderne*, trad. fr. par J. Taminiaux, Nijhoff, Den Haag, 1959, p. 204.

2. *Ibidem*.

tité de l'être (ou réalité) et de la conscience pure comme indice indiscutable d'idéalisme. Et c'est en fait à ce résultat, c'est-à-dire à cette identification, que son analyse de l'évolution de Husserl entend aboutir. Par opposition, Ingarden défend dès cette époque une position qui n'est pas nommément définie comme réaliste, mais qui s'y apparente en ce que son principe fondamental repose sur l'hétérogénéité d'essence entre conscience et réalité. Plus exactement, il indique que ce dont il est sûr, c'est de la différence entre « monde réel extérieur et conscience[1] ». Différence d'essence et différence de mode d'être, couplées à une certaine idée de la transcendance, c'est-à-dire de l'extériorité, voilà ce qui constitue la revendication d'Ingarden, maintes fois réitérée, contre l'idéalisme de son maître. C'est la raison pour laquelle il se livre à une tentative de reconstitution du mouvement et des motivations de la pensée de Husserl dans un article des années 1965-67, qui est la reprise presque textuelle, mais partielle, d'un grand texte de 1962, également intitulé : *On the motives which led Husserl to transcendantal idealism*[2].

Ingarden part du principe qu'il y a un premier Husserl réaliste, quoiqu'il admette volontiers que Husserl ne l'ait jamais explicitement ni publiquement revendiqué. Sa conviction se fonde sur sa lecture des *Recherches logiques* et leurs thèses organisées autour des notions de « vérités en soi » et « d'être en soi[3] ». La reconnaissance de l'existence d'objets idéaux (principalement des objectités logiques) au même titre que celle des objets réels lui paraît ainsi un gage de réalisme, c'est-à-dire une attestation indéniable que Husserl partageait alors cette même certitude selon laquelle il existe « un être en soi qui existe indépendamment des « vérités en soi » autant que de nos vécus, et spécialement de nos vécus cognitifs », un être « que l'on doit trouver dans l'expérience pour qu'il soit reconnu comme existant[4] ». Ingarden considère qu'à cette époque Husserl ne doutait pas de l'existence du monde, ce dont il est moins sûr par la suite[5]. Quel que soit le

1. *Lettre de 1918*, p.[6].

2. Voir *infra* notre traduction et la note 1 d'introduction. Les deux textes seront désormais distingués par la mention de leur date de publication, 1973 pour l'article traduit, 1975 pour le grand texte, disponible en version anglaise (chez Nijhoff) et directement traduit du polonais. On trouve aussi une version allemande, dans le tome 5 des *Gesammelte Werke*. Ce grand texte présente une deuxième partie reprenant tous les éléments de la première dans un commentaire critique.

3. *Prolégomènes*, p. 252 [228].

4. '1973', *Des motifs...*, p.[96].

5. Ce point est visiblement contestable et on objectera que dans son jugement Ingarden omet une réserve pourtant bien spécifique, et qui assure la neutralité métaphysique des *Recherches logiques*, à savoir le principe d'absence de présupposition (cf. *Rech. log.* II, 1, Intro, § 7) qui stipule et érige en méthode (phénoménologique et éidétique) la non-considé-

caractère contestable de cette appréciation, elle reste décisive pour Ingarden parce qu'elle engage en retour la défense d'un mode d'être en soi des choses et des vérités qui les désolidarise des vécus, et exprime déjà sa contestation de l'intentionnalité au sens strict. C'est également la raison pour laquelle, interprétant le slogan du « Retour aux choses mêmes » comme un retour à l'en soi des choses, Ingarden peut voir dans cette première période un réalisme, une adhésion à l'idée d'un être en soi. Partant de telles bases, il lui faut admettre un revirement de Husserl, rejetant non seulement toute idée d'en soi absolu, mais encore l'idéalité des formations logiques. Cela constitue un double reniement de ce qu'il pouvait supposer être un double réalisme, celui du réel et celui de l'idéal. Et c'est de ce virage qu'il tente de retracer l'histoire et les motivations.

L'évolution de Husserl trouverait sa source majeure, selon Ingarden, dans son objectif premier, et jamais abandonné, de rétablir la philosophie dans sa position fondatrice et absolue de science rigoureuse[1]. La recherche d'un fondement ferme, absolu et inébranlable, découvert dans l'évidence de la conscience interne, serait le motif et le sol de son transcendantalisme ultérieur. De nombreux textes de Husserl corroborent cette approche d'Ingarden. Ainsi par exemple, l'Introduction de la *Logique formelle et logique transcendantale* rappelle de belle manière comment depuis Platon cet idéal de la philosophie comme science première et radicale s'est perdu, et s'est dévoyé avec l'indépendance et l'essor des résultats positifs des sciences. Elle expose aussi comment la tentative de Descartes pourrait être ranimée et conduite jusqu'à son plein accomplissement pour restaurer

ration de l'existence factuelle du monde, autant que des vécus factuels. L'objectif déclaré de la phénoménologie des *Recherches logiques* est l'élucidation de l'idée de la connaissance à partir des structures d'essence des vécus purs et de leur orientation vers des objets, car, dit Husserl, cette orientation objective, « cette visée d'un objet qui n'est pas réellement donné comme composante phénoménologique du vécu, est, il faut bien le remarquer, une caractéristique descriptive du vécu » (*ibidem,* p.[20]). Ce qui veut dire que, dès le départ, l'élucidation de la connaissance passe par l'élucidation des vécus purs, et par le dévoilement de leur structure intentionnelle ; autrement dit, vécus et objets, ou vécus et être, sont corrélatifs et indissociables, et il apparaît difficile d'attribuer même à ce premier Husserl une conception de la vérité strictement indépendante des vécus. Car pour autant que l'évidence n'est rien d'autre que le vécu de la vérité, les conditions de l'évidence « valent en général pour toute conscience possible », (*Proleg.,* p.[187] 207). Sans aller jusqu'à mettre en cause la réalité d'un virage transcendantal, il faut au moins rectifier cette première appréciation d'Ingarden en considérant que Husserl, à l'époque des *Recherches logiques*, ne se pose pas la question de l'existence ou de la non-existence du monde, que son souci n'est pas là. Par ailleurs Husserl lui-même a démenti cette accusation, rappelant que son effort incessant vise au contraire à le comprendre (cf. *Postface aux Ideen* I).

1. Voir *infra* 1973, p.[98-99].

« l'idée d'une science authentique issue d'une activité fondatrice absolue – l'ancienne idée platonicienne [1] ».

La recherche d'un fondement indubitable de la connaissance devait ensuite trouver sa voie, selon Ingarden, dans l'analyse de la perception. Si la perception externe ne peut prétendre à l'indubitabilité (pour autant qu'elle est envisagée sur le plan de l'attitude naturelle), elle peut néanmoins faire l'objet d'une nouvelle appréhension consistant à saisir les objets « non pas en une attitude directe (...) mais en faisant un détour particulier par une analyse des états de conscience correspondants [2] ». Se rapporter aux objets par le biais des vécus en tant qu'animés par leur structure intentionnelle, au lieu d'affronter directement les choses elles-mêmes, devait, selon Ingarden, provoquer la protestation des disciples de Göttingen. Mais cet aspect seul est insuffisant et Ingarden situe le virage idéaliste dans la conjugaison de cette nouvelle appréhension des objets par les vécus intentionnels et de la découverte de « l'unité non-médiatisée entre le vécu perçu et le percevant immanent [3] », obtenue par les analyses menées sur la perception interne ou immanente. Le caractère d'existence absolue et inébranlable du vécu, quoi qu'il en soit de la réalité de son objet transcendant éventuel, est ainsi opposé à la relativité et à l'incertitude de la perception externe, ce qui libère au regard l'ensemble du flux immanent, premier véritable objet donné en personne dans l'évidence originaire. C'est alors que commence réellement pour Ingarden « la marche décisive jusqu'à la subjectivité ultime [4] ».

De prime abord, le signe d'un virage transcendantal se situe en fait pour Ingarden dans le choix de l'orientation sur les vécus, selon leur double dimension d'immanence réelle et d'intentionnalité. Le retour à la subjectivité, ou la réduction à l'immanence, est jugée contraire à l'orientation objectiviste, supposée être la direction du slogan « Retour aux choses ». Le retour aux vécus comme lieu de connaissance indubitable et d'évidence est compris comme subjectivisme, par suite comme décision idéaliste. Aussi, dit Ingarden : « Ajouté à cela « l'intuition des essences », et il était désormais facile de parvenir à l'idée d'une phénoménologie transcendantale « pure » qui non seulement était supposée trouver l'ultime source de toute connaissance mondaine en redescendant jusqu'à la subjectivité ultime de la conscience pure, mais encore était destinée (...) à dériver le monde réel lui-même à partir de ses sources originaires dans la conscience pure [5] ».

1. *Logique formelle et logique transcendantale,* Introduction, p. 10 [6].
2. 1973, p.[100].
3. 1973, p.[100].
4. *Ibidem.*
5. *Ibidem.*

Le véritable moteur de ce changement de cap serait donc la pratique de la réduction phénoménologique, la réduction à l'immanence de la conscience pure, pour autant qu'on lui donne un rôle définitif et non pas seulement méthodique et provisoire, comme Ingarden le souhaite afin d'en limiter les effets. Car, par la réduction, la conscience pure acquiert une priorité non seulement épistémologique (rendre compte de la validité de la connaissance) mais encore ontologique : elle devient le seul être absolu, celui qui « par principe *nulla re indiget ad existendum* [1] », et par rapport auquel tous les autres sont relatifs et contingents. Cela conduit Ingarden à juger que : « cette priorité commence à avoir des implications métaphysiques, en se transformant en une priorité existentielle de la conscience pure et en transformant tout être transcendant (...) en un être dérivé et dépendant de la conscience pure [2] ».

Le virage transcendantal englobe ainsi pour Ingarden l'ensemble de la démarche phénoménologique, c'est-à-dire le passage à l'immanence, la prééminence de l'examen du vécu sur l'objet mondain, la dépendance des transcendances (relatives) vis-à-vis de la conscience pure (absolue), et, plus grave encore, l'idée que l'être des transcendances (et du monde lui-même) serait dérivé de la conscience pure – pour ne pas dire produit voire créé. Cette situation fait dire à Ingarden que la position de Husserl « en vient à rejoindre dangereusement des vues telles que celles de Berkeley ou de l'idéalisme néo-kantien, par exemple [3] », autrement dit, qu'elle montre une forte parenté avec l'idéalisme subjectif. Conséquences dont la seule coupable est la réduction phénoménologique.

Toutefois, et même si Ingarden n'en est pas du tout convaincu, il va se demander si ces conséquences idéalistes sont purement et simplement imposées par la réduction – auquel cas il y aurait une décision métaphysique derrière le choix de cette pratique – ou si, malgré tout, ces conséquences n'auraient pas été prescrites par l'analyse minutieuse de la perception et des structures des vécus.

1. *Ideen* I, § 49, p. 162 [92].

2. 1973, p.[101].

3. 1973, p.[101]. On notera cependant que, dans la conférence de Krefeld, Ingarden est moins catégorique en ce que, s'il considère que la controverse Idéalisme-Réalisme reste bien entière dans la philosophie de Husserl, par contre « le problème de l'idéalisme psychologique sous la forme que lui avait donnée un Berkeley », ce problème là seul s'évanouit, *op.cit.*, p. 207.

Analyse de la perception et décision métaphysique

Ingarden cherche ainsi des motifs rationnels à l'idéalisme transcendantal ; rationnels en ce qu'ils seraient fondés dans les choses mêmes, c'est-à-dire ici dans la structure même des vécus et particulièrement des vécus perceptifs. Il reprend donc les principaux éléments des analyses menées sur la perception dans les *Ideen* I et les présente (provisoirement) comme autant d'arguments de droit en faveur de l'idéalisme.

Tout d'abord l'existence indubitable du vécu et l'unité non-médiatisée du perçu et du percevant sont opposées à l'incertitude des objets transcendants. Ingarden rappelle que la perception externe est par essence partielle, unilatérale et inadéquate, que donc son objet n'est « jamais un être donné en soi-même dans l'évidence et sous toutes ses faces[1] ». En conséquence, et puisque la multiplicité de perceptions, en principe infinie, d'un même objet, ne peut jamais être réellement exhaustive, il n'est jamais possible de s'assurer, dans une expérience évidente donnant la chose en personne, que le *Was* apparent de la chose corresponde vraiment à son en soi : « la chose n'est peut-être simplement qu'un *Was*-phénoménal, ou un phénomène de déterminations qualitatives, synthétiquement formé par le cours dominant des perceptions, et qui est relatif à la multiplicité donnée de perceptions, un simple corrélat de cette multiplicité de perceptions[2] ». Faire de la chose un simple corrélat intentionnel en vertu de l'essence même des actes perceptifs, voilà pour Ingarden le premier pas, apparemment justifié et justifiable, qui conduit « tout près des portes de l'idéalisme transcendantal[3] ».

Le second pas, problématique quant à lui, est décisivement franchi lorsque le sens du *Was* perceptif est vu comme le résultat synthétique d'une multiplicité de perceptions : résultat, formation ou produit de la multiplicité perceptive, autant dire qu'il est « constitué » ou « institué » au cours de l'expérience[4]. Du statut de corrélat intentionnel auquel elle avait déjà été rétrogradée, la chose s'exténue encore davantage pour devenir produit synthétique. Elle n'est désormais rien de plus qu'un sens noématique dont tout l'être est la résultante d'une multiplicité de vécus. Cela constitue pour Ingarden l'essentiel de la thèse transcendantale qui, ayant absolutisé la conscience pure, destitue le monde transcendant du statut supposé d'être en soi. Les choses transcendantes n'offrent plus la figure d'un être en soi autonome, mais seulement la face instituée d'un être « pour quelqu'un », d'un être « pour un ego qui en fait l'épreuve ». Ingarden peut alors proposer

1. 1973, p.[103].
2. *Ibidem*, p.[104].
3. *Ibidem*, p.[104].
4. 1973, p.[105].

comme slogan de l'idéalisme transcendantal une formule qu'il dit avoir maintes fois entendue lors des séminaires de Husserl à Göttingen : « Si nous biffons la conscience pure, nous biffons le monde du même coup[1] ».

L'exposé plus resserré de la conférence de Krefeld montre également que l'idéalisme transcendantal est dans cette double réduction de la chose : réduction au statut de corrélat relatif et dépendant dans un premier temps, puis réduction au statut d'un être institué et produit ensuite. Ce qui fait dire à Ingarden que Husserl identifie « l'être du monde réel avec le fait de « se constituer dans la conscience »[2] ». Toute la thématique de la constitution du sens noématique fait ainsi son entrée en tant que pilier de l'idéalisme transcendantal, c'est-à-dire, pour Ingarden, en tant que ruine et négation de l'existence objective (en soi) du monde réel.

Il rappelle ainsi comment l'examen de la constitution des sens noématiques supérieurs conduit à explorer les couches inférieures des vécus jusqu'aux plus originaires, comment le caractère d'être d'une unité noématique devient un simple corrélat d'actes thétiques et non plus une détermination propre et autonome, comment donc cette exploration des couches constitutives inférieures prend la forme « d'une mise au jour de la genèse ultime des choses phénoménalement données[3] », puisque Husserl interprète de plus en plus cette constitution du sens noématique supérieur dans le sens d'une « création » ou d'une « fondation ». D'une certaine manière, ce n'est pas la considération constitutive elle-même qui embarrasse Ingarden, car il serait tout prêt à l'adopter pour autant qu'on maintienne la différence ontologique entre objet intentionnel et objet réel. Mais la résorption de l'ensemble des choses réelles et du monde au niveau d'une couche noématique particulière dans le processus de constitution est, de son point de vue, inadmissible. Autrement dit, il ne peut admettre ni reconnaître l'impossibilité désormais établie de « distinguer entre objet et sens-d'objet[4] », entre phénomène et être. Impossibilité qui vient de ce qu'il n'est pas possible de sortir de la réduction pour revenir à l'attitude naturelle.

Les deux grands coupables de l'idéalisme transcendantal – réduction et constitution – sont désormais épinglés : ils se conjuguent et se complètent de telle manière qu'avec eux tout est déjà joué, « tout est d'ores et déjà décidé », « tout est déjà réglé[5] », car l'accomplissement de la réduction

1. *Ibidem*; la même formule est reprise au cours de la conférence de Krefeld en 1956, « De l'idéalisme transcendantal chez Husserl », *op.cit.*, p. 207.

2. « De l'idéalisme transcendantal chez Husserl », *op.cit.*, p. 206.

3. 1973, p.[108].

4. *Ibidem*, p.[109].

5. 1973, p.[109].

transcendantale ouvre tout le champ de l'analyse constitutive. La décision idéaliste réside donc dans le choix et l'adoption de la réduction comme attitude définitive. Ce qui veut dire aussi que, pour Ingarden, le virage transcendantal correspond à une décision – éventuellement impensée, selon le jugement de Fink – et non pas à une nécessité dérivée des analyses elles-mêmes, c'est-à-dire à une nécessité issue de la nature même des choses.

Sur la base de cette histoire recomposée du virage idéaliste de Husserl, Ingarden se livre à des objections concernant les deux principales sources de motivation qu'il a dégagées, à savoir les raisons issues de l'analyse de la perception et celles relevant de l'analyse constitutive.

Les maléfices de la réduction

Puisque le choix et la pratique même de la réduction imposent selon Ingarden un virage transcendantal aux travaux de Husserl, il s'attache en premier lieu à son examen pour en mesurer la portée réelle. Lui ayant reconnu une valeur d'utilité indéniable sur le plan épistémologique, il faut juger si cette pratique est en soi-même et *ipso facto* coupable, ou si ce n'est pas plutôt la pratique spécifique qu'en propose Husserl qui la transforme en premier stade de l'idéalisme transcendantal.

L'objection principale porte sur le fait que la suspension de l'existence et de toute thèse transcendante doit interdire en retour toute assertion sur le mode d'être des objets envisagés. Autrement dit, juger que les vécus ont un mode d'être absolu tandis que les choses seraient seulement relatives et contingentes est hors de propos et doit être exclu. Pour autant que Husserl se livre à ce type de jugement, cela constitue une « violation de la méthode correcte en épistémologie[1] ». La pratique stricte et rigoureuse de la réduction ne doit pas déboucher sur des considérations portant sur « la différence dans le mode d'existence entre ce qui est réel et ce qui est pure *cogitatio*[2] ». Sa mission est limitée à l'ouverture du champ de la conscience pure et, en tant qu'elle est au service des seules recherches épistémologiques, elle doit s'assigner à la description essentiellement neutre des actes cognitifs et à celle conditionnelle de leurs objets. A cet égard Ingarden est parfaitement explicite : « Sur le terrain des investigations épistémologiques, il est seulement permis de dire à propos des objets, comment ils sont visés dans les actes cognitifs correspondants, comment ils devraient exister si jamais ils existaient et étaient tels qu'ils sont supposés être[3] ». Aussi, poursuit-il, « Nous n'avons pas le droit au

1. 1975, deuxième partie, p. 43.
2. *Ibidem.*
3. 1975, p. 41.

cours de ces investigations d'affirmer que les choses matérielles ne sont « rien d'autre » que des entités intentionnelles de sens constituées par certaines séries d'actes ni qu'elles sont d'une manière ou d'une autre dépendantes en leur être de la conscience pure[1] ». La possibilité d'assertion catégorique sur le mode d'être des objets n'est autorisée qu'en second lieu, après que la critique de la connaissance a abouti, c'est-à-dire après que l'on a décidé de la valeur de connaissance à attribuer aux résultats obtenus. Et dans ce cas, précise Ingarden, les jugements portés sur les modes d'être, qu'ils soient d'ailleurs de nature réaliste ou idéaliste, ne sont pas des conséquences de la réduction. Il s'agit au contraire de conséquences de type ontique ou métaphysique qui ne relèvent plus de la théorie de la connaissance, toujours astreinte à la réserve imposée par la réduction, mais de l'ontologie ou de la métaphysique, dans le cadre desquelles « il n'y aurait plus de justification ni de raison à appliquer la réduction[2] ».

L'important pour Ingarden est donc de dissocier les conséquences relatives aux modes d'être des objets de la pratique même de la réduction. Pour lui ces jugements sont le propre de l'ontologie ou de la métaphysique. Cela ne veut pas dire pour autant que les recherches ontologiques et métaphysiques soient nécessairement d'esprit réaliste – elles peuvent s'orienter sur une solution idéaliste – mais dans ce cas cette dernière « ne serait pas passée en contrebande dans le champs des investigations épistémologiques[3] ». Autrement dit, il préfère une métaphysique explicitement idéaliste à une métaphysique occultée qui se dissimule sous les parenthèses de la réduction phénoménologique. Le rôle de la réduction doit être strictement épistémologique et n'a pas le droit d'imposer des décisions idéalistes.

Cet argument se retrouve dans l'article de 1929, *Bemerkungen zum Problem Idealismus-Realismus*[4]. Ingarden y rappelle ce que signifie pour lui la pratique de la réduction. Parce qu'elle donne seulement accès au sens des choses, au sens de leur détermination formelle et matérielle, ainsi qu'au sens de leur mode d'être, aucune affirmation catégorique n'est autorisée sur les choses transcendantes, situées hors de la sphère de la conscience pure. Néanmoins, tout bascule si on identifie le sens d'objet et l'objet existant lui-même car « on brise involontairement les limites (s'imposant d'elles-mêmes) de la réduction transcendantale, tandis que l'on commence à faire

1. 1975 : « We are not permitted in the course of these investigations to assert that material things are « nothing else » than intentional entities of the sense constituted in a certain set of acts, nor that they in one or another way are in their being dependent on pure consciousness », p. 41.

2. *Ibidem*, p. 41.

3. 1975, p. 42.

4. Voir *infra* notre traduction : *Remarques sur le problème Idéalisme-Réalisme*.

de la métaphysique et à soutenir une théorie idéaliste sur les objets identifiés au sens d'objet[1] ». Là encore, l'objection vise la pratique de Husserl considérée comme transgression abusive de ce qui est autorisé par la réduction. L'identification des sens d'objet et des objets eux-mêmes est illégitime, en ce que la réduction ne montre pas une telle identité, laissant les choses mêmes inchangées à l'extérieur des parenthèses. Ceci confirme que le niveau de réduction admis et compris par Ingarden est celui de la réflexion psychologico-phénoménologique et, dans ce cadre, les choses elles-mêmes échappent au jugement et doivent y échapper. Qu'en revanche on veuille se livrer à une investigation métaphysique débouchant sur une conception idéaliste, cela est une possibilité qu'Ingarden reconnaît tout à fait, pour autant que la voie métaphysique ne s'opère pas sous le couvert de la réduction. Encore une fois, Ingarden insiste pour démasquer le subterfuge d'une prise de position métaphysique qui ne s'avoue pas comme telle. Car peu importe (au moins pour le moment) le point de vue adopté, et il se peut même que le point de vue idéaliste soit le bon, ce qui ne souffre pas discussion, c'est qu'en aucun cas « il n'a le droit d'être conquis sur le terrain transcendantal, dans le cadre d'une métaphysique occultée[2] ».

Le problème sous-jacent à cette conception de la réduction et à la limitation de son rôle est aussi celui du découpage du champ de la philosophie. Ingarden envisage deux points de vue. Ou bien, on veut cantonner la philosophie à la théorie de la connaissance et il est alors possible de l'envisager, dans le seul cadre de la réduction, en tant qu'analyse descriptive des processus de connaissance, mais sans jamais pouvoir se prononcer sur l'existence et le mode d'être des choses. Dans ce contexte, la controverse Idéalisme-Réalisme ne peut être résolue, mais on peut aussi bien se demander si elle se pose. Ou bien, on considère que la théorie de la connaissance n'épuise pas les interrogations philosophiques et on ouvre la philosophie aux dimensions de l'ontologie et de la métaphysique. Ce faisant, les démarches s'émancipent de la nécessité de la réduction. Par suite, « des assertions sur le monde réel seraient libérées de l'obligation d'appliquer la réduction phénoménologique[3] », des jugements d'existence sur le monde et sur la conscience sont alors possibles, décidant aussi de l'issue de la controverse. Dans tous les cas, la prise de position, qu'elle soit réaliste ou idéaliste, échappe aux compétences de la réduction phénoménologique, c'est-à-dire n'en découle pas à titre de conséquence nécessaire. Au final, c'est l'idée de la philosophie elle-même qui s'avère divergente entre les deux penseurs. Philosophie première et radicale, englobant et fondant

1. *Remarques sur le problème Idéalisme-Réalisme*, p.[48].
2. *Ibidem*, p.[48].
3. 1975, p. 42.

toutes les branches de l'arbre cartésien pour Husserl ; champ philosophique diversifié pour Ingarden où chaque section a sa spécialité et son terrain de compétence : voie réduite de la théorie de la connaissance d'un côté, voie ontologique et métaphysique de l'autre, conservant et posant l'être en soi des choses. Car, il ne faut pas oublier que le refus de cette identification des objets et des sens noématiques vient de ce qu'Ingarden pense toujours pouvoir sortir de la réduction et revenir à l'attitude naturelle.

Et, encore une fois, Ingarden ne voit pas d'inconvénient à la pratique de la réduction pour autant qu'elle soit « transitoire et rende possible un retour aux objets donnés et la conservation de leur propre caractère d'existence[1] ». D'autant que ce mouvement d'aller-retour des choses aux sens intentionnels offre un véritable intérêt épistémologique, à savoir la possibilité d'un travail, peut-être indéfini, de rectification et d'ajustement de ces sens à leurs objets réels transcendants. C'est par là que les questions de légitimité s'accordent au rôle méthodologique provisoire de la réduction, celle-ci offrant les moyens de mettre au jour et de différencier les actes de connaissance fidèles au donné d'avec les actes créateurs plus libres, afin d'effacer, autant que faire se peut, la part subjective et arbitraire du sujet pour tendre à une connaissance objective la plus adéquate possible aux choses mêmes. Cela suppose que l'on conserve le caractère d'être des choses constaté naturellement et que l'on retourne ensuite auprès d'elles, fort de cette connaissance de la constitution des sens noématiques, médiateurs entre la chose et nous. La mission de la réduction n'est donc pas d'imposer des décisions idéalistes, mais bien plutôt de rendre possible un travail de connaissance de plus en plus ajusté à la réalité. Car, que les sens noématiques (qu'Ingarden nomme aussi phénomènes) et leur constitution soient dépendants des actes ne signifie pas que les choses le soient aussi. Ingarden s'en explique dans une remarque assez surprenante, étant donné le contexte de la controverse :

> *Il n'y a pas d'idéalisme* à affirmer que les phénomènes, nous révélant certains objets et constitués dans certains processus d'actes cognitifs, sont dépendants des intentions contenues dans ces actes et dans leurs connexions synthétiques et qu'ils sont co-conditionnés par l'existence de ces actes. Mais Husserl, une fois qu'il a pris connaissance du processus de constitution des sens d'objet (ou phénomènes) dans le cours des séries correspondantes d'actes de conscience, considère cela comme un résultat définitif et

1. 1975 : « If this treatement of the sense of objects was only transitory and made possible (…) a return to the objects given and the retention of the proper character of their existence, then we were not compelled to an idealistic conclusion – because of the method of investigation », p. 37.

> interdit le retour aux objets apparaissant à travers les phénomènes analysés, considérant que la restitution à ces objets de leur propre mode d'être est « l'absolutisation » de ce qui, selon lui, est existentiellement relatif aux processus de la conscience pure[1].

Parce que Husserl envisage la réduction et ses résultats comme définitifs, tout est décidé d'avance quant à l'issue à donner au problème Idéalisme-Réalisme. Parce que la réduction est définitive, ou parce que Husserl a choisi de la rendre définitive, les objets sont identifiés aux sens noématiques ; le statut ontologique de ceux-ci est alors transféré aux objets mêmes et l'on a déjà décidé du mode d'être de la conscience et du monde, selon un angle idéaliste conférant une priorité existentielle absolue à la conscience pure. Voilà la clef du virage transcendantal pour Ingarden : non pas tant un revirement induit par la pratique même de la réduction qu'une décision première imposant un caractère définitif à la réduction, dont alors tout le reste découle, d'une manière apparemment justifiée, mais illégitime en son principe, puisque le choix est pris avant toute analyse effective.

Qu'il s'agisse d'une décision anticipant les effets de la réduction ou de la pratique même de la réduction, dans tous les cas Ingarden ne peut admettre que « sur la question Idéalisme-Réalisme, tout soit décidé depuis le début, et que même le « ou bien – ou bien » ne soit pas une seule fois pris en considération[2] ». Au fond, la difficulté ultime sur laquelle Ingarden bute toute sa vie réside dans cette mise en œuvre de la réduction. Une « méthode » ne saurait avoir des implications ontologiques et métaphysiques ; celles-ci doivent être le fruit d'analyses se confrontant aux « choses mêmes », d'une part, dans l'examen ontologique de leurs idées et, d'autre part, dans celui de leur réalité de fait qu'offre la voie métaphysique.

Changement d'attitude et transformation des choses

C'est pourquoi dans une dernière tentative pour comprendre et légitimer le choix transcendantal de Husserl, Ingarden suggère que ce sont peut-être les difficiles analyses sur les vécus et la constitution qui ont conduit Husserl à prendre ce parti transcendantal. Il rappelle ainsi que dans une lettre, il lui a fait part de sa réticence à l'idéalisme transcendantal, se demandant si la raison ne tenait pas au fait qu'il n'avait pas connaissance des nombreuses et minutieuses analyses qu'Husserl en a faites. A quoi Husserl a répondu que « ce n'était pas une question de résultats d'analyses plus poussées, mais qu'avant tout on devait faire l'expérience de la *considérable*

1. 1975, p. 37-38, souligné par nous.
2. *Qu'y a-t-il de nouveau dans la Krisis de Husserl ?*, p.[452].

transformation due à l'épochè, par suite à la réduction[1] ». Ingarden demande alors de quelle transformation il s'agit. Que faut-il entendre lorsque Husserl dit qu'après l'opération de l'épochè transcendantale le monde de la vie se change en phénomène, ou devient phénomène ? Car avant l'épochè (ou la réduction) nous faisons l'épreuve de l'autonomie et de l'indépendance des choses par rapport à nous au travers de leur résistance à nos pensées et à notre vouloir. Nous constatons que n'avons aucune influence sur elles par la pensée ou par la perception[2]. Comment alors, demande très sérieusement Ingarden, l'opération de l'épochè, qui n'est qu'une opération de conscience, pourrait-elle avoir « une quelconque influence réelle sur les choses ? ». Puisque Husserl a souvent répété, qu'après l'épochè, tout est toujours comme avant, que le monde est toujours là face à nous, Ingarden ne comprend pas quelle transformation la réduction peut induire. Nous reproduisons l'ensemble du passage qui suit cette question, car il est tout à fait emblématique de la distance qui sépare Husserl et Ingarden :

« Les choses *ne pourraient pas* du tout par ce moyen *changer* ou *devenir* des phénomènes. Seul leur mode d'apparition en est changé. Car, en opérant l'épochè, nous *passons* du monde réel, ou si on veut, du monde de la vie au *phénomène-du-monde*. Au fond, ce qui a eu lieu c'est qu'*avant* l'épochè, nous saisissions le monde et les choses sous d'*autres* phénomènes que les modes d'apparition que nous avons *après* l'opération de l'épochè. (...) Husserl avait tout à fait raison de mettre l'accent, à plusieurs reprises dans d'autres passages, sur le fait qu'à la suite de l'épochè *rien* n'a changé, et que si quelque chose avait changé, alors l'épochè ne serait rien d'autre qu'un cas de psychasthénie, ce que justement elle *n*'est *pas*. Car, avant comme après l'épochè, les choses du monde de la vie se présentent sous le caractère ontologique de l'autonomie, en tant que pleinement fondées dans leur soi propre et entièrement indépendantes de nos vécus. *En cela* l'épochè n'a rien changé. L'épochè a seulement cette conséquence que nous quittons, pour ainsi dire, la simple réalité et passons du côté des objets purement intentionnels qui deviennent précisément *visibles* dans l'épochè, et dans la *teneur* desquels le *phénomène* est préservé en tant que *réalité ontologiquement autonome et originale*[3] ».

Les principes fondamentaux d'Ingarden se trouvent réunis : la réduction comme accès à l'immanence psychologique, le dévoilement des phénomènes, c'est-à-dire des sens intentionnels comme médiation entre les choses et le sujet, la distinction ontologique des sens et des choses. Ainsi,

1. *Ibidem*, p.[453], souligné par nous.
2. *Ibidem*, voir *infra* notre traduction, p.[453-54].
3. *Qu'y a-t-il de nouveau dans la Krisis de Husserl ?*, p.[454].

loin de porter au jour la nécessité de la corrélation universelle intentionnelle au sens de Husserl, la réduction ne fait qu'enraciner chez Ingarden la conviction que les choses existent en elles-mêmes et pour elles-mêmes, et que leur appréhension suppose la médiation d'une entité intentionnelle qui nous les rend présentes, tout en maintenant dans le contenu de ce dit phénomène (le double intentionnel) leur caractère d'être véritable et propre[1]. A ce titre, l'hétérogénéité d'essence entre le phénomène et la chose exclut toute possibilité d'identification de l'un à l'autre. Pris dans cette conviction de départ, Ingarden ne peut donc se laisser entraîner à la « transformation » de l'époché; il ne peut la vivre ni même l'entendre théoriquement. Pour autant que cette réduction oblige à penser les choses elles-mêmes comme corrélats relatifs de la subjectivité transcendantale, il y a là, pour Ingarden, une décision, un parti-pris subjectif dénué de légitimité théorétique.

C'est pourquoi dans un ultime argument, il rappelle la distinction établie par Husserl depuis les *Ideen* I, entre l'arbre réel qui peut brûler et « l'arbre-perçu-en-tant-que-tel ». « Cette hétérogénéité entre l'objet réel et l'objet purement intentionnel (arbre et phénomène-d'arbre) rend également impossible que l'arbre inflammable du jardin, *devienne* ou *se change* en « arbre » simplement intentionnel, à la suite de l'époché. Si Husserl le soutient sérieusement, cela signifie seulement que, depuis le début, il *nie* l'hétérogénéité entre les deux « arbres » – hétérogénéité qu'il a initialement soutenue lui-même – ou bien qu'il y renonce et considère depuis le début que l'arbre réel est un objet simplement intentionnel ou une unité de sens noématique dont le sens d'être est assigné de force à la teneur de l'objet intentionnel par l'acte de conscience correspondant, à vrai dire par l'acte tel qu'il était accompli *avant* l'époché[2] ». Autrement dit, la décision transcendantale de réduire le réel à de l'intentionnel précède l'exercice même de la réduction, en sorte que *avant comme après* la réduction, l'arbre réel n'est rien de plus qu'un objet intentionnel, qui n'existe dans son mode d'être que par un acte de conscience qui l'institue ainsi. Par suite, ce n'est pas la réduction qui permet, grâce aux analyses immanentes qu'elle rendrait possibles, de découvrir la corrélation entre le monde et la conscience du monde, en tant que fait essentiel ignoré jusque-là. Au contraire, elle impose la corrélation, l'institue ou l'entérine, selon que l'on choisisse de dire que Husserl a tout décidé d'avance ou qu'il se sert de la réduction comme arme subtile pour faire accepter cette décision. Ainsi en juge Ingarden : « il s'agit d'une méthode qui impose d'elle-même, et dès le départ, une

1. En vertu de la double structure de l'objet intentionnel et de la présence d'un double porteur.

2. *Qu'y a-t-il de nouveau dans la Krisis de Husserl ?*, p.[455].

décision déterminée (précisément celle de la « subjectivité » du monde de la vie et, peut-être, du monde en général) quoi qu'il en soit du degré d'approfondissement des analyses particulières portant sur les problèmes de constitution. En ce cas, chacun devrait véritablement se garder d'opérer l'époché transcendantale[1] ».

Cette interprétation de la réduction et de ses maléfices confirme le fait qu'Ingarden développe une conception psychologique du noème et de la réduction, et parce que l'ontologie, dans sa positivité naturelle, est première et ne peut pas ne pas l'être, Ingarden s'interdit toute entrée dans l'attitude proprement phénoménologique.

Le problème de la corrélation intentionnelle

Le soupçon porté sur la valeur de la réduction affecte en retour la valeur et le sens de la corrélation intentionnelle qui se dégage de l'analyse immanente des vécus. La priorité accordée à l'ontologie exclut qu'Ingarden considère la relation sujet-objet comme essentielle et constitutive Le principe selon lequel n'y a pas d'objet hors de son lien à la conscience, c'est-à-dire hors d'un enchaînement concordant de vécus, prend ainsi le sens d'un parti-pris idéaliste. La critique de l'idéalisme transcendantal devient donc critique de la corrélation intentionnelle. Pour autant les attaques ne sont jamais directes, c'est-à-dire ne portent jamais directement sur le statut de l'intentionnalité. Ingarden adopte une stratégie détournée, plaçant la question sur le terrain de la théorie de la connaissance, sans viser frontalement la possibilité ontologique que Husserl réduise l'*esse* à son *percipi*.

Dans la conférence de Krefeld, Ingarden définit l'idéalisme transcendantal comme la relativisation du réel au profit de la conscience pure, résumée par la formule : « Si nous rayons la conscience pure, nous rayons du même coup le monde réel ». La dépendance des objets et du monde vis-à-vis de la conscience s'exprime également selon Ingarden dans un autre raccourci, affirmant l'équivalence des deux propositions suivantes : « A existe » et « une voie de légitimation de l'existence de A est principiellement possible[2] ». Cette formulation est déjà mentionnée dans le texte des *Remarques sur le problème Idéalisme-Réalisme*[3], et Ingarden indique qu'il l'avait entendue au séminaire de Husserl, lors du semestre d'été 1914, dans une leçon intitulée *Natur und Geist*. Cette équivalence stipule donc que tout A possible est par principe connaissable et, à ce titre, doit pouvoir être

1. *Qu'y a-t-il de nouveau dans la Krisis de Husserl ?*, p.[453]
2. *Conférence de Krefeld, op.cit.*, p. 207.
3. *Remarques sur le problème Idéalisme-Réalisme*, p.[49].

objet d'expérience. Le rattachement essentiel de l'objet à l'expérience, par suite aux vécus d'une conscience, pose problème à Ingarden, en ce qu'il réduit la chose au statut d'être-objet. Cela entraîne la relativisation de cet objet vis-à-vis de la conscience pure qui devient alors le présupposé nécessaire de son existence : pas d'objet sans conscience, pas de monde sans conscience. « Ainsi une considération, qui était d'abord épistémologique puis ontologique, provoque donc une décision métaphysique idéaliste, d'un type déterminé[1] ». Encore une fois, ce qui provoque son désaccord, c'est le passage direct du plan de la théorie de la connaissance (comment légitimer l'existence d'un objet ?) à une conclusion métaphysique idéaliste. Celle-ci lui paraît extorquée de force, car, selon son ordre méthodologique de considération, seule l'analyse ontologique peut habiliter une telle décision métaphysique.

Ingarden insiste essentiellement sur la dépendance de l'objet vis-à-vis de la conscience, mais ne marque jamais la réversibilité de la relation, à savoir qu'il n'y a pas de conscience qui ne soit conscience-*de*. Il semble vouloir délibérément rester au seul plan de la théorie de la connaissance. Mais, parallèlement, il admet que sur ce terrain un objet dont on ne pourrait légitimer l'existence n'aurait aucune raison d'être admis, ne serait même pas pensable, sauf à réhabiliter l'énigmatique concept kantien de chose en soi inconnaissable. Il est curieux qu'à plusieurs reprises, Ingarden reconnaisse à la suite de Husserl l'absurdité de la chose en soi[2], dont on ne peut rien dire et dont l'affirmation d'existence est sans justification, – sauf à entrer dans une contradiction qui consiste à poser ce que l'on ne peut pas connaître, tout en faisant comme si on ignorait cette position qui suppose bien déjà une forme de connaissance – et, tout à la fois, ne cesse de revendiquer une mode d'existence en soi des choses, une indépendance des choses vis-à-vis des sujets connaissants. Les deux affirmations sont apparemment incompatibles, mais Ingarden les maintient cependant, comme s'il les plaçait chacune sur des plans hétérogènes. Soutenir un mode d'être en soi et autonome des choses ne serait pas la même chose qu'affirmer la chose en soi kantienne. La différence vient de ce qu'il considère que l'on peut atteindre la connaissance de l'être objectif de la chose dans un processus indéfini de connaissances toujours plus ajustées à la réalité. La seconde raison tient vraisemblablement à ce que l'affirmation de la chose en soi kantienne lui paraît motivée par une décision métaphysique que dément

1. *Ibidem*, p.[49].

2. Voir par exemple *Qu'y a-t-il de nouveau dans la Krisis de Husserl ?* : « C'est seulement la « transcendance » dans le sens où elle signifie quelque chose qui est absolument inconnaissable (comme par exemple la chose en soi de Kant, dans l'une des interprétations possibles de la Critique) que je rejette en accord avec Husserl », p.[446].

l'analyse ontologique, car celle-ci dévoile un mode d'être autonome des choses qui rend leur relation au sujet contingente et accidentelle. Mais en ce cas, il lui faut aussi rendre compte de la possibilité même de cette relation, c'est-à-dire de la possibilité du « pouvoir-être-saisi-dans-l'expérience » (*Erfahrbarkeit*) et, cette fois, selon une démarche qu'il veut spécifiquement ontologique.

Parallèlement, l'idée d'un mode d'être autonome des choses, disposant d'un soi propre et spécifique, est aussi ce qui habilite la connaissance dans sa prétention à l'objectivité et à la vérité. L'objectivité relève de l'objet, de la seule réception fidèle à l'objet et ne doit exiger qu'un effort de passivité de la part du sujet, non pas une construction. L'objectivité ne saurait être un caractère construit et déposé par le sujet. Il s'agit toujours, pour Ingarden, de maintenir la séparation et l'extériorité du sujet et de l'objet, afin de maintenir la valeur d'existence absolue de la chose et la valeur de vérité de la connaissance.

Ingarden et le parti-pris des choses

Contre la réduction de la chose à son être-objet

L'effort principal d'Ingarden dans sa lutte contre l'idéalisme transcendantal consiste donc à trouver des arguments contrecarrant le principe même de la phénoménologie exprimé dans l'équivalence : « Il existe A » : « Il existe par principe un chemin pour légitimer l'existence de A ». Le secours est encore une fois espéré du côté de l'analyse ontologique qui devrait permettre de sortir de cette décision idéaliste extorquée de force, en tentant néanmoins de rendre compte de la possibilité de la relation entre les choses et les actes qui s'en saisissent, puisque cette relation existe de fait. Le « pouvoir-être-saisi-dans-l'expérience » (*Erfarhbarkeit*) qui incite à réduire la chose à son être-objet doit, avant toute décision, faire l'objet d'une analyse ontologique permettant d'en déterminer les fondements *in re*. La démarche montre immédiatement sa direction et son attente : trouver dans la chose elle-même un fondement ontique et ontologique de son expérimentabilité, afin de désolidariser cette propriété du sujet qui en fait l'épreuve, pour en faire une propriété objective qui pourra ou non être réalisée. Les derniers paragraphes des *Remarques sur le problème Idéalisme-Réalisme* s'attachent à cette tentative.

Ingarden relève d'abord que le concept du « pouvoir-être-saisi-dans-l'expérience » est une catégorie de la relation qui repose sur la conjonction ou la mise en présence de deux objectités[1]. Outre cette conjonction, la relation exige à titre de fondement des propriétés inscrites dans l'être-ainsi de chaque objectité. Du côté de l'objectité destinée à être objet d'expérience, Ingarden découvre la possibilité de qualités phénoménales d'ap-présentation ou qualités auto-présentantes et, du côté de l'objectité destinée à en faire l'épreuve, il supposera des qualités « d'être-ouvert », ou « d'être-sensible »[2], autrement dit une objectité du type conscience. Le « pouvoir-être-saisi-dans-l'expérience » suppose donc au moins deux types d'étants distincts et possibles. D'une part, un étant du type de la conscience ouvert à l'extériorité, éventuellement aussi à ses propres qualités auto-présentantes s'il en est doué ; d'autre part, un étant manifestant ce même type de qualités présentantes. Dans ce cas, les conditions sont remplies pour que la relation soit possible mais, rappelle à juste titre Ingarden, « tout le problème consiste alors à savoir si c'est nécessaire[3] » ; c'est en effet tout l'enjeu espéré de cette démarche que de rendre la relation contingente. Car en donnant au « pouvoir-être-saisi-dans-l'expérience » un fondement ontique et ontologique, situé dans les qualités auto-présentantes singulières d'une objectité possible, Ingarden établit une nouvelle configuration des rapports entre phénomène et être en soi. Non pas une dissociation à la manière kantienne qui rejette dans les lointains de l'inconnu l'en soi de la chose, mais en les associant de telle sorte que l'être-ainsi de la chose fonde un ensemble de qualités phénoménales pouvant se montrer et être exhibées, directement ou médiatement. Cette face visible et auto-présentante de la chose ne serait plus seulement un effet de surface ou de réfraction éventuellement déformé par rapport à un en soi inaccessible, mais bien une détermination objective exprimant la *morphé* d'une propriété[4].

En l'état, c'est-à-dire pensé en tant que fondé dans l'être-ainsi d'une objectité, le « pouvoir-être-saisi-dans-l'expérience » ne peut plus être le lieu d'une réduction ou d'une relativisation de la chose vis-à-vis d'une sujet conscient, mais il indiquerait seulement le lieu d'effectuation d'une relation; relation possible, en ce qu'elle est inscrite dans des propriétés, mais en même temps relation contingente en ce qu'elle laisse la chose inchangée et indifférente à cette vue prise sur elle. C'est dire que la chose

1. Ce terme est adopté de préférence par Ingarden lorsqu'il parle d'un point de vue ontologique, c'est-à-dire abstraction faite de l'existence réelle des choses ; l'objectité désigne donc tout étant possible, quel qu'il soit, dont on ne sait pas encore s'il existe ni comment il existe.

2. *Remarques sur le problème Idéalisme-Réalisme*, p.[51].

3. *Ibidem*, p.[52].

4. *Ibidem*, p.[51].

pourrait exister sans être objet d'expérience, pourrait être sans être perçue, demeurant entière dans son être-ainsi autonome. Ou selon les termes de la *Lettre de 1918*, il est contingent et accidentel que la chose soit objet d'actes d'intention; ce n'est là que l'effet d'une rencontre qui ne lui est pas essentielle, sans lui être non plus contraire.

Cette perspective entraîne évidemment loin de l'idéalisme phénoménologique et de la corrélation intentionnelle, mais, malgré le souhait manifeste d'Ingarden, elle n'est pas pour autant décidée ni tranchée, puisque la nécessité ou la contingence de la relation n'ont pas été établies. Seule la possibilité de la relation est envisagée dans la perspective ontologique. Il reste donc plusieurs questions ontologiques à traiter pour pouvoir décider en faveur d'une solution ou d'une autre, questions relevant de l'ontologie matérielle puis de la métaphysique qui tranche en dernière instance. Ces questions sont les suivantes – et nous les rapportons pour faire mesurer l'ampleur de la tâche qui resterait à mener si l'on voulait sortir de la difficulté par la seule voie ontologique :

« 1. Existe-t-il des qualités fondamentales telles qu'elles ne puissent être présentées d'aucune manière, même médiate, qui donc, pour le dire de façon imagée, sont « muettes » ? ou bien appartient-il à l'idée de qualités fondamentales que cela soit exclu ?

2. S'il existe de telles qualités muettes, alors il faut se demander s'il appartient à l'idée de l'étant en tant que tel de devoir toujours avoir, sous les déterminations de son être-ainsi, des déterminations auto-présentantes, ou bien si au contraire il peut exister un étant tout à fait « muet », c'est-à-dire qui ne contienne pas en soi de déterminations présentantes ?

3. Est-il nécessaire qu'un objet, qui possède des déterminations matérielles auto-présentantes, soit en même temps « ouvert » à ses propres déterminations et à celles des autres objectités ?

4. Dans le cas, où l'on répondrait négativement à la dernière question, il faudrait chercher s'il est nécessaire que, si un objet du premier type d'étants distingués doit pouvoir exister, alors un objet du second type doive exister en même temps[1] ».

Ingarden fait alors le bilan de ces questions et avance deux cas de figures possibles, susceptibles d'éliminer le problème de l'idéalisme posé par le principe de la corrélation nécessaire. Ou bien on répond négativement aux questions 3 et 4, et il n'y a alors aucune nécessité à ce que tout objet soit accessible à l'expérience : car un objet peut bien posséder des qualités présentantes sans que lui-même ni un autre y soit sensible, en sorte que la relation ne peut avoir lieu sans pour autant mettre en cause l'existence

1. *Remarques sur le problème Idéalisme-Réalisme,* p.[52].

autonome de cet objet. Si même on prenait la décision métaphysique d'affirmer l'existence de fait, donc contingente, d'un étant du type de la conscience, d'un étant apte à faire l'expérience des autres, cela n'aurait, dit Ingarden, « aucune conséquence métaphysique idéaliste », car on ne pourrait pas tirer de cette affirmation factuelle une loi d'essence. Inversement, une double réponse positive à ces mêmes questions rendrait l'équivalence idéaliste immédiate, et, par suite, l'argumentation inutile ; le problème ne se poserait même plus, au sens où il n'y aurait plus d'alternative Idéalisme-Réalisme, ni de décision idéaliste subreptice, mais seulement un état de choses fondé sur des raisons ontologiques. Ingarden conclut cette investigation des « possibles » en anticipant sur l'objection qui consisterait à dire que de tels propos supposent une théorie des étants, donc supposent l'admission de fait de la conscience pure. Mais il considère que l'admission de la conscience pure et la nécessité d'une telle théorie ne peuvent d'elles-mêmes « contraindre ni à une décision idéaliste ni à une décision réaliste [1] ». La possibilité de trancher la controverse est donc renvoyée du côté des lointains de recherches supplémentaires et peut-être infinies. Seul le fait que l'équivalence ressortit à une décision idéaliste arbitraire et qu'il est possible de penser la relation d'expérience d'une autre manière, à savoir en exhibant ses fondements ontologiques dans la chose même, s'avère établi.

Contre la réduction de la chose au sens d'objet

Après la dissociation de la chose et de son être-objet, Ingarden se tourne vers la dissociation de la chose et du sens. Le sens intentionnel trouvé comme corrélat nécessaire du vécu ne peut pas être identifié à la chose même, car ils se distinguent radicalement l'un de l'autre par leur différence de structure formelle et existentielle. Mais puisque la reconnaissance de ces différences structurelles suppose une analyse ontologique que ne pratique pas Husserl, Ingarden doit emprunter le même terrain que Husserl et envisager des objections à partir de ses propres analyses.

Dans la partie critique de l'article de 1962, *On the motives which led Husserl to transcendantal idealism,* Ingarden revient sur l'analyse de la perception externe et du vécu telle qu'elle est menée dans *Ideen* I. En tant qu'analyse de l'essence du perçu et de la perception, elle est valide avant comme après la réduction. Elle pose que les choses physiques perçues sont transcendantes aux vécus et se donnent seulement par esquisses, tandis que le vécu immanent est donné dans une perception immédiate. Ingarden ne

1. *Ibidem,* p.[54].

revient pas sur ces points qu'il reconnaît tout à fait; en revanche, il rejette les trois conséquences qu'en tire Husserl.

En premier lieu, le fait que Husserl déduise de cette base deux modes d'existence, l'être comme réalité et l'être comme vécu. Puis, le fait qu'au lieu de limiter son discours à l'essence de la chose matérielle, il l'étende à tout ce qui est réel. Enfin, l'affirmation que la chose spatiale n'est rien de plus qu'une unité intentionnelle liant ces diverses manières d'apparaître à travers des esquisses [1]. Ces conséquences soulèvent une vive protestation d'Ingarden. Car, même à supposer que l'on accepte le glissement de la transcendance de la chose à la transcendance de tout ce qui est réel, il reste à savoir pourquoi la différence dans le mode de donation permet de conclure par une différence dans le mode d'être, différence que Husserl juge essentielle et cardinale (*die kardinalste Unterschiedenheit*). Pourquoi la transcendance et la donation de la chose par esquisses justifient-elles d'y voir un mode d'être distinct, c'est-à-dire en fait, un mode d'être moins éminent, de celui du vécu donné dans l'immanence ?

Si la raison se trouve dans le fait d'être ou non une partie réelle du vécu, il faudrait encore montrer que l'ego et son flux ont bien un mode d'existence spéciale dont ne jouissent pas les choses qui n'en font pas réellement partie; autrement dit, montrer l'essence particulière de cet ego et des vécus « indépendamment des questions d'immanence et de transcendance [2] ». Ce que ne fait pas Husserl. De là le problème rebondit du côté du mode d'être – contestable – retenu pour la chose, à savoir qu'elle ne serait rien d'autre et rien de plus qu'un corrélat intentionnel. Pourquoi le fait d'être donné par esquisses conduit-il au statut d'objet intentionnel ? « Pourquoi ne pourrait-il pas être, tout en retenant cette forme, quelque chose qui existe en soi-même et indépendamment de la perception accomplie individuellement ? [3] ».

La contestation d'Ingarden consiste alors à retourner l'argument même de Husserl, à savoir que, précisément parce que l'essence de la chose est d'être donnée par esquisses, ce trait la démarque *ipso facto* des entités intentionnelles : « S'il s'agissait d'une entité seulement intentionnelle et non pas « réellement » spatiale, alors il n'y aurait pas une telle nécessité, puisque, pour ainsi dire, tout dépendrait de l'expérience vécue elle-même et du mode selon lequel elle désigne l'entité intentionnelle qui lui appartient [4] ». Dans la mesure où les objets vraiment intentionnels ne peuvent pas être autre chose ni rien de plus que ce que les vécus les font être,

1. Voir 1975 (*On the motives...*) *op.cit.*, p. 44, et § 42 des *Ideen* I.
2. 1975, p. 46.
3. *Ibidem*, p. 46.
4. *Ibidem*, p. 46-47.

l'insistance sur le mode de donation des choses par esquisses suffit en retour à distinguer les choses des objets intentionnels, puisque l'esquisse perceptive peut toujours être autre que celle que l'on attend. Ce qui implique que la conséquence idéaliste, faisant de la chose un corrélat, n'est pas une nécessité issue de l'essence de la perception, son droit n'est donc pas établi.

L'objection d'Ingarden se comprend mieux encore lorsqu'elle est mise en relation avec la discussion sur le caractère unilatéral de la perception. Dès lors qu'aucun processus perceptif fini ne peut s'assurer indubitablement de la chose, la perception présente toujours le risque de démentir notre attente. C'est par là que l'on doit reconnaître l'irréductibilité de l'objet de la perception transcendante à une unité de sens. Car, rappelle Ingarden, les unités de sens, par leur statut d'objet constitué, n'existent et ne disposent d'un contenu qu'en vertu des actes qui le leur confèrent. Elles sont donc à leur manière indubitables et assurées en tant que produits des actes donateurs de sens. Tandis que si une perception peut toujours être démentie par une nouvelle, c'est qu'elle se rapporte à quelque chose d'indépendant et d'autonome. « Les unités de sens doivent être exactement telles que le sens qui leur est « donné » par les actes perceptifs ; ce n'est pas par rapport à eux que les perceptions sont unilatérales et inadéquates, mais seulement par rapport à quelque chose qui – s'il existe – est soi-même indépendant des actes perceptifs et va au-delà des *data* des perceptions partielles, quelque chose qui est ou n'est pas, mais qui ne dérive pas son existence de séries d'actes de perception donateurs de sens [1] ».

En conséquence, Ingarden ne voit pas de motif légitime à dire que les choses réelles ne sont rien d'autre que des unités de sens, puisque cela contrarie l'essence même de la perception en esquisses. Plus encore, il va jusqu'à considérer que non seulement le caractère unilatéral de la perception ne justifie pas la thèse selon laquelle le mode d'être des choses serait celui de corrélat intentionnel, mais encore que la thèse sur l'unilatéralité de la perception « n'a de sens et ne se justifie que si l'on oppose la réalité, indépendante dans son être des actes correspondants de conscience, à ces unités de sens qui tirent leur sens donné des actes de perception [2] ». Autrement dit, la reconnaissance de la différence dans le mode de donation, qui caractérise la perception transcendante et l'assigne à une monstration par esquisses, suppose et impose la distinction entre choses et unités de sens. Cela signifie aussi que, pour Ingarden, les unités de sens ne se donnent pas par esquisses, « bien qu'elles soient constituées sur leur base comme quelque chose qui transcende leur contenu et bien qu'elles ne soient

1. 1975, p. 49.
2. *Ibidem*, p. 49.

peut-être pas données de la même manière que les actes de conscience eux-mêmes[1] ». Mais, dans tous les cas, seule cette distinction entre unités de sens et choses réelles (transcendantes et extérieures) permet d'accorder un mode de donation spécifique à la perception des choses transcendantes, donc un mode de donation distinct de celui des vécus. Aussi peut-il conclure fermement : « Cette distinction est ce qui constitue une opposition à l'idéalisme transcendantal[2] ».

Toutefois, l'argumentation d'Ingarden retrouve ici les difficultés inhérentes à la situation des choses dans la réduction et manque d'une certaine manière son effet. Parce qu'il pratique une réduction d'ordre psychologique-phénoménologique, il continue de maintenir la réalité du monde et des choses à l'extérieur des parenthèses, même s'il prend la précaution à diverses reprises de dire que l'on ne sait pas si un tel objet existe. Par suite, il ne peut que réaffirmer la dissociation entre unités de sens (ou objet intentionnel présent dans l'immanence) et choses réelles visées à travers cette unité au moyen d'esquisses perceptives. La confrontation s'en trouve dès lors affectée et faussée dans son objectif même, car Husserl ne saurait reconnaître l'existence conjointe des « deux » objets – intentionnel et réel – dans le même temps et sous le même point de vue.

Il est assez remarquable que ce soit à partir de la même analyse, le constat de la donation de la chose par esquisses, que les deux penseurs aboutissent à des conclusions aussi divergentes. On pourrait, en effet, soutenir que la thèse fondamentale de la phénoménologie – le monde n'offre jamais qu'un être-pour-nous doué de validité intersubjective – ne découle pas de la découverte de la corrélation entre conscience et être mais bien plutôt qu'elle la fonde et la motive, n'étant fondée elle-même, en dernière instance, que sur la reconnaissance de l'essence perspectiviste de la perception. Parce qu'elle est toujours unilatérale et partielle, jeu d'esquisses voilant et dévoilant les choses, la perception se révèle être un processus infini où la concordance des apparitions présentes et passées court toujours le risque d'être démentie dans le futur. En conséquence, loin de nous donner la certitude de l'être même de son objet, comme le croit l'attitude naturelle, le processus perceptif ne nous convie qu'à une itération indéfinie et peut-être illusoirement confiante qui, au final, reconduit la chose au statut d'une Idée kantienne. La chose n'est rien de plus que l'idée d'une synthèse infinie d'apparences concordantes. A ce titre, elle n'est qu'un corrélat et, à ce titre donc, l'idéalisme transcendantal peut puiser ses raisons. A quoi il faudrait ajouter, contre les craintes d'Ingarden, que ce statut de corrélat intentionnel ne prive pas la chose de son objectivité ni de

1. 1975, p. 49.
2. *Ibidem*, p. 49.

son existence, si ce n'est que cette appréhension exige une conversion radicale d'attitude. Conversion et transformation de l'épochè que précisément Ingarden ne veut pas entendre.

Que donc l'unilatéralité soit inscrite dans la structure même de la perception, que l'objet total de la perception, le noème complet de la chose, ne soit jamais plus qu'un X ou une Idée kantienne, c'est ce qu'Ingarden ne peut envisager depuis l'immanence de la conscience[1]. De sorte que le point de divergence se focalise ici : si, pour Husserl, le processus perceptif perspectiviste fait conclure au statut de corrélat intentionnel de la chose elle-même ; en revanche, pour Ingarden, le jeu d'apparition des esquisses est signe de la présence d'un être en soi, au-delà de ces esquisses et au-delà de la conscience elle-même. Sa conception psychologique du noème le maintient en position intermédiaire entre la chose et la conscience. Car, les unités de sens, en tant que produits des actes, ne peuvent être que très déterminées, et même si c'est de manière complexe, elles sont nécessairement conformes aux actes qui les constituent, lesquels actes ont à leur tour la mission très volontaire de se conformer à la chose même.

Le refus de la réduction de la chose au statut de corrélat intentionnel reste donc ferme et entier et, par suite, le dernier lieu d'opposition d'Ingarden à Husserl se situe dans le refus de voir la chose comme un produit ou une création de la conscience pure. Mais avant cet affrontement, on peut présenter une dernière tentative d'Ingarden, destinée à maintenir l'existence autonome d'un être en soi se tenant au-delà ou derrière la sphère de la conscience.

L'objectivité en question

La volonté de dissocier sens intentionnel construit et chose trouvée existante en soi trouve son point culminant dans la conception de l'objectivité comme attribut de l'objet ou plutôt, faut-il dire, de la chose. C'est pourquoi Ingarden ne peut partager avec Husserl l'idée que l'objectivité ne serait qu'un sens objectif construit et posé par la conscience. Une telle définition ne s'applique à ses yeux qu'à l'endroit des seules objectités purement intentionnelles, en tant qu'elles sont créées de toutes pièces par des séries d'actes. Cela leur confère ce statut ambigu, flottant en quelque sorte entre subjectivité et objectivité. La subjectivité désigne alors simplement la conscience et son immanence, tandis que l'objectivité est renvoyée du côté de l'extériorité des choses existantes par elles-mêmes dans le monde, si l'on se souvient que la *Lettre de 1918* professait déjà un tel découpage. C'est dans cette même optique que l'article de 1969, « Qu'y

1. Voir par exemple *La lettre de 1918*, p.[8].

a-t-il de nouveau dans la *Krisis* de Husserl ? », s'attache à deux formules de la *Krisis*, exemplaires du virage transcendantal selon Ingarden, et dont l'association semble n'avoir d'autre mission que de destituer le sens même du concept d'objectivité. Les deux formules, tirées du paragraphe 55 de la *Krisis* sont les suivantes : « Quand on est parvenu dans l'ego apodictiquement donné, on prend conscience qu'on se tient dans une sphère d'évidence, derrière laquelle vouloir poser des questions en retour est un non-sens », « Il ne s'agit pas d'assurer l'objectivité mais de la comprendre[1] ».

Ingarden commence par dire que les formules ne sont pas claires et s'interroge sur ce à quoi s'applique exactement le reproche de non-sens. Car, si vouloir comprendre l'objectivité consiste à découvrir la corrélation entre la conscience et le monde et, par suite, à explorer les processus de constitution desquels les choses tirent leur être et leur être-ainsi, sans poser d'autres questions en retour, alors c'est toute la problématique de la dernière section des *Ideen* I, portant sur les questions de légitimation de la raison, qui tombe sous le coup du non-sens. Leur but, rappelle Ingarden, ne consistait pas seulement à étudier le cours de la constitution, mais encore à « montrer la légitimité de la constitution et de son opération[2] ». Cette présentation laisse supposer que, pour Ingarden, si l'on ne peut plus poser de question en retour, ouvrant hors de la sphère d'évidence, on ne peut plus garantir l'objectivité des processus constitutifs, c'est-à-dire leur adéquation aux choses mêmes. L'exigence de compréhensibilité et d'élucidation du monde que manifestent les textes husserliens reste extérieure à la thématique d'Ingarden, pour autant que son souci propre est celui de l'adéquation et de la vérification. Leur divergence n'est donc pas seulement de méthode ; elle est philosophique, en ce qu'elle engage toujours deux convictions de principe : Idéalisme contre Réalisme.

Ingarden conserve le cadre d'une philosophie de la rencontre ou du contact entre sujet et objet, de sorte que son intérêt pour la constitution est avant tout un intérêt pour l'ajustement de la connaissance au réel et pour tous les moyens permettant la maximalisation de cette rencontre. C'est pourquoi, s'attachant à la première formule de Husserl qui proscrit tout questionnement hors de la sphère d'évidence, il s'efforce d'en montrer l'ambiguïté et les limites, son objectif étant de revenir à l'affirmation de l'existence d'un être indépendant, situé justement hors de cette sphère de la conscience. Mais sa démarche devient ici malaisée, ne parvenant pas, semble-t-il, à saisir un point ferme de critique et de réfutation, il se heurte au cœur même de la thèse idéaliste à laquelle il ne peut qu'opposer un refus

1. *Krisis*, p. 214-215 [192].
2. *Qu'y a-t-il de nouveau dans la Krisis de Husserl ?*, p.[437].

de principe. Le caractère difficultueux de ces quelques pages est exemplaire tout à la fois de la ténacité d'Ingarden et de son malaise à formuler une réfutation interne de la doctrine husserlienne.

Tout d'abord, s'agissant de cette sphère d'évidence « derrière laquelle vouloir poser des questions en retour serait un non-sens », Ingarden demande ce qu'elle recouvre exactement et opte pour la sphère de la conscience pure découverte dans la perception immanente, dont parlaient déjà les *Ideen*. Il se réfère aussi pour cela au paragraphe 71 de la *Krisis* qui indique comment l'épochè universelle découvre toute la vie intentionnelle et ses objets, lesquels relèvent de la « pure immanence ». Cela permet à Ingarden une première série de remarques. Si la sphère d'évidence correspond bien à la sphère d'immanence, le texte même de la *Krisis* ne parle pas de perception immanente mais polémique sur la distinction classique entre perception interne et externe; bien plus, ce qui est en question ici ne relève pas de ladite perception interne, mais bien de la perception externe[1], puisqu'il s'agit de l'appréhension des choses du monde de la vie, saisies comme êtres objectifs dans l'attitude naturelle et révélées maintenant comme subjectives ou phénomènes subjectifs.

On voit ainsi quels glissements s'opèrent aux yeux d'Ingarden : en « devenant » subjectives, les choses deviennent aussi immanentes; elles appartiennent dès lors à la sphère de la conscience pure ou sphère d'évidence. Désormais les esquisses ne sont plus les seules réalités immanentes, mais même « les choses du monde de la vie doivent maintenant être données dans l'immanence[2] ». Or, rappelle-t-il, cela excède la leçon des *Ideen*, pour lesquelles, « ce qui reste après l'épochè ce ne sont pas des choses, mais seulement des « noèmes de choses », en tant que corrélats des actes de perception et, à vrai dire, des noèmes de choses qui sont des *corrélats de perception sensorielle externe*[3] ».

Cette dernière expression (perception externe), qui semble aller de soi pour Ingarden puisqu'il ne la commente pas, rappelle la difficulté inhérente au sens exact de l'immanence. Visiblement, pour Ingarden, immanence signifie d'abord immanence réelle des actes et des vécus, lesquels peuvent devenir objets de perception immanente, par réflexion. Mais même si, comme chez Husserl, les noèmes ne sont pas immanents en tant que partie réelle (*reell*) du vécu, comment Ingarden peut-il dire qu'ils sont objets de « perception externe » ? Car ils ne sont pas non plus externes au sens des choses mondaines autonomes. Il faut à nouveau supposer que leur statut intentionnel les place, aux yeux d'Ingarden, dans une zone intermédiaire

1. voir *Qu'y a-t-il de nouveau dans la Krisis de Husserl ?*, p.[441-442].
2. *Ibidem*, p.[442].
3. *Ibidem*, p.[443], souligné par nous.

entre l'immanence au sens réel (*reell*) et l'extériorité au sens réel (*real*), c'est-à-dire dans l'espace flottant de la représentation. Ce qui les rend susceptibles d'être visés, sur le mode de la perception externe, comme ce à travers quoi les choses mêmes nous sont données. On retrouve ici le sens du terme « phénomène » utilisé parfois par Ingarden pour désigner les sens noématiques. Du côté de Husserl, on comprend en retour que les expressions « perception transcendante » ou « perception du transcendant » soient à privilégier, car elles évitent toute confusion sur les catégories de l'intérieur et de l'extérieur. Ingarden appuie pourtant son questionnement sur cette dissociation. Il accorde que les noèmes sont immanents (au sens intentionnel) et rappelle que, depuis les *Ideen* I, on sait aussi qu'ils sont des unités de sens construites à partir de multiplicités d'esquisses. Ce faisant, lorsque nous les découvrons directement (sans réflexion) dans l'immanence, grâce à l'épochè, ils sont tout constitués ; ce sont, « des produits « finis » de constitution[1] ». Entendons aussi par là que leur présence, en tant qu'unité achevée directement visible, fait écran à leur processus de constitution. En conséquence, demande Ingarden, interroger en retour du côté des diverses esquisses qui sont à la base de leur constitution, n'est-ce pas aller « derrière » ce qui est donné dans l'immanence[2], n'est-ce pas entrer dans le non-sens dénoncé par Husserl ? S'attachant délibérément au sens littéral de cet « arrière » de la sphère d'évidence, Ingarden poursuit ses objections sur cette base.

Derrière la sphère d'évidence ?

Puisque ce sont les noèmes qui apparaissent directement au regard, et non pas les esquisses qui les constituent, interroger réflexivement en direction des esquisses reviendrait en un sens à interroger « derrière » la sphère d'évidence. Car, de même que les sens intentionnels sont invisibles et inapparents dans l'attitude naturelle, de même la réduction qui les révèle continue d'occulter le principe de leur source et de leur constitution. C'est pourquoi Ingarden rappelle aussitôt que ce mouvement, visant à explorer les strates de constitution, a été initié et accompli par Husserl lui-même pour en comprendre les processus et qu'il est loin d'être dénué de sens. Il en est de même pour la formation des esquisses à partir des *data* de sensations, fluants et mouvants au sein du flux temporel. « Cette saisie et cette interrogation en retour sur les esquisses et les actes dans lesquels elles sont

1. *Qu'y a-t-il de nouveau dans la Krisis de Husserl ?*, p.[444-445].

2. *Ibidem* : « Si après l'opération de l'épochè, nous les tenons en tant que pleinement constitués et que nous faisons toutefois retour (*Zurück-greifen*) sur les diverses esquisses (aspects), on pourrait alors se demander si nous ne faisons pas déjà par là-même un pas « derrière » ce qui est donné dans l'immanence, ce qui nous conduirait à non-sens », p.[443].

vécues ne paraissent pas du tout insensées (d'après Husserl lui-même dans les *Ideen* I), bien que cela nous conduise « derrière » la sphère de ce qui est donné dans l'immanence et dans l'évidence[1] ».

Comprendre comment une multiplicité d'esquisses vécues permet l'élaboration d'une unité de sens, c'est en un certain sens, pour Ingarden, aller du visible à l'invisible, de l'apparent au caché. Et, dans ce mouvement réflexif, Ingarden considère, en jouant visiblement sur les mots, que l'on quitte la « sphère d'évidence » pour interroger en quelque sorte « derrière elle », en direction d'une source voilée et dissimulée que seule la réflexion tire de son recèlement, pour la faire rétrospectivement accéder à l'évidence[2]. Dans cette démarche, insiste-t-il encore, « nous passons pourtant là très certainement de quelque chose qui est donné dans « l'évidence » à quelque chose qui est d'abord dissimulé, et nous saisissons la dépendance et la relativité de chaque niveaux supérieurs de constitution vis-à-vis de leur arrière-plan qui est d'abord caché, bien que ce qui est constitué tout au-dessus nous soit donné de manière évidente et tout à fait incontestable dans la première réflexion opérée après l'époché[3] ». Le passage de l'évident au non-évident, qui est aussi le rapport même de fondation, est assimilé au rapport de l'immédiat au médiat, du visible au masqué. Ce qui paraît bien éloigné du sens husserlien où l'évidence, qui caractérise l'immanence (réelle et intentionnelle) en tant que donation en propre, a valeur dans tous les niveaux d'appréhension, qu'ils soient immédiats ou médiats, directs ou indirects ; car l'analyse intentionnelle suppose nécessairement le dépliement des strates de constitution fondées les unes sur les autres et dont l'appréhension des dernières exige la médiation des premières. Malgré cette torsion de sens, Ingarden n'hésite pas à dire que Husserl, dans sa mise en garde contre toute tentative de sortir de la sphère d'évidence, « n'a pas fait attention aux différences remarquable dans « l'évidence » concernant l'exploration des différents niveaux de constitution, ni au fait que le passage de l'évidence d'un niveau de constitution à un niveau inférieur, ou plus originaire, n'est pas identique au passage de l'évidence à la non-évidence et à un possible non-sens[4] ». Jouant sur le rapprochement de l'évident et de l'immédiatement visible, l'objection n'a que peu de poids.

1. *Qu'y a-t-il de nouveau dans la Krisis de Husserl ?*, p.[444]

2. *Ibidem :* « les esquisses (aspects) individuelles sont elles-mêmes déjà des formations de constitution « finies » qui dissimulent une multiplicité « de données sensorielles » originaires s'écoulant « derrière » elles, et que nous pouvons à nouveau tirer hors de leur « clandestinité » par la voie réflexive pour éprouver et comprendre en retour comment il se fait qu'une esquisse (aspect) unitaire et finalement stable d'une chose se forme dans le vivre passif d'une masse fluante et déployée temporellement de données sensorielles », p.[444].

3. *Ibidem*, p.[445].

4. *Qu'y a-t-il de nouveau dans la Krisis de Husserl ?*, p.[445].

Car il est certain que, pour Husserl, ce n'est pas l'exploration des strates de vécus constitutifs qui peut être taxée de non-sens et encore moins envisagée comme relevant d'un « derrière » de la sphère d'évidence. Dire qu'il y a un non-sens à poser des questions en retour derrière la sphère d'évidence est plutôt un rappel de la contradiction propre au psychologisme ou à l'ontologisme transcendantal, déjà vigoureusement décriée par les *Méditations Cartésiennes*. A savoir qu'on ne peut pas poser de questions transcendantales tout en restant sur le terrain de l'attitude naturelle[1], autrement dit que la pratique même de la réduction transcendantale doit nous faire découvrir la sphère de la conscience comme un tout clos et fermé sur soi, en sorte que toute recherche à l'extérieur de la conscience est dépourvue de sens dans cette attitude[2].

Le malentendu entre Husserl et Ingarden réside manifestement dans le changement d'attitude appelé par la réduction. Et avec lui, c'est le renoncement à la séparation réaliste et dualiste d'un dedans et d'un dehors de la conscience qu'exige Husserl, pour se hausser à l'idée que, du point de vue transcendantal, la conscience pure est la seule source de tout être et du monde dans son ensemble. Comprendre que « tout être concevable, qu'on le dise immanent ou transcendant, relève du domaine de la subjectivité transcendantale en tant qu'elle est ce qui constitue le sens et l'être », permet de comprendre à sa suite que « C'est *un non-sens* que de vouloir saisir l'univers de l'être vrai comme *quelque chose qui se trouve en dehors* de l'univers de la conscience possible, de la connaissance possible, de l'évidence possible[3] ».

De ce point de vue strictement transcendantal, l'objection d'Ingarden perd toute prise, mais elle témoigne aussi de la difficulté foncière qu'il y a à entrer dans la perspective « contre-nature » visée par Husserl. Les deux positions s'avèrent à cet égard sourdes l'une à l'autre. Ne pas garantir l'objectivité mais la comprendre, ou ne pas sortir de la sphère d'évidence, c'est s'inscrire résolument dans une perspective idéaliste et immanentiste pour laquelle rien n'existe sans la conscience ; tout ce qui est posé, est le fait de la conscience. En revanche, la thématique de la garantie recouvre la difficulté dualiste de l'adéquation entre le sujet et l'objet – objet trouvé, donné, étranger véritablement à la sphère de la conscience. Pris dans cette conviction réaliste, Ingarden ne parvient pas, sauf à jouer sur les mots, à réfuter ces formules. Pour autant, si cet attachement au sens littéral d'un

1. Voir *Méditations Cartésiennes*, § 41, p. 135 [119].

2. Voir *Ideen* I, § 49 : « la conscience considérée dans sa « pureté » doit être tenue pour un *système d'être fermé sur soi*, pour un système d'*être absolu* dans lequel rien ne peut pénétrer et duquel rien ne peut échapper », p. 163 [93].

3. *Méditations Cartésiennes*, § 41, p. 132 [117], souligné par nous.

« derrière » ou d'un « en dehors » de la conscience n'est pas seulement une arme rhétorique désespérée, il faut se demander ce qu'il vise exactement, c'est-à-dire en quel sens cela peut laisser penser à Ingarden qu'il se donne les moyens d'une objection véritable.

En premier lieu, il est possible que cet arrière de la conscience (ou, dans la conception ingardénienne, ce dos du système intentionnel de la conscience pure) prenne un sens ontologique et non pas seulement métaphorique, et renvoie à ce qu'Ingarden appelle la « personne » : un système réel cette fois et non plus intentionnel, relevant d'une autre dimension ontologique et en connexion étroite avec l'ordre corporel. C'est dans cette dimension de la personne qu'Ingarden inscrit les *data* de sensation et leur source. En ce cas, chercher derrière les esquisses la source de leur constitution dans le flux des *data*, ce serait véritablement regarder dans le dos de la conscience, derrière elle ou au-delà d'elle, en direction de la personne psychophysique. On peut alors supposer – et seulement supposer car l'article lui-même n'en parle pas – qu'il veut découvrir cet arrière-plan *réal* de la conscience pure et le faire admettre, afin de revenir à l'idée d'un être objectif autonome, extradé de la conscience. Il relance donc la discussion sur la question de la transcendance et de l'objectivité en proposant une autre interprétation de la formule, à savoir que Husserl aurait eu à cœur d'exclure de l'examen des faits dans la sphère d'évidence toute interrogation en retour vers quelque chose de transcendant vis-à-vis de la conscience pure, c'est-à-dire vers des transcendances mondaines.

Il exprime tout de suite son accord à Husserl dans son refus d'admettre la transcendance au sens de la chose kantienne. Ainsi, écrit-il, si transcendance signifie quelque chose qui « ne forme pas une partie réelle ou un moment de la conscience pure mais qui, parallèlement, est un tout qui se trouve tout à fait à l'extérieur de la conscience[1] », Husserl dirait alors à juste titre qu'une telle transcendance n'existe pas et ne peut pas exister. A juste titre pour autant seulement qu'une telle réalité serait absolument inconnaissable comme la chose en soi de Kant. C'est pourquoi Ingarden se garde de souscrire à la totalité de la définition, car sa propre conception de l'être en soi, autonome et séparé de la conscience, participe encore de cette définition de la transcendance, tout en conservant néanmoins la possibilité d'une connaissance, ne serait-ce qu'indéfiniment approchée. Cette exclusion du sens de transcendance comme réalité en soi inconnaissable étant faite, il poursuit sur les autres sens susceptibles d'être assignés à l'idée de transcendance.

Si on prend transcendance dans le sens utilisé plus haut, c'est-à-dire dans le sens du passage de l'objet visible à son principe de constitution

1. *Qu'y a-t-il de nouveau dans la Krisis de Husserl ?*, p.[446].

caché, alors le transcendant est à chercher « derrière » les objets intentionnels visés, ou encore « derrière » les actes de conscience, par suite le Je de ces actes[1] ». Chercher derrière les objets intentionnels revient alors à chercher leur principe de constitution à partir des esquisses. L'objet intentionnel est transcendant vis-à-vis des esquisses : en tant qu'unité de sens constituée, il est autre qu'elles, il les englobe et les dépasse et on peut ajouter aussi qu'il les transcende en ce qu'il les masque. C'est la relation de fondation, du fondant au fondé, qui institue une relation de transcendance et, en l'occurrence ici, il s'agit de la transcendance de l'intentionnalité se déployant et par rapport aux esquisses et par rapport aux actes eux-mêmes en tant qu'ils relèvent de l'immanence réelle. Ce que confirme Ingarden quelques lignes plus bas : « À mon avis, tout objet intentionnel est déjà « transcendant », au sens indiqué, vis-à-vis des actes de conscience qui le déterminent (le façonnent). Il est même transcendant vis-à-vis des multiplicités d'esquisses (aspects) dans lesquelles il apparaît à un ego, au point qu'il ne peut pas être saisi dans « l'immanence » ni dans l'évidence immanente[2] ». Si l'objet intentionnel n'appartient pas à l'immanence réelle mais la transcende, il fait néanmoins encore partie du système intentionnel de la conscience, que l'on peut interroger sans sortir de sa sphère. C'est pourquoi ces deux sens de transcendance (rapport de fondation et transcendance intentionnelle) ne suffisent pas à satisfaire le goût réaliste d'Ingarden. Il envisage donc un nouveau sens, manifestement celui qu'il s'efforce de justifier et de faire reconnaître depuis le début : « Mais si un objet doit être « transcendant » non seulement vis-à-vis des actes de conscience, mais aussi vis-à-vis du sens du noème d'objet, il doit alors – si jamais il doit exister – contenir en soi-même toutes ses déterminations formelles et matérielles et doit donc avoir, *par le fait de son soi propre*, un fond de déterminations qui ne lui sont pas seulement assignées mais qu'il a effectivement construites ; toutes ses déterminations prises ensemble constituent alors le « en-soi même » de cet objet[3] ».

Tel est le point où ce passage voulait parvenir, pour autant que cette définition constitue la véritable transcendance et la véritable objectivité : non plus une transcendance intentionnelle, ni une transcendance de fondation, mais bien l'extériorité réelle d'un être autonome existant par soi et pour soi, sans rien devoir à un quelconque sujet, pouvant même n'avoir aucune relation à un quelconque sujet. Toutefois, comme il ressort de la citation, le maintien du conditionnel – « si jamais un tel objet existait » – confirme que le propos d'Ingarden est d'ordre ontologique et n'envisage

1. *Ibidem*, p.[446].
2. *Ibidem*, p.[446].
3. *Ibidem*, p.[446-447].

que le plan du possible sans rien affirmer. Or, toute la difficulté pour lui consiste à faire admettre non seulement la possibilité mais encore l'effectivité d'un tel objet existant en soi. Mais comment en faire l'expérience sans passer par la médiation de la conscience ? Comment s'assurer que ces déterminations sont bien le fait de son être propre et ne sont pas constituées et attribuées par le jeu intentionnel de la conscience ?

Cela renvoie à nouveau au cœur de la polémique avec Husserl, et Ingarden ne trouve d'autre issue que cette affirmation d'une possibilité ontologique. Possibilité qui n'a de sens qu'aussi longtemps que l'on reste sur le plan de l'attitude naturelle qu'autorise la perspective ontologique, et pour autant que l'on fasse le choix d'Ingarden de la placer en première position des recherches. Si au contraire, comme le veut Husserl, c'est la démarche constitutive qui doit initier l'analyse, alors cette possibilité n'a plus cours, ramenée qu'elle est à l'ensemble des processus qui constituent l'objectivité depuis le fond de la subjectivité transcendantale. Les deux voies n'étant pas possibles ensemble, leur confrontation ne parvient qu'à un face à face où chacun reste pris dans sa position et fermé à celle de l'autre. La suite du passage est révélatrice de cette impasse.

L'impossible dialogue

Ayant évoqué cette possibilité d'un être en soi, Ingarden fait immédiatement la remarque suivante : « Sur la base de son analyse, Husserl ne nous dit pas en quel sens il parle de « l'objectivité » ou de « l'objectif »[1] ». La notion d'objectivité redevient le pôle de cette discussion, en ce que la véritable transcendance est aussi pour Ingarden le gage de la véritable objectivité, c'est-à-dire de l'être séparé d'un objet face à un sujet. Il rappelle alors la position antithétique de Husserl, à savoir que « Chercher ou affirmer l'existence de telles objectivités dans le monde ou « derrière » les choses du monde de la vie qui sont données à l'ego », c'est une erreur « fondamentale de la science moderne et de la philosophie « non-idéaliste »[2] ». La raison en est ferme et sans alternative : « Si nous devons admettre un objet qui existe « en soi-même », alors ce ne peut être que sur la base d'une connaissance qui s'accomplit dans des actes de conscience[3] ». Cela signifie immédiatement que cet objet n'a d'être et d'être-ainsi qu'en tant que corrélat de la subjectivité qui l'institue : « Il est alors un *cogitatum* et appartient à la sphère d'immanence. Qu'il ne soit rien d'autre qu'un corrélat intentionnel de la subjectivité, cela se montre après l'opération de

1. *Qu'y a-t-il de nouveau dans la Krisis de Husserl ?*, p.[447].
2. *Ibidem*, p.[447].
3. *Ibidem*, p.[447].

l'épochè universelle dans l'évidence immanente de l'analyse transcendantale. La réduction transcendantale le révèle comme le pôle-objet des subjectivités correspondantes d'un pôle-ego[1] ».

La seule objection d'Ingarden à tout cela est une suite d'affirmations contraires, reposant sur la conviction fondamentale selon laquelle découvrir le mode d'être d'un objet dans des actes de connaissance n'implique pas que les actes eux-mêmes lui confèrent existence et mode d'être. « Mais cela ne signifie pas qu'il ne peut *exister* au sens authentique dans ce mode d'être *que si nous lui assignons* cette existence dans ce mode d'être, qu'il *acquiert* son existence de cette assignation, qu'il lui *doive* son existence. (…) or, cela ne vaut que pour les objets purement intentionnels qui sont créés, en poésie par exemple[2] ». Encore une fois, le principe de la constitution n'est admis que pour les objets purement intentionnels (artistiques, techniques, culturels) puisque l'analyse ontologique les a révélés comme des être hétéronomes et dépendants des actes, ainsi que pour les unités de sens en tant que médiations ou phénomènes servant à l'appréhension des choses mêmes. Mais ces dernières, les choses mêmes, en tant qu'êtres autonomes véritablement objectifs et véritablement transcendants, ne sauraient participer du même traitement. Elles sont découvertes et données comme étant en soi, elles sont objets d'une donation étrangère radicale, dont on peut faire l'épreuve même depuis la sphère d'immanence dans l'analyse des actes de connaissance qui, loin d'être créateurs, tendent à se conformer à cette altérité qu'ils découvrent et visent.

Il n'est pas nécessaire de revenir sur le partage entre actes créateurs et actes de connaissance. En revanche, on peut relever que c'est par leur biais qu'Ingarden rétablit le principe husserlien selon lequel il n'y a pas à sortir de la sphère d'évidence. Car, selon lui, examiner depuis l'immanence de la conscience, les différents mouvements des actes, leurs différentes natures – créatrice, arbitraire, fantaisiste ou, au contraire, docile et subordonnée aux objets à connaître – voilà ce qui permet au sein même de l'immanence de faire la part entre mode d'être intentionnel et mode d'être réel, entre objet factice créé et objet existant en soi. « Dans cette procédure, nous n'avons donc pas à aller au-delà de la sphère d'immanence ou d'évidence, ni à présupposer d'abord naïvement quelque chose derrière elle pour avoir le droit d'affirmer que, dans le connaître, nous n'avons pas affaire à de simples phénomènes, mais que nous saisissons un « en soi ». Par suite, nous n'avons pas à recourir à des connexions causales, au sens de l'empirisme naïf, entre le sujet connaissant et l'objet à connaître[3] ».

1. *Ibidem*, p.[447].
2. *Ibidem*, p.[447].
3. *Ibidem*, p.[450].

L'affirmation est forte et conforme au souci d'Ingarden. Elle est conforme aussi à l'ambiguïté de sa position, en tant qu'elle offre une double portée.

D'une part – et c'est l'enjeu réaliste – nous pouvons connaître des choses en soi, nous pouvons connaître les choses mêmes et non pas seulement des phénomènes subjectifs. Le sujet peut atteindre une véritable objectivité et, partant, des connaissances vraies, l'adéquation étant le but idéal ultime de toute démarche scientifique. Mais, pour autant, Ingarden ne va pas jusqu'à dire que cette appréhension certaine de l'objectivité, cette saisie assurée de choses douées d'un être propre, existant en soi et non pas seulement pour nous, est une connaissance absolue de l'être et de l'essence[1], qu'il s'agisse de l'essence de l'ego ou de l'essence des réalités, selon la double direction que peut prendre la recherche.

D'autre part – et c'est l'enjeu philosophique – Ingarden semble vouloir marquer son appartenance au mouvement phénoménologique et en conserver la démarche opérant au sein de la sphère d'immanence, même si la réduction pratiquée demeure au plan d'une réflexion psychologico-phénoménologique. Faire abstraction de l'existence factuelle des réalités à considérer a pour lui la valeur d'une garantie contre toute pétition de principe dans la théorie de la connaissance. Ce qui lui permet à nouveau de marquer ses distances avec tout empirisme ou physicalisme enclin à établir des connexions causales réelles entre les divers ordres de réalités. Mais dans ce double souci sa position devient délicate et instable. Vouloir maintenir l'existence en soi des choses et parallèlement n'en parler que du point de vue ontologique des possibles, sans considération de l'existence factuelle, en restant sur le plan d'immanence ou sur le plan de l'examen des « idées » des objets, paraît difficilement conciliable. En définitive, la priorité accordée à l'ontologie sur la phénoménologie de la constitution empêche Ingarden d'accéder à la perspective transcendantale ouverte par Husserl, mais encore l'handicape dans son propre projet de dévoilement du monde réel ; car on peut supposer que même la démarche d'une ontologie matérielle, qu'Ingarden n'a pas eu le temps de réaliser, n'aurait pu faire mieux que d'en rester à son tour au plan des pures possibilités. Le souci d'affirmation de l'existence autonome du monde réel ne trouve en ce sens pas d'autre issue que la voie du refus massif de la constitution des choses et des idéalités ; ce qui revient à exprimer son refus de l'idéalisme transcendantal.

1. Voir *ibidem*, p.[450], où Ingarden souligne le non-sens qu'il y a à présupposer « derrière » l'ego une substance qui le transcende et le fonde, mais qui serait inconnaissable, « ayant par exemple la forme d'une monade autonome ». De même, il y aurait non-sens à affirmer qu'elle est capable d'atteindre une connaissance absolue de l'être et de l'essence de toutes choses. Face à de telles hypostases métaphysiques, « Husserl aurait raison de dire que nous interrogeons en retour de manière insensée derrière la sphère d'évidence ».

Contre la constitution des choses réelles

L'opposition entre phénomène (ou sens noématiques) et choses existant par soi, c'est-à-dire l'opposition entre être intentionnel constitué et être autonome, constitue pour Ingarden le nerf de son refus des thèses husserliennes sur la constitution. Parce que les processus constitutifs sont le fait des seuls objets intentionnels, envisager une constitution analogue à propos des réalités mondaines et des idéalités est inacceptable, au sens où cette activité prendrait des allure de production, pour ne pas dire de création extravagante. Qu'il lui soit déjà impossible de réduire la chose même au statut d'un corrélat intentionnel suffit pour assurer qu'il ne saurait souscrire à une nouvelle réduction la ramenant au niveau d'un « produit » de la conscience. C'est en ce sens qu'en 1956, lors de la conférence de Krefeld, Ingarden pointe le double principe de l'idéalisme transcendantal comme relevant d'une double décision. La première décision consiste à traiter « le monde réel (...) comme une unité intentionnelle appartenant à titre de corrélat à des multiplicités, déterminées quant à l'espèce, de vécus du Moi pur (ou, comme il dira plus tard, à une multiplicité de Moi purs) ». Ce qui revient à dire : « chose = noème de chose, pur phénomène[1] ». La deuxième décision consiste à poser la conscience : « a) soit comme déterminant ou conférant le sens, b) soit comme formant, comme appelant à l'être de manière productrice, bref comme créatrice[2] ».

Il est remarquable que dans cette double définition de la conscience, Ingarden retrouve les termes mêmes de Fink notant que le sens de la constitution transcendantale « oscille entre formation de sens et création[3] ». De fait, cette ambiguïté est déterminante pour l'issue de la polémique Idéalisme-Réalisme, car limiter les pouvoirs de la conscience à une donation de sens peut tout à fait se concilier avec l'affirmation d'une réception réaliste des choses et la donation de sens pourvoyant à la formation des sens noématiques permet une transition relativement acceptable du sujet à la chose. Tout se complique, en revanche, si on crédite la conscience d'un pouvoir producteur ou créateur, dont le sens exact reste à déterminer, mais dont il laisse présager l'hypothèse d'une constitution beaucoup plus radicale, touchant les choses elles-mêmes et hypothéquant du même coup toute possibilité d'option réaliste, au sens habituel du terme. L'enjeu de cette alternative, portant sur les pouvoirs de la

1. « L'idéalisme transcendantal de Husserl », dans *Husserl et la pensée moderne*, *op.cit.*, p. 209-210.

2. *Ibidem*, p. 210.

3. E. Fink, « L'analyse intentionnelle et le problème de la pensée spéculative », dans *Proximité et Distance*, *op.cit.*, p. 124, voir aussi le grand article de 1933, *La philosophie phénoménologique d'Edmund Husserl face à la critique contemporaine*, *op.cit.*, p. 163.

conscience, repose en fait la question du statut de l'intentionnalité, laquelle apparaît de plus en plus nettement constituer le cœur névralgique de la controverse Idéalisme-Réalisme.

La critique ingardénienne de la théorie de la constitution appliquée aux choses prend appui sur l'analyse des ultimes *data* situés à la base de toute constitution intentionnelle. Puisque tout le problème de la théorie de la constitution porte sur la façon dont s'opèrent les transitions depuis le niveau passif primaire des *data* sensoriels jusqu'à la saisie de la chose perçue, il faut revenir à l'analyse des *data* pour tenter de lever l'équivoque entre constitution des sens noématiques et appréhension des choses mêmes. Ingarden s'applique à cette tâche dans la partie critique du grand article de 1962, *On the motives which led Husserl to transcendantal idealism*[1]. Il commence par rappeler que, suivant Husserl, les perceptions d'une seule et même chose, reliées entre elles par des liens de motivation, conduisent à la constitution d'un sens d'objet, lequel est bien à ce titre le produit spécifique d'un processus cognitif complet. Mais cet accord n'est donné que pour mieux réaffirmer qu'il ne s'ensuit pas que l'objet lui-même, c'est-à-dire la chose elle-même visée au travers de ce sens, « soit aussi son produit synthétique et, qui plus est, un produit (...) exclusivement créé par le sujet connaissant (percevant)[2] ». Ingarden précise alors que par cette idée d'exclusivité il faudrait comprendre qu'il ne se trouve rien dans cette création qui n'ait sa source dans le sujet percevant. Autrement dit, que tous les aspects de l'objet (et donc du sens d'objet) seraient décidés et déterminés par le sujet, et ce jusqu'aux *data* sensoriels soumis à des synthèses et à des « interprétations » subjectives. En ce cas, dit Ingarden, « La décision du sujet d'accomplir cette activité serait totalement arbitraire, autant que sa réalisation. Et elle ne serait co-appelée par aucune chose différente d'elle-même[3] ». La conséquence en serait l'identité du sens d'objet et de la chose posée comme existante; autrement dit, l'impossibilité de distinguer entre objet purement intentionnel et chose autonome. Parce que cette perspective n'est en rien acceptable, Ingarden revient sur l'analyse même des données sensorielles, afin de montrer que la constitution n'est ni arbitraire ni subjective, et que même la formation d'un sens noématique échappe à l'emprise totale du sujet. Pour cela, Ingarden en appelle à l'épreuve même des *data* en chaque sujet, épreuve éminemment psychologique mais qui constitue son principal argument.

1. *Op.cit.*, ce texte sera à nouveau désigné par '1975', sa date de publication.
2. 1975, p. 58.
3. 1975, p. 58.

Il invoque l'expérience de l'étrangeté, de l'altérité des sensations, voire de leur envahissement, pour rappeler ce fait primordial et incontournable que, quels que soient les efforts du sujet vis-à-vis de ces *data* (et il évoque les diverses conduites d'évitement ou de maîtrise appliquées à ces intrusions), il est inévitablement conduit à la conclusion que « les données sensorielles ne sont pas le produit de ses propres actes de conscience mais quelque chose qui a sa source d'existence en-dehors du sujet connaissant[1] ». Le caractère indestructible de l'altérité, étrangère au sujet et indépendante de ses actes, justifie pour Ingarden le fait que, dans la construction du sens noématique d'une chose, le sens s'offre toujours comme pointant, visant ou désignant « l'autonomie existentielle de cette chose[2] », c'est-à-dire le fait qu'elle existe en soi. Et il en est de même pour les *data* qui renvoient au-delà d'eux-mêmes vers quelque chose d'étranger, d'extérieur et de « déjà là ». Toutefois, ce seul rappel à l'expérience immédiate de la résistance des sensations ne suffit pas à montrer que la constitution des sens d'objets n'est pas l'œuvre exclusive et éventuellement arbitraire du sujet. C'est pourquoi Ingarden demande aussi à son lecteur d'accéder (vraisemblablement par une réflexion psychologico-phénoménologique sur les actes) à « la différence remarquable qui existe entre le comportement purement réceptif, adaptatif du sujet et le comportement créatif et productif[3] ». On peut dire que dans les deux cas un sens d'objet se constitue. Mais, dans la première attitude, l'objet de ce sens est purement intentionnel et ne possède pas d'existence autonome. Tandis que dans le second cas, lorsque le sujet adopte une attitude passive et réceptive, lorsqu'il se plie à ces *data*, visant seulement à les connaître, le sens d'objet qui émane de cette réceptivité présente une toute autre tournure. « Il n'est pas « exclusivement » la production de son propre comportement libre et conscient, mais il est produit sous l'impact d'une réalité qui s'impose d'elle-même à lui et [est] indépendante de lui[4] ». Autrement dit, la chose elle-même participe à la constitution de son sens d'objet, en imposant, au travers des *data* et des esquisses que l'on doit supposer émaner d'elle, ses propres caractéristiques qualitatives et existentielles. Caractéristiques que le sens d'objet, légitime et bien formé, doit fidèlement exprimer. En vertu de ce principe, appuyé sur l'autorité de l'expérience, Ingarden considère qu'il est non seulement possible mais nécessaire de distinguer entre sens d'objet et chose réelle correspondante;

1. *Ibidem*, p. 59.
2. *Ibidem*, p. 60.
3. 1975 : « a remarkable difference between the purely receptive, adaptive behavior of the subject and the creative and productive behavior », p. 61.
4. *Ibidem*, p. 62.

partant « il est impossible de dire que la production de ce sens d'objet synthétique conduit à la création de l'objet dans ce sens apparaissant, et que cet objet est dans son être existentiellement dérivé et existentiellement dépendant du comportement de conscience du sujet percevant[1] ».

Ingarden oppose ainsi à la théorie de la constitution un double refus, fondé sur la conviction que les choses existent en soi et indépendamment de tout rapport à un sujet. Non seulement les choses ne sont pas réductibles à des sens d'objets, mais encore la constitution de ces sens ne va pas sans la participation des choses elles-mêmes. Mieux, ces dernières, bien qu'existant de manière autonome et pouvant ne pas être perçues, se prêtent néanmoins à leur appréhension et la régulent en imposant leurs déterminations propres en la matière des *data*.

Il est ainsi notable que cette participation des choses « déjà là » aux processus de constitution des sens noématiques n'est pas un simple support au faire intentionnel, mais bien une remise en cause du pouvoir de l'intentionnalité. Comment, en effet, envisager une véritable donation de sens si les choses mêmes, existant en soi, collaborent aux processus constitutifs en régulant et, vraisemblablement, en déterminant les divers aspects ou qualités des sens noématiques ? Ceux-ci ne sont plus désormais à comprendre que comme le reflet plus ou moins fidèle de ces choses ; partant, le processus de constitution prend la forme d'un dévoilement ou d'une découverte de sens déjà là et non plus celle de l'octroi d'un sens. Cela oblige à admettre que les choses elles-mêmes possèdent un sens ou que l'on identifie l'ensemble des déterminations d'une chose à un sens. La question de l'intentionnalité et de son statut chez Ingarden reste donc à clarifier.

Le refus de la constitution des idéalités

Parce qu'il tient fermement à l'existence en soi de réalités autonomes et indépendantes du sujet, Ingarden est en conséquence conduit à refuser également toute constitution des idéalités ou des essences, lesquelles désignent pour lui l'autre versant, plus idéal et plus parfait, de l'autonomie d'être. Ce refus est catégorique et ne donne pas lieu à une discussion effective ou à une réfutation des thèses husserliennes. Il est seulement affirmé que les véritables objets idéaux existent et disposent d'une réalité autonome absolue[2]. Les raisons avancées en faveur d'une existence idéale et extra-temporelle, dont la présence dans les *Recherches logiques* avait séduit

1. *Ibidem*, p. 62.
2. Voir par exemple la préface de *L'Œuvre d'art littéraire*, *op.cit.*, p. 9.

et rallié Ingarden à la phénoménologie de Husserl, sont peu nombreuses. On peut néanmoins en distinguer trois.

En premier lieu, Ingarden paraît légitimer l'affirmation de cette conviction en tant qu'elle se fonde sur « l'intuition ». Dans ses *Remarques aux Méditations Cartésiennes* de Husserl, il déclare en effet : « Je ne saurais dire que les objets idéaux *véritables* – les idées, les concepts idéaux et les entités – sont « des produits », des « formations intentionnelles » créés au terme d'opérations subjectives. Et, ce, (...) parce que, selon moi, *mon intuition* ne me montre pas ces objectités comme étant susceptibles d'être créées ou de connaître une genèse[1] ». Il va sans dire que l'autorité de cette source ne permet aucun commentaire, même si l'on peut s'interroger sur la nature de l'« intuition » dont Ingarden se réclame.

Une deuxième raison est avancée à la fin de *L'Œuvre d'art littéraire* où, après avoir exposé la structure des objectités littéraires en tant qu'objets pro-jetés par les phrases qui sont en fait les premiers objets intentionnels, Ingarden explique que ces êtres hétéronomes ont un double fondement ontologique, situé dans deux types d'être autonome : les actes de conscience et les concepts idéaux. Sans les actes qui la forment, et surtout, sans ces concepts idéaux qu'elle concrétise, aucune phrase ne pourrait exister, ne pourrait signifier ni encore être partagée dans l'intersubjectivité par d'autres locuteurs. Ingarden fait alors la remarque suivante : « Accepter des concepts idéaux, des essentialités et des idées peut être en contradiction avec le soi-disant « idéalisme transcendantal »; mais l'idéalisme transcendantal est lui-même intenable aussi longtemps qu'il est contredit par quelque chose dont l'acceptation rend possible l'une des découvertes essentielles (...) : l'objet purement intentionnel. Car sans les essentialités et les idées, les « objets » purement intentionnels sont aussi impossibles que les « objets » *réels* au *vrai* sens [du mot][2] ». Ingarden considère qu'il y a là une contradiction sapant tout l'édifice transcendantal. Car, l'existence et la constitution des objets intentionnels supposent nécessairement pour lui l'existence corrélative des objets idéaux ; poser les uns sans reconnaître les autres serait contradictoire. *A fortiori*, si on ramène à leur tour les essences au niveau d'objets intentionnels produits.

Pourtant, Husserl peut, quant à lui, considérer qu'il échappe à cette contradiction dans la mesure où, une nouvelle fois, il invoque le changement d'attitude induit par la réduction. Si, en effet, d'un point de vue mondain et d'un point de vue psychologique-phénoménologique réduit, les objets intentionnels restent en tension vis-à-vis des essences des ontologies formelle

1. *Remarques aux Méditations Cartésiennes*, traduit et édité en fin de volume des *Méditations Cartésiennes*, trad. fr. par De launay, *op.cit.*, p. 231, souligné par nous.

2. *L'Œuvre d'art littéraire*, p. 307.

et matérielle, dans l'attitude transcendantale, en revanche, même les ontologies (les disciplines éidétiques) sont soumises à la réduction[1]. En conséquence, tous les objets, qu'ils soient essences, êtres réels, fictifs ou intentionnels au sens d'Ingarden, parce qu'il sont réduits, sont à comprendre à partir de leur source de constitution, et leur statut se voit égalisé, ramené à celui de « produits » communs, bien que distincts, de la conscience pure transcendantale. Du point de vue husserlien, il n'y a donc pas de contradiction mais une exigence de la réduction transcendantale ; reste cependant à accepter cette démarche, ce que refuse Ingarden.

Le troisième motif de refus relève de la théorie de la connaissance. Ingarden l'évoque dans cette même remarque aux *Méditations Cartésiennes* que nous avons citée plus haut. Penser les objets idéaux comme produits reviendrait selon lui à rendre caduque et absurde l'idée même d'une science éidétique. Sa démarche est ici complexe et il semble combiner deux arguments. Tout d'abord, Ingarden affirme l'idée que si les essences sont constituées, elles n'ont plus à être connues, leur production présupposant en quelque sorte leur connaissance, puisqu'en effet le bon sens veut que l'on connaisse ce que l'on produit. Par ce biais, on pourrait comprendre que la possibilité d'une science éidétique devienne absurde, en ce sens qu'elle ne serait plus une science offrant une perspective de connaissance, puisqu'alors « il serait impossible de *connaître* quoi que ce soit dans une perspective éidétique[2] ». Parallèlement, Ingarden note que si les essences étaient constituées une science éidétique de ce type, qui ne serait donc plus une science, « se transformerait en une « création d'une genre particulier » ». Autrement dit, la science éidétique serait la création des essences et non pas leur connaissance : elle « créerait quelque chose qui n'aurait nullement à être connu[3] ». Le raisonnement reste malaisé. Toutefois, à d'autres reprises déjà, Ingarden a dissocié création et connaissance[4], les tenant manifestement pour antithétiques. Aussi peut-on avancer l'interprétation suivante : si le processus d'analyse constitutive, (la considération constitutive) doit être, comme il l'est à ses yeux, un

1. Voir *Ideen* I, § 59-60 et p. 197 [114] : « c'est pourquoi nous opérons *expressément un élargissement de la réduction primitive* à tous les domaines éidétiques d'ordre transcendant et aux *ontologies* qui s'y rattachent ».

2. *Remarques aux Méditations Cartésiennes, op.cit.*, p. 231.

3. *Ibidem.*

4. Ainsi, par exemple, dans la note précédente aux *Méditations Cartésiennes*, Ingarden distingue entre genèse et donation de sens et indique : « la « genèse » en revanche serait la production de l'objectité même et n'aurait rien à voir avec la connaissance d'un objet ni avec ses modes d'être donné », *op.cit.*, p. 230. De même, en 1932, dans une recension de *Logique formelle et logique transcendantale*, il déclarait : « il n'appartient pas du tout à l'essence du connaître de créer ce qui est connaître », Gesammelte Werke, t. 5, p. 127.

processus de connaissance (orienté essentiellement sur la question de la légitimité des formations), cette opération ne saurait produire ce qui est à connaître, mais apporter seulement la connaissance d'un objet dont l'existence ne dépend pas des actes de connaissance. Si, par contre, l'analyse de constitution se révèle productrice (en quelque sens que se soit) de ces mêmes essences, elle sort de l'optique de connaissance pour se faire création ou genèse. Ingarden place donc la connaissance et la création (la production) à deux extrêmes incompatibles, toujours en vertu de sa conviction que la connaissance porte sur des choses existant en soi, indépendamment du sujet.

Pourtant le thème husserlien du « dépôt » – en tant que produit sédimenté et anonyme du faire intentionnel [1], donnant lieu à des objets ou des idées que l'on découvre (et dont on hérite) tout faits et comme existant en soi dans l'attitude naturelle – permet de penser conjointement constitution et connaissance, sans faire de la constitution une création qui annihile toute connaissance, sans faire non plus de ces objets des phénomènes d'illusion. Mais, cette perspective suppose que l'on ait admis l'idée d'une constitution des choses, des idéalités et du monde, ce que ne peut accepter la démarche ontologique d'Ingarden qui s'en tient à une catégorisation du réel selon trois sphères d'être. La sphère d'être du réel et la sphère d'être des idéalités sont d'une certaine manière données « toutes faites », tandis que seule la sphère de l'intentionnel supporte une activité constitutive, éventuellement originale et créatrice.

Les « choses mêmes » sont toujours déjà là, qu'il y ait ou non un sujet intéressé par leur existence. La première leçon husserlienne est bien retenue qui déclarait que les idéalités « forment une totalité idéalement fermée d'objets généraux par rapport auxquels le fait d'être pensés et exprimés est contingent [2] ». Totalité d'êtres idéaux existant en soi, totalité d'être réels existant par soi, l'ordre de l'objectivité est radicalement étranger à l'ordre de la subjectivité.

1. Voir par exemple *Expérience et jugement*, p. 56 [47], puis *Krisis* § 29, et particulièrement *L'origine de la géométrie*, puisqu'il s'agit des idéalités géométriques qui sont tout à la fois des productions, des acquis spirituels issus d'une subjectivité productrice originaire et des objectivités idéales supra-temporelles, trad. fr. par Derrida, Appendice III de la *Krisis* et reproduit dans l'édition Granel, p. 402-427.

2. *Recherches logiques*, § 35, p. 121 [105].

CONCLUSION
UN RÉALISME PHÉNOMÉNOLOGIQUE

La conviction réaliste en l'existence autonome d'êtres idéaux et réels existant en soi, renforcée par la priorité accordée à l'analyse ontologique, détourne Ingarden de l'accès à la démarche opérée par la réduction transcendantale en laquelle il voit la source de tous les égarements idéalistes. Le maintien de l'analyse au plan éidétique, c'est-à-dire sur fond d'attitude naturelle, entraîne de nombreux déplacements de sens dans l'interprétation des catégories husserliennes. Sa critique s'en trouve biaisée, mais elle offre au moins l'intérêt de rappeler que l'interprétation des positions de Husserl ne va pas de soi. Husserl s'en est lui-même désolé maintes fois dans sa correspondance[1], ce qui est loin d'être anodin ni indifférent pour le statut même de la phénoménologie. En retour, cette critique continue et tenace permet aussi de révéler la position propre d'Ingarden, c'est-à-dire la figure singulière qu'il confère à la phénoménologie telle qu'il la pratique.

La constance de sa démarche critique et son affirmation réaliste incessante peuvent laisser supposer que les positions d'Ingarden sont transparentes et dépourvues de zones d'ombre. Pourtant, il nous paraît nécessaire de mettre l'accent sur un point trouble, plus précisément un point de fuite, continûment éludé ou contourné par Ingarden. A savoir que si sa critique de l'idéalisme transcendantal épingle sans détour quelques grands coupables – la réduction et la constitution transcendantales – elle ne s'attaque pas explicitement au principe fondamental de la phénoménologie transcendantale : l'intentionnalité. Or, en définitive le pluralisme ontologique et le réalisme que revendique Ingarden ne sont qu'une manière détournée de dire son rejet, ou à tout le moins sa réévaluation, de l'intentionnalité husserlienne. Il y a là sinon un impensé, du moins un embarras considérable qui contraint Ingarden à ne jamais aborder la question de front.

Pourtant dès la *Lettre de 1918,* Ingarden donne des indications, ou des présages, de ce rejet par son insistance sur la ligne de séparation du « subjectif et de l'objectif », autant que par l'affirmation de l'indépendance des choses vis-à-vis des actes de visée, éventuels et contingents, qui peuvent s'adresser à elles. Un autre élément militant en ce sens réside dans le changement lexical rapidement adopté par Ingarden. En premier lieu, le passage de la catégorie de l'acte à celle de l'activité qui ne manque pas d'évoquer son origine dans la sphère des activités psychiques. Que la conscience offre l'image d'activité, de tension, de mouvement, de tendance, c'est un poncif de la psychologie descriptive. Mais l'intention-

1. Voir par exemple *Briefe an Roman Ingarden,* p. 64, 74, 81.

nalité husserlienne, en tant que structure essentielle de la conscience, désigne la corrélation fondamentale et indépassable du sujet et de l'objet, à tous les niveaux possibles d'appréhension, et non la simple relation de visée opérant dans l'ordre de la sphère des représentations conscientes et des activités intellectuelles ou psychiques au sens large.

Ensuite, le remplacement de l'intentionnalité par l'intention ou par le viser est significatif du refus de sa valeur propre. L'intentionnalité cède la place à l'*intentio*, car, explique Ingarden, celle-ci « se laisse relativement mieux saisir encore en tant que « se-rapporter-à-quelque-chose » ou « atteindre-quelque-chose » [1] ». Or, l'être-dirigé-sur un objet caractérise bien aussi l'intentionnalité, mais elle ne s'y épuise pas et ne se réduit pas à une tension, éventuellement psychique. L'analyse qu'en donne Ingarden dans *Der Streit um die Existenz der Welt* permet de mesurer la spécificité du sens qu'il lui accorde et qui le sépare radicalement de Husserl.

Toute conscience n'est pas conscience de quelque chose

Après avoir présenté l'intention comme un « se-rapporter-à-quelque-chose » et rappelé son importance dans les recherches de Brentano et Husserl, Ingarden ouvre la discussion en se demandant si le moment d'intention est caractéristique de toute conscience, ou bien s'il n'est pas plutôt réservé aux actes du viser objectif, c'est-à-dire à un niveau d'acte assez élaboré, tels que les actes perceptifs. La question elle-même est déjà révélatrice et ouvre la voie à une conception dissidente de la vie intentionnelle. La question porte en fait sur le niveau de conscience susceptible d'impliquer un moment intentionnel ; autrement dit, l'intention peut-elle être attribuée aux premiers niveaux de la vie de la conscience, les plus passifs, tels que le vivre de part en part (*Durchleben*) et l'éprouver passif originaire ? Ce dernier se caractérise par une inconscience somnolente et désigne le simple écoulement du flux de conscience et la succession sans ressaisie de données fluentes et toujours nouvelles [2], tandis que le premier concerne l'unité fusionnelle et sans distance qui gît dans « l'éprouver la vie » d'un acte. Dans les deux cas, aucune distance n'est marquée ni vécue entre l'acte (ou l'éprouver) et son objet. Cette unité massive et close dissuade Ingarden d'y voir la présence de moments intentionnels : « Il apparaît donc douteux qu'on doive accorder le moment d'intention également au vivre de part en part et à l'éprouver passif [3] ».

1. *Der Streit,* II/1, § 46 : « das sich verhältnismäßig noch am besten als das « Sich-auf-etwas-Beziehen » oder « Etwas-Betreffen » fassen läßt », p. 195.

2. Voir *Der Streit,* II/1, p. 176-177.

3. *Ibidem,* § 46 : « Es scheint also zweifelhaft zu sein, ob man das Intentionsmoment auch dem Durchleben und dem passiven Erleben zuerkennen soll », p. 195.

La présence d'un moment d'intention est ainsi soumise à la condition d'une dissociation entre l'acte et son objet; mieux, elle découle de la dissociation du sujet de l'acte et de l'objet visé. Le modèle s'en trouve dans ce qu'Ingarden appelle « l'acte de viser objectif », dont l'acte de percevoir est un cas particulier exemplaire. Car, dans la perception, « le sujet effectuant l'acte de perception se rapporte en général à quelque chose de différent de lui-même (...) Le moment d'intention du viser objectif a pour conséquence que ce à quoi l'acte se réfère, donc « l'objet » au sens de corrélat de l'acte, tombe en dehors de lui-même. En cela réside le fait qu'il est visé comme quelque chose qui, 1) est extérieur à l'acte, 2) se tient à une certaine distance du sujet visant[1] ». L'extériorité de l'objet visé et sa différenciation d'avec le sujet sont les conditions de l'aspect intentionnel. Il faut que l'objet tombe hors de l'acte, qu'il soit comme déposé par l'acte (voire « défalqué ») sans quoi, « là où ce phénomène de « déposition » n'apparaît pas, comme dans le simple éprouver ou dans le vivre de part en part, *je suis enclin à nier* l'intervention du moment intentionnel et ce faisant, précisément, *à rejeter la conception selon laquelle toute conscience est intentionnelle*[2] ».

On ne saurait être plus clair : pour Ingarden, toute conscience n'est pas conscience de quelque chose, l'intentionnalité n'est pas l'essence de toute conscience. On comprend mieux aussi pourquoi dans sa remarque aux *Méditations Cartésiennes*, il est embarrassé par l'idée d'admettre une synthèse passive, puisque la passivité totale est pour lui exclusive de moments intentionnels, donc d'activité intentionnelle. C'est pourquoi il préfère parler d'une activité ou d'une opération « en un certain sens passive », car la dissociation du sujet de l'acte et de son objet y est déjà amorcée, quoiqu'elle ne soit pas tant le fait du sujet que d'une régulation spontanée des *data*.

Une intentionnalité spectatrice

Sur le terrain de la constitution des sens de perception, la conférence du *Colloque de Royaumont* apporte à son tour une confirmation quant à la réévaluation qu'Ingarden fait subir à l'intentionnalité. Devant exposer la conception que Husserl se fait de la constitution, Ingarden en vient

1. *Ibidem*, p. 195.

2. *Der Streit*, II/1, § 46 : « Wo also das Phänomen der « Absetzung » nicht auftritt, wie in dem schlichten Erleben oder im Durchleben, da bin ich geneigt, das Auftreten des Intentionsmoment zu verneinen und eben damit *die Auffassung zu verwerfen, daß jedes Bewußtsein intentional ist* », p. 196, (souligné par nous).

progressivement à proposer une interprétation concurrente qui semble bien être la sienne propre[1].

L'exposé porte sur la genèse des ultimes unités de vécus à partir desquelles esquisses, aspects, sensations puis perceptions de chose sauront s'édifier graduellement par fondation successive des appréhensions sur des contenus constitués[2]. Dans cette reconduction vers l'origine du sens perceptif, Ingarden suppose qu'il faudra finir par se heurter à un élément ultime qui ne soit plus constituant ni constitué[3]. Il vise ainsi un moment de donation originaire où les *data* se révèlent et se donnent comme identiques aux sensations qui les reçoivent, soit ce moment de fusion où vécu primitif et donné se recouvrent dans une réception passive. Le problème est que la philosophie husserlienne dément cette attente, en ce

1. Voir *Colloque de Royaumont* : « en suivant Husserl mais avec une certaine autonomie cependant, j'ai décrit les divers cas et les diverses déclinaisons de la 'constitution' », p. 259.

2. C'est le rappel du schéma des *Recherches logiques* : « *Auffasungsinhalt-Auffassung* », « Appréhension-contenu-d'appréhension ». Schéma conforme à ce que dévoile la réflexion psychologique sur l'*intentio,* et conforme à une théorie de la représentation qui reste en son fond naturaliste ; car en faisant de l'intention l'appréhension d'un contenu, lui-même déposé par une appréhension antérieure, etc., on court toujours le risque de faire de ce contenu comme un double immanent de l'objet, une esquisse représentative représentant son objet « en petit ». C'est pourquoi Husserl insistait, dans la préface de la seconde édition à la *6e Recherche logique,* sur le fait qu'il n'approuvait plus « la théorie de la représentation représentative » que contenait l'édition de 1901. On comprend en retour comment ce schéma est conservé par Ingarden puisque les actes d'appréhension doivent se porter sur des contenus qui représentent leur objet réel extérieur, fidèlement ou selon des déformations inspirées par le libre-arbitre et la fantaisie, sachant qu'au final dans l'analyse régressive vers l'origine de la constitution, on doit rencontrer un contenu qui n'est plus constitué, un *datum* étranger au moi. Cet objet réel (autonome et existant par soi) demeure la seule condition d'apparition de sa version immanente représentative et, surtout, il demeure la règle et la norme de la légitimité des constructions intentionnelles ultérieures dirigées sur lui. Cette conception anime déjà la *Lettre de 1918,* et il est manifeste qu'Ingarden y reste définitivement attaché. Voir ce texte, et la reprise du modèle « *Auffasungsinhalt-Auffassung* » : « les éléments noématiques originaires – appréhension I, – ce qui est appréhendé I – appréhension II, – ce qui est appréhendé II – appréhension III, ainsi jusqu'au sens noématique supérieur) », p.[16]. A ce prix, la constitution d'un objet intentionnel est légitime, le sens intentionnel est nécessaire et il dévoile son objet comme existant en soi. La constitution peut dans ces conditions se concilier avec le réalisme de la chose même.

3. Voir *Colloque de Royaumont* : « Par principe », dit Ingarden, on doit finir par « se heurter (…) à un élément ultime qui ne soit plus « constituant », c'est-à-dire qui soit issu de diversités plus profondes, mais qui, d'une part, contienne les *data* primitifs, ceux que découvre simplement le Moi dans la sensation, parce que ce sont eux qui « l'affectent », d'autre part, cependant, consiste en ces sensations originaires en tant que réceptions ultimes de ces *data* comme ultimes unités d'expérience vécue, réceptions se faisant de manière passive et cependant avec plus ou moins d'attention », p. 254.

que les premières unités de vécu, loin de désigner un premier donné absolu, sont elles-mêmes constituées et « « constituent », dans leur « flux » ultime, les pures sensations pour ainsi dire stabilisées[1] ». Husserl ne permet pas de penser une issue vers un *datum* étranger à la conscience qui serait reçu tel qu'il est en soi.

Ingarden rappelle alors le rôle décisif de la rétention dans la constitution des unités objectives puisqu'il permet à la sensation d'être posée et conservée, et au Moi de faire une seule et même expérience, susceptible qui plus est d'être ultérieurement réitérée sur le mode du souvenir. Toutefois, ce rappel des thèses husserliennes devient aussi rapidement le lieu d'exposition des siennes propres. En effet, sa description des actes rétentionnels, conduit Ingarden à la remarque suivante : « Bien qu'elle soit pour ainsi dire co-éclairée dans son développement par la rétention et par la protention, l'expérience vécue (*Erlebnis*) se réalise naturellement selon le propre dynamisme de son être et de son devenir, et n'est pas, comme on pourrait le croire, « produite » par la rétention ou par la protention. Elle se produit elle-même. Ce qui dépend de la rétention, c'est seulement le développement favorable de son dynamisme (...). Tel est donc, semble-t-il, *le vrai sens* de la « constitution » des unités d'expérience vécue[2] ».

La description expose manifestement le point de vue d'Ingarden plutôt que celui de Husserl, car il paraît douteux que ce dernier limite le rôle de la rétention, c'est-à-dire de l'intentionnalité, à une simple fonction d'éclairage favorisant un développement propre et autonome des unités de sensation, en quelque sorte sous l'œil de la conscience actuelle. Il en va de même pour l'idée que l'unité d'expérience ne serait pas produite par la rétention, mais par elle-même, par le dynamisme de son être propre. Ingarden lève toutefois l'ambiguïté en déclarant : « Il n'est cependant pas exclu que Husserl fût tenté de dire : « constitution » signifie ici bien davantage : l'unité d'expérience vécue est *créée* par l'aide adjacente de la rétention et de la rétention de la rétention, etc. », autrement dit, que la conscience et la rétention « *produisent* par leur propre intentionnalité l'unité d'expérience vécue, qui sans cette intentionnalité ne pourrait aucunement exister[3] ».

Si la perspective husserlienne est bien tentée par l'attribution d'un pouvoir « créateur » à l'intentionnalité, Ingarden quant à lui propose une autre interprétation de la genèse des sensations, plus conforme à son réalisme. Un développement propre de la sensation, favorisé par l'éclairage de la conscience qui offre un sol favorable à sa croissance, est une concep-

1. *Ibidem*, p. 254.
2. *Ibidem*, p. 257, souligné par nous.
3. *Ibidem*, p. 258.

tion qui se montre en effet davantage en accord avec l'idée d'un *datum* originaire, étranger et extérieur au sujet, reçu tel qu'il est en toute passivité; comme si ce germe d'objectivité pouvait s'épanouir dans l'abri de la conscience sans subir véritablement son empreinte. C'est-à-dire, comme si cette unité vécue pouvait être « aussi "absolue" » que la conscience elle-même et non pas constituée ni relative. C'est d'ailleurs sur cette interrogation qu'Ingarden termine sa conférence, visant manifestement une alternative à la voie idéaliste qui n'établit que des êtres relatifs face à la conscience absolue, donc une alternative dans laquelle la conscience serait mise en présence, en son sein même, avec des unités d'être autonomes et absolues comme elle. La constitution d'une unité d'expérience vécue se comprendrait ainsi comme auto-développement d'un être ou d'une tendance propre. « L'expérience vécue, en se renouvelant à travers une pluralité de phases successives, *se construit realiter* dans une conséquence interne de sa propre essence. Ce développement conséquent de son propre être lui est simplement facilité par le contrôle de soi dans la « conscience interne » et dans la rétention[1] ».

Ce renouveau de l'idée de constitution a deux conséquences expressément dissidentes par rapport à la philosophie husserlienne. D'une part, l'unité de sensation se construisant elle-même est, elle aussi, un « flux de conscience » et, à ce titre, elle « est dans son être constitué tout aussi « absolue » que les phases antécédentes pendant lesquelles elle se constitue[2] ». La constitution, ou plutôt l'auto-construction, se concilie ici avec l'absoluité d'être; la croissance de l'expérience primitive en sensation déploie un être propre ayant sa propre densité et complexion, ce qui assure aussi, par là, de sa filiation à ce *datum* primitif qu'elle est et qu'elle exprime tout à la fois, si, comme le disait Ingarden, cet élément ultime de la constitution doit simultanément contenir les *data* primitifs et consister en ces sensations-réceptions originaires.

D'autre part, cette interprétation atteint – et c'est bien sûr le but ultime de toute cette démarche – le statut même de l'intentionnalité : non plus « productrice d'être, mais simple « spectatrice » dont le rôle se réduit à celui d'un *régulateur* permettant la réalisation « normale » de l'expérience

1. *Le problème de la constitution chez Husserl*, p. 258.

2. *Ibidem*, p. 259. Cette perspective éclaire la discussion développée par Ingarden dans ces *Remarques aux Méditations Cartésiennes*, sur la nature des « habitualités » de l'ego, où il envisage également la possibilité de concevoir des propriétés « absolues » et non pas seulement relatives et intentionnelles. Cela le conduit à distinguer deux sens de la constitution : d'une part, la simple détermination du sens; d'autre part, une genèse ou production réelle de l'objectité, dont l'existence s'avèrerait alors absolue; voir *Méditations Cartésiennes*, p. 228-230.

vécue[1] ». Une intentionnalité spectatrice, témoin bienveillant et favorable à la croissance des unités d'expérience, une intentionnalité régulatrice de la vie normale des sensations, éliminant ou limitant les déviances, les initiatives arbitraires et infidèles au donné, bref contrôlant la légitimité des formations intentionnelles depuis leur niveau impressionnel jusqu'à leur prétention cognitive supérieure, telle est la réforme qu'Ingarden impose à l'intentionnalité husserlienne.

Deux absolus en présence

La disparition du vocabulaire de l'intentionnalité au profit des catégories de l'*intentio* ou du viser ne correspond donc pas à une préférence terminologique. Elle exprime proprement le refus de sa signification ontologique : la corrélation intentionnelle universelle de la conscience et du monde. L'acte de viser n'est qu'une possibilité du sujet et non pas une condition de l'objet. En conséquence, l'intentionnalité, comme corrélation du perçu et du percevant, perd toute pertinence et cède le pas à la relation unilatérale du sujet à l'objet. Reste que dans ces conditions, le problème de l'objectivité du connaître – qui est le premier problème d'Ingarden – se trouve reconduit aux apories de la correspondance et de la légitimité.

Le rabattement de l'intentionnalité au niveau d'un viser objectif dirigé sur un « étranger au moi » témoigne finalement de ce que la conscience pure et le monde réel constituent, pour Ingarden, deux absolus séparés. La fin de la conférence, donnée à Krefeld en 1956, révèle cette conception. Ingarden s'y demande, en effet, ce que recouvre le concept de conscience chez Husserl et il propose trois possibilités laissées ouvertes, selon lui, par les textes mêmes de Husserl : « 1. Selon son concept le plus large, la « conscience pure » enveloppe à la fois tous les « actes intentionnels », toutes les données « hylétiques » originelles et tous les noèmes, de n'importe quel degré de constitution. 2. Dans un concept circonscrit de manière essentiellement étroite, la « conscience » enveloppe seulement tous les « actes intentionnels » de même que toutes les données « hylétiques » originelles. 3. Selon son concept le plus étroit, la conscience n'envelopperait que l'ensemble des actes intentionnels[2] ».

Le partage proposé met en cause le sens des rapports entre immanence réelle et immanence intentionnelle. Mais il est surtout sous-tendu par la propre conception ontologique d'Ingarden qui, distribuant le réel en trois sphères d'être, le conduit à dissocier les objets intentionnels du système de la conscience pure ; car le mode d'être hétéronome des premiers est exclusif

1. *Ibidem*, p. 259.
2. *L'idéalisme transcendantal de Husserl*, *op.cit.*, p. 215.

du mode d'être absolu de la conscience. Autrement dit, Ingarden voit une différence de domaine là où, pour Husserl, il s'agit d'une différence intentionnelle. Quant aux données hylétiques, selon sa vision, elles participent de la *psyché* ou de la personne, laquelle appartient à la sphère des êtres réels autonomes et fournit aux actes de conscience la matière sur laquelle s'exercer.

En vertu de ce partage ontologique, Ingarden ne peut penser ensemble, et dans la même sphère d'être, des réalités aussi distinctes. C'est pourquoi il termine sa conférence par une question qu'il soumet à ses auditeurs : « la distinction de principe entre l'être de la conscience pure et celui du monde réel (…) peut-elle se maintenir si, d'une part, on prend pour base la première conception de la conscience et si, d'autre part, on tient que le « monde réel » n'est rien qu'une couche de constitution déterminée de noèmes formant un système cohérent, et qu'on ne peut pas le considérer comme un « étant en soi » distinct de tout noème ?[1] ».

La question vise manifestement à déterminer le sens de cette philosophie qui semble absorber le monde réel dans la conscience. S'il en est ainsi, nous conduit-elle à une position de type moniste pour laquelle seule la conscience existerait réellement? Sinon, si l'on maintient une distinction dualiste, de principe, entre conscience et monde réel, ne faut-il pas renoncer à voir le monde comme formation intentionnelle ? La question d'Ingarden impose de choisir : ou bien poser une distinction de principe entre la conscience et le monde, ou bien résorber le monde réel au statut de phénomène intentionnel. Il combine deux soucis, parallèles à deux refus. D'une part, le fait même de la relation conscience-monde est refusé dans sa dimension de corrélation essentielle et principielle pour être ramené à une relation contingente. D'autre part, l'extériorité du monde vis-à-vis de la sphère de la conscience est à ses yeux le garant de son objectivité. En conséquence, ramener le monde au phénomène-du-monde signifierait le priver d'en soi et d'objectivité, soit procéder à sa subjectivation totale, voire à son immanentisation.

On pourrait rappeler ici que le point de vue transcendantal husserlien ne cherche qu'à comprendre les objectivités et le monde à partir de l'origine subjective de leur constitution, qui en fait des réalités douées de sens et de valeur. Mais cela suppose d'accepter ce qui reste irréductiblement contradictoire pour Ingarden : l'affirmation simultanée de l'objectivité du monde et de son être constitué. Le réalisme impose une alternative, ou bien le monde existe en soi et pour soi, ou bien il est constitué, mais les deux propositions ne sauraient être pensées ensemble. Le pluralisme ontologique d'Ingarden le contraint donc à poser des domaines d'être séparés et

1. *Ibidem*, p. 215.

irréductibles, la constitution ne concernant que les êtres intentionnels hétéronomes, c'est-à-dire les *quasi*-objets qui ne forment pas un domaine au sens strict.

L'éidétique comme style phénoménologique

Aux deux absolus indiqués plus haut – conscience pure et monde réel – il faut adjoindre les idées, et l'ensemble du travail de recherche d'Ingarden consiste à explorer ces domaines ontologiques (*Seinsgebiet*) dans leur structure formelle et matérielle. Son œuvre majeure *Der Streit um die Existenz der Welt* y est consacrée et propose des analyses ontologiques considérables, extrêmement fouillées et minutieuses, à l'instar de son maître. On mesure en ce sens la valeur du jugement de Husserl sur le travail d'Ingarden, considérant qu'en matière d'analyses phénoménologiques, il fait partie de ses plus brillants élèves ; c'est pourquoi il peut lui dire que son refus de la phénoménologie transcendantale ne puise pas sa source dans « un manque de recherches, car en cela vous êtes plus loin que la plupart[1] ». Sa précision dans l'analyse est aussi ce qui fait son style propre et d'une certaine manière la voie qu'il adopte pour sa propre pratique phénoménologique. Ingarden procède donc à des analyses descriptives, menées sur le terrain éidétique de la possibilité pure, des différents domaines d'être qu'il a retenus. Il développe ainsi une analyse ontologique du monde réel, des événements, des processus, une analyse de la forme des objets individuels, des relations et des états de choses. En second lieu, c'est l'étude de la conscience pure qui l'occupe, particulièrement dans ses rapports à la conscience empirique. Il s'engage ainsi quelque peu sur le terrain de l'ontologie matérielle devant aborder les relations de la conscience pure vis-à-vis de l'âme et du corps, au sein de la personne psychophysique. Cette perspective d'une anthropologie phénoménologique est reprise en 1968, dans un de ces derniers textes, *De la responsabilité*[2].

La valeur intrinsèque de ces analyses menées sur des domaines irréductibles ne permet pas cependant d'esquiver le problème de leur relations. Autrement dit, si Ingarden parvient à des résultats considérables dans les recherches ontologiques séparées, il ne peut manquer d'être

1. *Briefe an Roman Ingarden* : « Es liegt nicht an dem Fehlen der concreten Untersuchungen. Darin Sie sind selbst weiter als die Meisten », 19-VIII-1932, p. 81. Voir également *Qu'y a-t-il de nouveau dans la Krisis de Husserl ?*, p.[453].

2. *Über die Verantwortung : ihre ontischen Fundamente*, Stuttgart, Reclam, 1970. Une version française est désormais disponible, traduite par P. Secrétan, Éditions L'Harmattan, 1999. Voir aussi *Der Streit*, II/2, chap. 16, et pour une approche générale de son anthropologie, G. Kalinowski, *La phénoménologie de l'homme chez Husserl, Ingarden et Scheler*, Paris, Éditions universitaires, 1992.

constamment reconduit au problème des rapports et des interactions de ces domaines. Car l'analyse ontologique prise en elle-même et pour elle-même ne permet de rien conclure quant aux relations de la conscience pure et du monde réel ; or, c'est pourtant bien l'objet premier de son entreprise et de la querelle Idéalisme-Réalisme.

D'une certaine manière pourtant, l'analyse ontologique offre quelques passerelles entre les domaines, grâce la figure de ces êtres intermédiaires que sont les objets intentionnels. En effet, par leur double fondement, ils concrétisent des qualités idéales, se déploient par la vertu d'actes intentionnels et enfin peuvent aussi s'inscrire matériellement dans le monde. Ils offrent à ce titre le caractère exemplaire d'une interaction entre les trois sphères ontologiques distinctes. Mais si l'analyse ontologique permet d'explorer leur structure d'un point de vue descriptif statique, leur possibilité effective d'apparition reste globalement mystérieuse, car suivant Ingarden, à prendre les choses au sens strict, le monde réel en tant que domaine d'objets autonomes constitue un domaine d'être fermé imperméable à l'apparition de nouveaux objets : « à l'intérieur d'un monde par exemple, aucune objectité entièrement nouvelle ne peut apparaître[1] ». Or, de fait, le monde réel quotidien, « le monde de la vie » pris en un sens large, nous convie à la formation de nouveautés incessantes et multiples dont il faut pouvoir aussi rendre compte. Ingarden rencontre la même difficulté sur le plan esthétique et moral, où la concrétisation des valeurs, qui peuvent être étudiées de manière formelle, constitue à nouveau une manifestation de l'être idéal dans l'ordre du monde réel que la seule voie ontologique ne suffit pas à élucider.

Le principe ontologique de la séparation des modes d'être demeure finalement la croix de son ontologie, et Ingarden en vient à placer ses espoirs du côté de l'ontologie matérielle et de l'examen de la causalité – de la structure causale du monde et des relations causales qui s'y déroulent. Cette dernière démarche s'opère parallèlement aux recherches déjà entamées sur les relations entre ego pur et ego réel, conscience pure et vie psychophysique. En définitive, cette question épineuse de la participation des domaines d'être est aussi ce qui lui confère sa singularité, et la singularité de son réalisme. Car loin de l'empirisme et du relativisme, il maintient toujours la priorité et la validité de la démarche éidétique, seule garante de l'universalité et de la valeur des résultats.

1. *Der Streit,* II/2 : « Innerhalb einer Welt z.b. können keine völlig neuen Gegenständlichkeiten auftreten », p. 252.

Une autre phénoménologie

Si cette voie ontologique ne correspond pas à la voie transcendantale et génétique revendiquée et élaborée par Husserl, elle ne lui est pas contraire non plus, en ce qu'elle prend appui sur une perspective ouverte par les *Recherches logiques*. Husserl lui-même, et même s'il le regrette, est bien conscient de cette interprétation de sa démarche et de sa fécondité puisqu'elle a ouvert la voie à de nombreux travaux de ses disciples de Göttingen, se réclamant de son enseignement[1]. S'il voit une méprise dans cette interprétation de la phénoménologie – méprise qui consiste à retomber dans l'attitude naturelle sous-jacente à la démarche éidétique et à maintenir le dualisme du sujet et de l'objet[2] – il reste pourtant que ce malentendu est rendu possible non seulement par le point de vue des *Recherches logiques*, mais plus largement encore par d'autres textes. Ainsi les analyses du cours intitulé *Natur und Geist*, qui formeront le centre des *Ideen* II et dont Ingarden ne manque pas de rappeler qu'elles étaient menées sur un ton réaliste[3]. De même, bien des remarques des *Leçons sur le temps* consacrées à l'impression originaire se laissent lire comme la marque d'une réalité étrangère au moi trouvant accès à l'intérieur de la conscience depuis le « dehors ». L'impression réaliste se retrouve également dans *Expérience et jugement*, qui paraît offrir une description ontologique des états de choses réels et de leur accession à la forme propositionnelle.

Mais il faut encore dégager deux sources principales et non accidentelles à ce déplacement du chemin phénoménologique vers la voie ontologique. Il y a en premier lieu, la véritable difficulté linguistique que rencontre le projet phénoménologique. Car si les réductions, phénoménologique et transcendantale, ont pour tâche d'ouvrir la nouvelle région de la conscience au spectateur transcendantal, il faut bien convenir avec Fink que ce qu'elles révèlent « transcende l'univers des familiarités et des étrangetés naturelles », ce qui fait que le problème de l'expression de ces phénomène inédits se pose de manière aiguë, et Husserl ne manque pas d'indiquer régulièrement que les

1. Voir *Krisis*, § 68 : « Ce qu'il y avait de nouveau [dans les *Recherches logiques*] ne consiste aucunement dans les recherches simplement ontologiques, le seul côté de l'œuvre, malgré le sens le plus intime, qui ait eu de l'influence », p. 263 [237].

2. Voir *Krisis*, § 48 note 1, sur « la première percée » de l'a priori de la corrélation de l'objet et de ses modes de donnée, et sa méconnaissance : « il faut dire que les premières percées d'une telle révolution (...) étaient difficiles à porter jusqu'à une exposition bien motivée, d'autant qu'ici surtout, il y avait, toutes proches des raisons particulières de se méprendre en retombant dans l'attitude naturelle », p. 189-90 [169]; et § 72 : « c'est une naïveté que d'en rester, de façon anthropologico-mondaine, à la corrélation sujet-objet et de mésinterpréter les démonstrations phénoménologiques de mes premiers écrits comme autant de démonstrations de cette corrélation », p. 294 [265].

3. Voir *Briefe an Roman Ingarden*, p. 113.

mots lui manquent pour dire la singularité du phénomène qu'il dévoile. Mais ceci pourrait laisser croire que c'est l'objet lui-même qui pose un problème d'articulation. Or, plus fondamentalement, c'est l'attitude phénoménologique qui est en question. Car, elle doit réaliser ce tour de force d'exposer le point de vue transcendantal dans le langage de l'attitude naturelle, au moyen de concept taillés pour le point de vue mondain. « Pour cette raison, explique Fink, aucune analyse phénoménologique, et surtout l'analyse des profondes couches constituantes de la subjectivité transcendantale, n'est adéquatement présentable. (...) La proposition phénoménologique recèle, par une nécessité éidétique, une contradiction interne entre la signification mondaine du mot et le sens transcendantal qu'il indique. Le danger constant est que le dogmatique [l'homme de l'attitude naturelle] ne saisisse que le sens mondain du mot et néglige le sens de signification (*Bedeutungssinn*) transcendantal, en sorte qu'il imagine justifiée sa mésinterprétation de la phénoménologie et puisse en appeler au texte [1] ». De fait, nous pouvons relever chez Ingarden cette tendance à en appeler au texte, où il pense trouver une justification hors de doute[2].

Ensuite, l'autre motif fondamental de ce déplacement, que la phénoménologie secrète elle-même, réside selon l'aveu même de Husserl dans le fait que les analyses intentionnelles sont « à double sens [3] ». A double sens, c'est-à-dire qu'elles peuvent également se lire selon deux points de vue distincts, à vrai dire, selon les deux attitudes différentes. En vertu du parallèle entre le point de vue psychologico-phénoménologique et le point de vue transcendantal, des analyses menées sur un plan continuent de trouver sens et valeur sur un autre plan[4], sauf que le changement d'attitude induit une torsion de sens ou une inversion de sens qui n'est pas sans conséquence sur la poursuite et le développement de la pratique phénoménologique elle-même. De surcroît, il faut ajouter au parallélisme des

1. E. Fink, *La philosophie phénoménologique d'Edmund Husserl face à la critique contemporaine*, *op.cit.*, p. 174.

2. C'est particulièrement net dans la Conférence de Krefeld, où les *Ideen* I sont abondamment citées ; on retrouve également cette attitude de défense par la lettre du texte dans l'article *On the motives which led Husserl to transcendantal idealism* (1973), où Ingarden se justifie de cette manière : « il ne s'agit pas là de la spéculation d'un profane, menée en marge des réflexions de Husserl, mais [que] cela se trouve *expressis verbis* dans les *Ideen* I », p.[110].

3. *Briefe an Roman Ingarden* : « Aber alle int[entionalen] Analysen sind doppeldeutig », lettre du 19-VIII-1932, p. 81.

4. Voir *Méditations Cartésiennes*, § 14 : « la psychologie pure de la conscience constitue un parallèle strict à la phénoménologie transcendantale de la conscience », et *Postface aux Ideen* I : « Ainsi nous sommes en présence d'un curieux parallèle continu entre une psychologie phénoménologique judicieusement mise en œuvre et une phénoménologie transcendantale. A toute constatation éidétique aussi bien qu'empirique dans l'une doit correspondre dans l'autre une constatation parallèle », trad. fr. dans *Ideen* III, p. 190 [147].

attitudes la double dimension des analyses selon qu'elles adoptent un axe d'examen descriptif (statique), acceptant les unités objectives toutes faites – ou comme dit Ingarden, les produits « finis » de constitution – à titre de fils conducteurs, ou selon qu'elles se font explicatives et partant génétiques, régressant de ces unités données toutes faites à leur « histoire », c'est-à-dire à leur condition de donation et de constitution dans les sphères passives de la conscience constituante[1].

En ce double sens, il y a bien une ambiguïté essentielle du texte husserlien qui non seulement rend possible une phénoménologie éidétique, descriptive et structurelle telle qu'Ingarden la pratique, mais la rend aussi nécessaire pour autant que, dans son versant transcendantal, ces résultats pourront trouver ensuite leur fondation au sein de la conscience constituante. Au-delà de sa démarche critique, la spécificité du pluralisme ontologique d'Ingarden s'avère également une continuation de la phénoménologie descriptive de Husserl sur le terrain de la philosophie seconde, s'agissant de l'art, des valeurs, des conduites morales.

Pour terminer, il faut justement revenir sur ces deux dimensions concurrentes de l'œuvre d'Ingarden – d'une part, la dimension polémique et critique dirigée contre Husserl, d'autre part, la dimension de sa propre production phénoménologique. Car on peut être tenté de ne retenir qu'un seul côté au détriment de l'autre, et c'est peut-être la tragédie propre d'Ingarden que d'avoir toujours mené une vive confrontation avec Husserl au lieu de se consacrer à la ferme et tranquille élaboration de sa propre position. Il contraint en conséquence son lecteur à la comparaison au lieu de l'installer dans sa manière propre, comme si sa position ne pouvait être qu'une opposition. Il y a ainsi quelque chose de tragique dans ces perpétuels rendez-vous manqués avec Husserl, dans ce malentendu primordial qui réside peut-être dans l'espoir gigantesque qu'a fait naître sa lecture des *Recherches logiques* – l'espoir de la vérité absolue, de l'accès à l'être en soi. Pour autant, cette quête de la véritable et première phénoménologie dévoilant les « choses mêmes » ne doit pas masquer tout à fait la valeur propre de la contribution d'Ingarden au mouvement phénoménologique.

1. Voir *Méthode phénoménologique statique et génétique*, texte additif à *De la synthèse passive*, p. 323-331.

ROMAN INGARDEN [1]

QUATRE TEXTES CONTRE HUSSERL :

LETTRE À HUSSERL SUR LA *6 e RECHERCHE LOGIQUE* ET L'*IDÉALISME*

REMARQUES SUR LE PROBLÈME « IDÉALISME-RÉALISME »

DES MOTIFS QUI ONT CONDUIT HUSSERL À L'IDÉALISME TRANSCENDANTAL

QU'Y A-T-IL DE NOUVEAU DANS LA *KRISIS* DE HUSSERL ?

1. Traduction de quatre textes de Roman Ingarden parus de 1918 à 1969, pour trois d'entre eux republiés chez Max Niemeyer dans le *Tome 5* des *Gesammelte Werke, Schriften zur Phänomenologie Edmund Husserl.* **Nous conservons la pagination de cette édition en marge.** Le quatrième texte est le fruit d'une traduction anglaise publiée dans *Phenomenology and Natural Existence,* New York, Dale Riepe, State University of New York Press, 1973. Nous reprenons pour ce texte la pagination de l'édition anglaise.

LETTRE À HUSSERL SUR LA *6e RECHERCHE LOGIQUE ET L'IDÉALISME* [1]

Lorsque j'étais à Konskie en 1918, affecté à un poste d'enseignement, j'ai écrit une assez longue lettre à Husserl sur quelques sujets d'étude. Après la guerre de 45, j'ai appris par Van Breda, le directeur des Archives Husserl de Louvain, que toutes les lettres adressées à Husserl, dont les miennes, avaient brûlé durant la guerre, lorsque la banque, où elles avaient été mises en sûreté, a été frappée par une bombe. Comme le brouillon de cette lettre est parvenu à survivre parmi mes autres écrits, et dans la mesure où elle contient ma première critique de l'idéalisme husserlien, je prends la liberté d'en publier une traduction polonaise.

Très cher professeur,

| Avant toutes choses, je vous demande pardon de ne pas vous avoir 1
donné de nouvelles depuis si longtemps. J'ai été très occupé à Cracovie parce que je voulais vous envoyer la section achevée de mon travail avant les vacances[2]. Et j'ai finalement réussi à terminer tout ce que j'avais encore

1. « Der Brief an Husserl über die *VI. Untersuchung* und den Idealismus », (Ende Juli 1918), publié dans les *Gesammelte Werke*, t. 5, p.[1-20], nous suivons cette édition et en reprenons la pagination. Toutes les lettres d'Ingarden à Husserl ayant été détruites pendant la guerre, c'est la seule dont il ait gardé par chance la copie manuscrite; il en a par ailleurs proposé une version polonaise, publiée dans un recueil d'articles : *Z badan nad filozofia wspolczesna*, Warszawa, P.W.N, 1963, p. 452-472. Cette lettre a fait l'objet d'une première publication sous sa forme originale allemande en 1972, dans la revue *Analecta Husserliana*, t. II, p. 357-374. Elle a été suivie d'une traduction anglaise, augmentée des remarques d'Ingarden faites en 1961, et publiée en 1976 dans le volume IV des *Analecta Husserliana*, p. 419-438. Elle figure également dans le volume *Ed. Husserl, Briefwechsel*, Husserliana Dokumente, t. III, p. 183-200, édité par E. et K. Schuhmann, Kluwer, 1994.

2. Cela concerne ma thèse de doctorat sur *Intuition et intellect chez Bergson,* que j'avais déjà rendue à l'automne 1917, et que j'étais en train de préparer pour la publication après avoir obtenu mon doctorat à Cracovie. La « section achevée » correspond exactement à

à y faire. Et si je n'ai pas envoyé le texte, en dépit de son achèvement, c'est que je n'ai pu trouver personne à Cracovie qui accepte de copier le texte de façon convenable et pour un prix raisonnable. Bien sûr, j'ai donné les 50 premières pages à quelqu'un pour faire un essai, mais cela n'a pas été concluant. Je me suis donc résolu à envoyer le texte à Fribourg, à cette jeune femme qui m'avait déjà assisté autrefois, pour qu'elle le copie. Mais, pour cela, il était d'abord nécessaire de copier encore une fois les changements que j'avais faits, puisque le manuscrit n'est pas assez lisible. J'en ai déjà fait une partie. Mais comme je suis occupé plusieurs heures par jour avec mes étudiants, et qu'en outre je travaille autant que je peux, je n'ai pas encore pu terminer ce travail mécanique. Tout cela a fait qu'il m'a été impossible de trouver encore le temps de mener à bien ma correspondance.

2 | Vous êtes probablement déjà au courant de mes entreprises extérieures par Mademoiselle Stein. Je vais à Lublin à l'automne[1]. Mais telle que la situation se présente dernièrement, il y a des possibilités de partir pour Varsovie, mais vraisemblablement pas avant le courant de l'année prochaine. Je veux utiliser mon temps à Lublin pour écrire en toute quiétude un travail sur la méthode et le sens de la théorie de la connaissance. Mon activité à Cracovie a eu un certain succès.

Mademoiselle Stein m'a écrit il y a quelques semaines que vous travailliez de nouveau sur le problème de l'Idéalisme[2]. Comme ce sujet m'intéresse extrêmement, je me suis tout de suite mis au travail. Malheureusement, la fin de mon travail pour la dernière partie de ma thèse sur Bergson a dû en souffrir, mais les heures de travail des dernières semaines ne pourront finalement que lui être profitables. J'ai une fois encore étudié à fond les *5ᵉ* et *6ᵉ Recherches Logiques*, ayant en outre réfléchi à tout ce qui est essentiel sous ce rapport depuis les *Ideen*[3]. Je ne peux naturellement – et malheureusement – pas dire que je sois parvenu à une conclusion. Mais, à tout le moins, je sais ce que je ne peux pas tenir pour défendable.

Peut-être sera-t-il intéressant pour vous, cher Professeur, que je vous en rapporte quelque chose par écrit.

Tout d'abord à propos de la *6ᵉ Recherche*. Je crois qu'elle doit être bientôt publiée sous la *même* forme que l'actuelle[4]. Il faudrait seulement

ce qui parut plus tard dans le *Jahrbuch für Philosophie*. A cette époque cependant, j'étais en train d'écrire un chapitre supplémentaire de critique que je n'ai jamais vraiment terminé.

1. En tant que professeur de lycée.

2. Sa lettre est datée du 24. IV. 1918.

3. Cela concerne les Recherches du t. II des *Recherches logiques*.

4. Dans la seconde édition des *Recherches logiques*, la *6ᵉ Recherche* n'apparaît pas, parce que Husserl, dès l'impression du livre, a retiré la rédaction corrigée, et a décidé de réécrire la *6ᵉ Recherche* pour l'adapter à la position soutenue dans ses *Ideen*. Mais cette

l'accompagner d'une série de remarques qui ne renverraient qu'aux passages faibles et aux raisons de leur faiblesse. De manière à ce qu'on indique seulement les problèmes de fond qui se présentent aux passages en question, problèmes qui débouchent sur une *nouvelle* série de considérations, qui sont déjà en grande partie exposées dans les *Ideen*. Ainsi, | ce qui est discutable 3
serait accompagné par un point d'interrogation de l'auteur, signalant les nouveaux problèmes. Pour le lecteur, ce serait une suggestion précieuse, indiquant les passerelles et les liaisons avec le point de vue des *Ideen*. Une telle réalisation de la nouvelle édition aurait l'avantage de demander relativement peu de travail, de pouvoir ajouter beaucoup du point de vue du contenu et, en même temps, laisserait complètement intact le caractère de l'œuvre. Et même en ce qui concerne la terminologie, je ne changerais rien ou presque rien.

D'un point de vue strictement théorétique, la *6e Recherche* ne peut me satisfaire en ce qui concerne les points suivants (et sans qu'il soit ici besoin d'insister encore sur ce qu'il y a en elle de précieux et de véritablement beau) :

1) Tout d'abord, le problème de la connaissance est appréhendé au moment où la connaissance proprement dite (la prise de connaissance [*das* « *Kennenlernen* »]) a déjà eu lieu, et il s'agit au fond d'une simple reconnaissance [*Wiedererkennen*]. Nous avons déjà « une idée » de l'objet et il s'agit de savoir si l'objet apparaissant à l'intuition s'accorde (c'est-à-dire remplit l'intention) avec « l'idée » (l'intention signitive) ; autrement dit, de savoir si l'intention entre en conflit avec le donné. Il me semble que les analyses de la *6e Recherche* devraient être sous-tendues par une considération sur la connaissance *originaire*, quand nous apprenons d'abord « à saisir » l'objet, et n'en avons encore aucune idée, mais commençons à former cette « idée », et peut-être plus tard à la transformer et à l'« ajuster » [*anpassen*] à l'objet. Il faudrait montrer l'*origine* de l'intention signitive – ou mieux – de la conception de l'idée de l'objet individuel (pour commencer par celui-là) et par suite celle des concepts signitifs. (Cela devrait aussi être fait en tenant compte des analyses sur la perception des *Ideen*.). Cette considération déboucherait en premier lieu sur la recherche des relations entre « intuition » et « pensée », laquelle est déjà réalisée pour l'essentiel. La différence noétique entre intentions signitives et intentions intuitives devrait être exposée avec plus de précision, de même qu'il

nouvelle rédaction n'a jamais été achevée avec le résultat que Husserl espérait si bien que la 6e *Recherche* fut à nouveau publiée en ne présentant que des changements mineurs par rapport à la rédaction de la première édition. Cela fut un sujet fréquent de conversation avec Edith Stein, autrefois l'assistante de Husserl.

faudrait développer une considération purement noématique (et en un certain sens d'un point de vue « ontique ») de la « signification ».

2) La *6e Recherche* manque – et c'est le défaut le plus important – d'une recherche quant à l'essence de « l'objet », ou encore de l'être (plus étroitement de la réalité). Au fond, l'« être » est traité de manière dogmatique. Et c'est le grand apport des *Ideen* que de s'être attaqué à ce problème.
4 (Je parlerai un peu plus tard de la solution qui y est présentée, | quand j'en viendrai au problème de l'Idéalisme). Dans ce contexte, le problème de la légitimation [*Ausweisung*] – et là où c'est possible – celui de *l'ultime* légitimation ne pouvait trouver une solution exhaustive. La solution du problème de la réalité, telle qu'elle ressort des *Ideen*, exigeait naturellement aussi une façon différente de poser le problème de la connaissance elle-même. En ce cas, à vrai dire, le problème de la connaissance des objectités idéales devrait être posé pour lui-même et compris d'une manière totalement différente du précédent.

3) L'interprétation des actes catégoriaux en tant qu'actes fondés ne me paraît pas suffisante. Il existe en effet de nombreux actes fondés qui ne sont pas « *catégoriaux* » du tout.

4) Je devrais insister davantage sur la séparation entre catégories logiques et catégories objectives. En outre, ce que vous appelez « unité sensible », je le considérerais aussi comme une structure [*Bau*] *catégoriale* et j'élaborerai cette dernière plus précisément. Dans cette optique, Aristote serait d'une aide appréciable. On devrait aussi dans ce cadre résoudre le problème humien de la légitimation des catégories.

5) Je ne peux me familiariser avec l'idée selon laquelle pour les actes catégoriaux (au sens de la *6e Recherche*), les moments des *actes* des fonctions catégoriales servent de représentants intuitifs. Il me semble que diverses réminiscences de Hume sont entrées en jeu ici. En particulier si l'on considère les relations prédicatives catégoriales, cette position exclurait un *authentique* remplissement et au final serait une position sceptique. Comment cela s'accorde avec les authentiques catégories logiques (« et », « ou », etc.) aussi bien qu'avec les formations catégoriales d'objectités de degré supérieur, je ne le sais pas présentement. Mais en tout cas la solution de la *6e Recherche* ne me satisfait pas. L'intuition catégoriale – tout comme l'intuition des essences au sens propre doivent être soumises à une analyse plus approfondie.

Mais venons-en au problème de l'idéalisme à propos duquel je tenais à écrire et qui me tourmente déjà depuis quelques années. Il me semble que des problèmes différents et fondamentalement différents se dissimulent sous ce nom. Dans la littérature ordinaire ces problèmes se mêlent les uns les autres et souvent on qualifie « d'idéaliste » un système qui, au fond, ne devrait pas l'être. Je ne veux pas parler ici des équivoques et de tous les problèmes y afférents ; mais pour ce qui *nous* intéresse, il me semble que l'on doit différencier trois groupes de problèmes : | 1) les problèmes ontologiques, 2) les problèmes métaphysiques (en un sens quelque peu différent de votre usage de ce terme), 3) les problèmes de théorie de la connaissance. Naturellement il y a des connexions essentielles entre tous les groupes.

1) Le principal problème ontologique de « l'Idéalisme » me paraît être celui de la communauté d'essence (voire l'identité) entre « l'être » (ou plus étroitement la réalité) et la conscience *pure*. C'est l'identification des deux que j'appelle « Idéalisme »[1]. En ce sens, la position des *Ideen* n'est *pas en premier lieu* résolument idéaliste. Personne n'a peut-être marqué aussi vigoureusement que vous le faites dans les *Ideen* l'hétérogénéité d'essence de la réalité et de la conscience pure. Néanmoins, et pour autant que je vous comprenne bien, cette position originaire change au cours de la recherche au point que cette différence d'essence est au fond niée ou réinterprétée par la division entre noèse et noème. Cela se produit du fait que, d'une part, la réalité (pour poser le problème de manière plus étroite et en faisant abstraction de l'être idéal) est comprise comme quelque chose de *seulement* visé, « et n'est rien au-delà de cela »[2] et que, d'autre part, l'essence de la conscience est étendue à la sphère noématique. Alors, finalement, selon votre interprétation, la chose par exemple, en tant que corrélat d'une multiplicité infinie de perceptions, n'est rien d'autre qu'un sens noématique (et « au-delà de cela elle n'est rien »). Avec l'introduction de la considération sur la constitution, cette interprétation devient encore plus dominante. Là, une « chose » ne signifie rien d'autre qu'un système de couches de noèmes, c'est-à-dire, s'il s'agit d'une chose sensible, rien d'autre qu'une couche dans ce système. Finalement, on en arrive à l'équation suivante :

Une chose = une conscience de noèmes construite de manière particulière. Cela apparaît encore très distinctement dans cette phrase des *Ideen* qui concerne un point quelque peu différent : « La réalité… manque essentiellement… d'indépendance [*Selbständigkeit*]. Ce n'est pas en soi quelque chose d'absolu et qui se lie seulement secondairement à un autre ; mais ce n'est, au sens absolu, rien du tout, elle n'a aucune essence absolue, elle a l'essentialité de quelque chose qui, par principe, est *seulement*

1. Manifestement, c'est en ce sens que la réalité en vient à être identifiée à la conscience, (1961).

2. Voir *Ideen* I, p. 93. [§ 49, p. 164 de la traduction de P. Ricœur, (Ndt)].

intentionnel, *seulement* conscient »[1]. Le fait que vous disiez à la fois que la réalité est quelque chose de donné à travers des esquisses, des mani-
6 festations, tandis que ce n'est pas le cas pour la conscience, | cela peut être considéré comme une contradiction interne du système étant donné la fermeté de la thèse initiale sur l'hétérogénéité d'essence. En niant [par contre] cette hétérogénéité d'essence, on peut soutenir cette affirmation puisque, du point de vue idéaliste, elle ne dit rien d'autre sinon que, dans le domaine de la conscience, il y a des noèmes construits de manière différente, qu'il s'agisse de diverses connexions de sens entre les noèmes, par suite entre les différentes couches de noèmes, ou qu'il s'agisse de diverses connexions entre acte (noèse) et noème. Il n'est alors plus besoin de parler de quelque chose qui serait essentiellement étranger à la conscience. Les noèmes eux-mêmes sont donnés dans l'immanence et ils sont absolus. Les connexions noématiques de sens sont telles que, par exemple, une multiplicité d'aspects noématiques [*Ansichtnoematen*] (qui sont relativement plus remplis que le noème-chose les englobant sous *un seul* sens) appartient à *un seul* autre noème, soit que le noème englobe la multiplicité conformément à son sens, soit qu'il se constitue lui-même comme une nouvelle couche (éventuellement à écarter) de sens sur l'aspect-noème, comme un sens plus élevé passant à travers le tout et se tenant dans la relation de ce qui est esquissé à ce qui s'esquisse (approximativement parlant), nouvelle couche de sens qui transcende la couche inférieure par rapport aux connexions de remplissement. Ceci n'est bien sûr qu'*un* exemple parmi la grande multiplicité de telles connexions de sens. Les problèmes de constitution, c'est-à-dire une partie essentielle d'entre eux (et à vrai dire la constitution noématique) ne sont rien d'autre que le système de questions concernant ces diverses connexions de sens prises dans leur mutuelle dépendance.

Si l'idéalisme pris en ce sens était soutenable, alors la théorie de la constitution s'identifierait à la métaphysique, et une de ses parties serait identique à la métaphysique du monde extérieur, à savoir la science de la nature.

Je ne peux moi-même me résoudre à approuver cet idéalisme. Je ne peux renoncer à l'hétérogénéité d'essence entre la conscience et la réalité (et plus généralement l'être). Ce qui est sûr, c'est que je ne perçois clairement la

1. Voir *Ideen* I, p. 94 [§ 50, p. 164-165]. Il est question ici de « l'indépendance » (*Selbständigkeit*) sur laquelle je reviendrai bientôt. [C'est à partir de 1929, avec les « Bemerkungen zum Problem « Idealismus-Realismus » », qu'Ingarden fixe plus fermement sa terminologie et distingue l'indépendance ontologique – *Seins-unabhängigkeit* – dont il est en fait question ici, de la séparabilité ontologique – *Seins-selbständigkeit*; pour ce texte voir le Supplément 11 du *Jahrbuch für Philosophie und phänomenologische Forschung*, Halle 1929, p. 159-190, (Ndt)].

différence d'essence que dans l'opposition : monde réel extérieur – conscience. En revanche, comment cela s'accorde avec l'opposition : sujet psychique – conscience pure, je ne le vois pas bien clairement. En restreignant le problème au monde réel extérieur, je crois pouvoir soutenir la proposition suivante : « Tout ce qui est réel est spatial ou fondé sur quelque chose de spatial ». Par opposition, la conscience pure est par essence non-spatiale, ce qui *ne* signifie *pas* une détermination positive,
mais | une complète privation. Si une conscience pure existait toute seule, 7
personne n'aurait l'idée de parler de la non-spatialité de la conscience. On la caractériserait exclusivement par d'autres déterminations positives tout à fait étrangères à l'idée d'espace. Le fait essentiel [*Wesenfaktum*] de l'élargissement (étendue) des données sensorielles ne me paraît pas comporter de difficultés, car c'est en effet la grande question de savoir si les données sensorielles doivent être considérées comme relevant de la « conscience ». C'est la différence dans le *mode d'être* que je considère comme l'hétérogénéité de fond entre la conscience et le monde réel extérieur. Je prends bien aussi en considération la différence dans le mode de donnée, mais cela relève d'un autre groupe de problèmes. En conséquence de la première proposition, se dégagent les affirmations suivantes : tout ce qui est réel (au sens du monde extérieur) et indépendant peut être divisé en parties et éventuellement être détruit par séparation des parties, ou bien – pour autant qu'il soit question de choses indépendantes fondées seulement sur l'espace – est destructible par division en parties de ce qui le fonde, (tous les processus sont dépendants). La différence dans le mode d'être consiste dans le fait que le réel mondain extérieur est essentiellement un être « muet » (obscur, immobile, « inconscient »), tandis que la conscience existe précisément en étant consciente d'elle-même, (une flamme s'enflammant d'elle-même), elle est un viser *se vivant* lui-même [*ein sichselbst durchlebendes Meinen*] (sans réflexion). L'être de la conscience réside dans *l'opération* de ce viser *intuitif*, un viser qui selon sa « clarté » peut admettre différents degrés (si l'on accepte ce terme) jusqu'à la conscience parfaite la plus haute (il ne s'agit bien sûr que de différences qualitatives hétérogènes). Mais cette conscience ne peut jamais complètement manquer, et elle doit être impliquée en *chaque* vécu en tant que couche de fondation (voir Brentano et la 5e *Recherche Logique*).

C'est cette différence fondamentale dans le mode d'être que je ne peux rejeter. Je suis tout prêt à admettre que cette thèse (et cela n'a rien de nouveau) doit s'affronter à de nombreuses difficultés. Entre autres choses, il faut se demander ce que sont ces différents noèmes, pour autant qu'ils représentent une profusion accessible à l'intuition. J'ai beaucoup de peine à les attribuer à la conscience, en un sens authentique. D'un autre côté, ils ne sont pas des « choses » du monde extérieur réel. Mais doivent-ils nécessairement être *soit* l'un *soit* l'autre ? Sur ce point, seule la perspective de la constitution noématique peut apporter une réponse définitive. Mais cela ne peut remettre en question justement la proposition soutenue.

8 | Et maintenant quelques remarques de discussion. N'importe quelle chose réelle peut certainement devenir un « objet intentionnel ». Mais cela n'épuise pas son essence. Plus encore, il n'appartient pas du tout à son essence qu'elle *soit* un objet intentionnel. Elle peut exister sans être perçue ni visée de quelque autre manière. Par contre, une conscience qui ne serait pas simplement un vivre-de-soi-même [*ein Selbst-durchleben*], qui ne serait pas en quelque sorte *présente-à-elle-même* par la seule opération de l'intuition (ce qui est une autre façon de nommer la conscience) est un non-sens. Elle ne pourrait pas être. *Là* réside la raison pour laquelle nous pouvons « savoir » quelque chose en général de notre « vie interne » [*Durchlebnissen*] (sans avoir à y réfléchir). Le fait essentiel selon lequel le vécu apparaît toujours dans la réflexion comme ayant déjà eu lieu[1] est seulement une expression, une conséquence qui ne pourrait pas avoir lieu sans le mode d'être essentiel de la conscience.

(Pardonnez-moi, cher Professeur, pour toutes ces hérésies. Mais il me faut les exprimer. C'est d'ailleurs cette effervescence interne qui ne me permet pas de finir mon travail sur Bergson[2]. Il me faut en passer par là. Il doit y avoir beaucoup d'erreurs dans tout ce que j'écris, mais on ne peut se libérer du faux qu'en se l'opposant d'abord comme vrai).

La réalité n'existe que pour autant qu'elle est quelque chose existant « en soi ». En quelque façon qu'elle puisse être visée, cela ne relève pas d'elle. Elle est ce qu'elle est « en soi » et existe en tant que telle, elle est un être complet en soi en tout temps et universellement déterminé. Il n'y a pas d'indéterminité dans le monde, à l'exception de l'indéterminé d'une puissance, laquelle est elle-même *totalement* déterminée. C'est pour cette seule raison que je ne peux concevoir la chose en tant que multiplicité perceptive infinie de noèmes-de-chose, se motivant et se justifiant soi-même comme concordante [*einstimming*], et que je ne peux pas non plus admettre la chose en tant que sens unitaire (ou, en termes kantiens, en tant qu'« idée ») régnant à travers cette multiplicité. Les *Ideen* affirment bien

1. [Voir *Ideen* § 45. Note de l'éditeur distinguée par les crochets carrés].

2. Remarque de 1951 : naturellement, le « travail sur Bergson » était prêt depuis longtemps – depuis l'été 1918, puisqu'il avait déjà été présenté comme travail de Doctorat à l'automne 1917 et que l'examen a eu lieu le 16-01-1918. Il s'agit seulement de la rédaction définitive de cette dissertation de Doctorat préparée en vue de l'impression. Elle n'a été envoyée à Husserl qu'en juin 1920.

cela dans certains passages (« Transcendance de la chose »)[1] et cependant – quand la chose est réduite (ce qui implique qu'elle est quelque chose de visé et *seulement* quelque chose de visé, et « rien au-delà de cela ») les *Ideen* ne nient pas expressément la transcendance, mais elles la réinterprètent de telle manière que cela aboutit à cette négation. | Car « transcendance » signifie 9
alors, *ou bien* une construction déterminée du noème perceptif, c'est-à-dire un rapport déterminé entre le sens visé dans la perception et plusieurs composants du noème accessibles à l'intuition et servant de soubassement, *ou bien* elle signifie une relation déterminée entre les sens noématiques appartenant à différentes couches d'objectivation. Mais cela peut-il vraiment être considéré comme transcendance ? Je sais que la transcendance a un « sens », comme toute chose dans une considération relevant de la théorie de la connaissance, et que ce sens réside précisément dans les relations indiquées, c'est-à-dire se légitime soi-même à l'intérieur de ces relations, mais la transcendance *est-elle* une connexion de sens ?

La position des *Ideen* dans ces questions conduit à un problème qui est insoluble aussi longtemps que l'on ne présuppose pas un *être véritablement étranger* à la conscience pure individuelle. Strictement parlant, il n'y a du point de vue des *Ideen* qu'une seule conscience, qui est *absolue* et qui ne peut même pas être appelée « mienne ». Pour cette raison, on devrait tout à fait rayer la désignation plus précise « d'individuelle ». Je ne vois pas du tout pourquoi l'être des autres consciences devrait être considéré comme *plus* que quelque chose de seulement « visé », d'autant plus que « l'empathie » [*Einfühlung*] est *fondée* sur la perception externe. Et comme les *Ideen* l'affirment tout à fait correctement : il n'appartient pas à l'essence de la conscience qu'un monde ait à se constituer en elle[2]. Par conséquent, on doit encore soulever la question du principe d'un monde trouvé *factuellement*. Du point de vue des *Ideen*, on ne peut certainement pas le chercher dans le monde lui-même. De cette manière, on accède à l'idée d'une téléologie avec la position d'une divinité qui serait donnée à travers différentes manifestations « intuitives ». Au premier abord, il n'y a rien à objecter à cela, quoique que cela ne fasse que déplacer le problème si l'on n'y ajoute pas un quelconque principe *éthique*. (Mais alors les valeurs *éthiques* devraient être transcendantes et *absolues*).

Mais malgré cela, il reste deux possibilités : *soit* Descartes a raison et Dieu est une *clara et distincta perceptio* (*idea*), donc il *ne* peut *pas* être mis entre parenthèses par la réduction, il est *immanent*, et n'est rien d'autre au fond que la « raison régnant dans la conscience ». Mais de cette manière le problème n'est pas résolu, mais seulement posé en des termes différents

1. [Voir *Ideen* § 42].
2. [Voir *Ideen* § 49].

10 (ou | c'est un semblant de solution). *Soit* Descartes n'a pas raison, Dieu est transcendant et peut être mis entre parenthèses. Mais alors je ne vois pas pourquoi Dieu devrait être un être *absolu*, un « être-en-soi », et non pas *seulement* quelque chose de visé[1]. Je comprends très bien qu'il puisse y avoir différentes sortes de transcendance, mais si la transcendance de Dieu est bien une *transcendance* (et on garde la position des *Ideen*) alors, dans ce cas Dieu également est seulement quelque chose de visé et il n'y a pas de nécessité à ce qu'Il soit un être « en-soi », absolu.

Ici on peut me faire une objection. Peut-être, diriez-vous, que la raison pour laquelle le monde ou « le réel » ne peut être une chose « en-soi » au sens absolu ne réside pas dans la transcendance en tant que telle, mais dans le *genre* déterminé de la transcendance du monde.

Au premier abord, je n'aurai rien à répondre à cela. Mais cette objection vient fort à propos pour moi parce qu'elle fait prendre conscience de la question : pourquoi le « réel » (lequel ne doit pas signifier « immanent » car ce serait tout à fait évident) ne peut-il donc pas être un « en-soi » pris au sens absolu ? Quelle en est la cause ?

D'après le sens de l'expérience, le donné (éventuellement le prétendu tel) n'est « réalité » que lorsqu'il n'est pas *mon* « imagination ». Dans ce contexte, « imagination » signifie bien plus qu'une « visée insuffisamment motivée ». D'autre part, « réalité » signifie plus, voire même autre chose qu'une « visée suffisamment motivée par le cours antérieur de l'expérience ». La motivation suffisante d'une visée selon la raison objective ne veut pas seulement dire qu'il n'y a pas de conflit dans les synthèses de l'expérience, mais surtout que, dans chaque membre des synthèses de l'expérience, quelque chose s'annonce soi-même, qui est « en-soi ». Cela veut dire aussi que dans les actes de l'expérience en question, je me heurte à quelque chose, qui se donne comme « non-moi » et non-conscience, quelque chose d'étranger à la conscience et existant pour soi. « Objectivement valide » signifie d'une part « motivé par la raison », et de l'autre « correspondant à l'être en soi ». Certes, du point de vue de la théorie de la connaissance, la vérité est dans l'adéquation des deux sens. Mais il appartient justement au « sens » du sens d'un objet réel d'être le sens de cet objet, d'être *incarné* « en » lui. Du moment que cet objet n'existe pas, ce
11 sens n'existe pas non plus. | Mais cela veut dire que : d'après le sens de l'expérience, comme aussi bien de la vérité, la réalité est un être qui est *différent* de la conscience, *différent* de n'importe quelle sorte de sens noématique, et qu'elle est une entité existant « en soi ». Cet être différent de la conscience, par suite du sens noématique, détermine justement une signification de la « transcendance ». En ce sens, la transcendance d'un

1. [Voir *Ideen* § 58].

objet réel n'exclut pas son « être en soi », mais bien plutôt elle l'*exige*, pour autant que l'objet doive vraiment exister. A parler de manière strictement idéale, il existe aussi, bien sûr, la possibilité vide que toutes les « visées » ne soient rien de plus que des « visées », c'est-à-dire la possibilité d'une quelconque « apparence transcendantale » à la manière du « comme si » de Vaihinger[1] (dont il faudrait démontrer par ailleurs la réalité). Mais, dans ce cas, cela ne change rien au *sens* de la réalité que je défends fermement ici, il est bien plutôt présupposé dans ce cas – c'est justement pourquoi il se nomme « *apparence* transcendantale ». D'autre part, ces « sens-comme-si » *ne* sont *pas* du tout eux-mêmes transcendants, au moins dans le sens mentionné plus haut. Évidemment ils sont transcendants en tant qu'objectités idéales, ce qui est un autre problème. Mais s'il devait y avoir une réalité, alors elle devrait nécessairement être différente par principe de ces sens-comme-si.

Il y a cependant un autre sens de « transcendance » qui se scinde en deux sous-significations. 1) En référence à une perception *isolée* : le sens (le plus haut, en un certain sens celui qui comprend le tout) dominant la perception, à savoir le perçu en tant que tel, transcende (de manière différente, si l'on peut dire, selon la superposition des couches) ce qui est véritablement rempli, (et cela non seulement de manière factuelle mais essentielle). 2) [La seconde signification de transcendance] c'est que le sens de la réalité (de l'objet réel) *transcende* nécessairement le sens du remplissement de chaque multiplicité *finie* des synthèses perceptives.

Peut-être ce sens de « transcendance » exclut-il « l'être-en-soi » de la réalité ? Il me semble que, ou bien ce sens est sans valeur pour la question qui nous intéresse, ou bien il demande une solution du problème en accord avec *mon* idée.

I) Ou bien cette transcendance ne concerne qu'une caractéristique [*Bestimmtheit*] des structures noématiques, et elle ne relève alors pas de notre question. Cela reste vrai si le « sens de l'objet réel », dans la proposition ci-dessus (n°2), est conçu comme une signification, à savoir comme un concept (ou une essence). Dans ce | cas, donc, il s'agit d'une 12
relation entre *deux sens* différents et, quant à savoir ce qu'il en est de cette relation, c'est sans intérêt pour la question de savoir si la réalité est un « étant en soi ».

II) Ou bien l'expression « sens de l'objet réel » signifie le sens *incarné* dans l'objet réel. Mais alors cette transcendance exige que l'objet réel existe « en soi », puisqu'alors seulement le « sens de l'objet réel » peut exister et

1. Hans Vaihinger, (1852-1933), philosophe allemand ayant lui-même défini sa philosophie comme un « idéalisme positiviste » (ou un « irrationalisme idéaliste ») dans *La philosophie du « comme si »*, Berlin, 1921, (Ndt).

résider dans la relation de transcendance vis-à-vis des multiplicités de remplissement[1].

Je considère les problèmes de légitimation [*Ausweisung*] qui s'imposent ici comme des problèmes par principe différents. Cela s'exprime de manière concrète par la question : qu'est-ce qui nous donne le droit de poser le sens incarné de la réalité, par suite, la réalité elle-même ? Cette question conduit à un nouveau sens de transcendance et est liée à une nouvelle série de problèmes, de questions de légitimation et de questions de théorie de la connaissance. Nous en discuterons plus tard. La seule chose à noter ici est que l'on n'a pas le droit de confondre les deux sujets différents suivants : Le nouveau sens de transcendance auquel nous venons de nous référer consiste en ce que le mode d'être de la réalité s'étend au-delà de la *valeur de position* légitimable (accessible) dans la multiplicité *finie* de l'expérience. Sans nous occuper ici de cette proposition relevant essentiellement de la théorie de la connaissance, je fais remarquer ceci : on ne doit pas confondre le mode d'être avec la valeur de position. Si l'on se garde de cette confusion, le sens de la réalité auquel j'aspire sera garanti ; mais si cette confusion a lieu, c'est-à-dire si on identifie volontairement les deux en se basant sur le présupposé : réalité = sens noématique = conscience, on doit admettre qu'il n'y a alors vraiment aucune raison pour soutenir la position de la transcendance III. Ou bien alors que, si la proposition sur la transcendance III était correcte, on se heurterait à un non-sens inouï à l'intérieur des connexions-de-sens-de-conscience. Mais cette proposition n'implique aucun non-sens de principe, si l'on se garde de la confusion (indiquée).

Je ne vois pas – du moins d'après la considération précédente – la raison qui exclurait « l'être-en-soi » (l'être qui est plus qu'un être intentionnel) de
13 la réalité. | La seule question restante maintenant est de savoir si quelque chose pourrait ébranler ce résultat ? Je peux, bien sûr, me tromper. Mais dans le cas où les propositions énoncées seraient évidentes, la question est de savoir s'il existe une possibilité de remettre en cause ce qui a été dit. Il s'agissait d'une recherche sur le sens, c'est-à-dire une recherche sur l'essence du sens *constitué* de la réalité. Elle est correcte s'il y a une « essence » qui correspond comme essence aux assertions émises[2]. Qu'est-

1. Remarque de 1951 : la dernière signification du mot ne peut être prise en considération car une essence, en tant qu'essence pour la réalité ne peut pas se trouver dans la relation de transcendance indiquée plus haut.

2. J'utilise ici le terme d'essence (*Wesen*) en conformité avec la terminologie de Husserl à cette époque. Aujourd'hui, à la place de ce mot, j'emploierais « idée » ou « objet idéal », ou enfin « essentialité (*Wesenheit*) », selon le contexte et également par opposition avec l'expression « l'essence de quelque chose » (l'essence d'Adam Mickiewicz, ou l'essence de la maison dans laquelle je vis à présent). J'ai mis au jour ces différenciations pour la

ce qui nous garantit cette existence (la donnée étant présupposée)? L'essence elle-même est naturellement étrangère à la conscience. En ce sens, elle est transcendante. D'après la proposition sur la connaissance *a priori*, il y a *un* acte correspondant dans lequel cette essence est accessible à l'intuition de manière adéquate. Les transcendances II et III ne jouent donc aucun rôle. (Naturellement, il n'y a pas ici de donation par esquisses. Une analyse *très précise* de cet état de chose serait nécessaire, mais jusqu'à présent elle n'a pas été faite). D'après la proposition sur l'*a priori*, cette connaissance est inébranlable. En d'autres termes : « il y a » bien une essence appropriée [*es gibt*] [1]. Il est donc possible d'avoir une connaissance absolue d'un objet transcendant au sens (I). Ensuite survient cette idée : la situation reste-t-elle la même quand on effectue une considération constitutive ?

Et en premier lieu, que signifie « considération constitutive » ? Il me semble que l'on pourrait regrouper sous ce nom une série de problèmes de nature différente.

Tout d'abord : 1) la constitution en tant que *structure statique* de l'acte et du noème. La mise au jour des différents moments du noème et de l'acte, la saisie de la fonction que remplissent ces moments individuels, de même que celle des connexions de sens et des dépendances existant entre les moments, à savoir entre noème et noèse (acte). Concrètement : comment un noème d'acte *pré-donné* est-il construit (d'un point de vue *éidétique*) ?

| 2) A ceci se joint un examen plus profond orienté par cette pensée directrice : de quelle manière un noème d'acte *doit*-il être construit, dans le cas où le sens supérieur du noème doit être déterminé (de sorte qu'il puisse l'être) ? C'est-à-dire : que doivent contenir les moments formant les couches inférieures, par suite comment faire jouer les limites de la variabilité dans les moments individuels pour que le sens supérieur du noème puisse apparaître en tant que donné (parallèlement, que doivent contenir les moments de l'acte) ? **14**

En 1) on se maintient sur le sol de la facticité absolue, bien que la considération soit d'ordre éidétique. Le sens supérieur (la proposition complète [*der volle Satz*]) [2] du noème est présupposé comme valide (comme

première fois dans mon traité de qualification *Essentiale Fragen* (1925), présenté en polonais pour l'épreuve de qualification en 1924, lequel n'a pas encore paru en polonais, (1961).

1. Dans tout ce passage, le texte joue de manière insistante sur la parenté lexicale de la donnée – *Gegebenheit* – et de l'affirmation d'existence : il y a – *es gibt*. (Ndt).

2. C'est un terme introduit par Husserl dans les *Ideen* I (cf. § 133) seulement dans le cas particulier où cela constituerait le corrélat d'une « proposition » et particulièrement d'un état de choses visé. Il est impossible de développer cela sans une référence détaillée aux textes de Husserl. Je présuppose naturellement ici que ces textes sont bien connus, puisqu'il s'agit d'une lettre adressée à l'auteur des *Ideen* I, (1961).

légitime), il en est de même pour l'existence de l'acte, et la question porte seulement sur la structure dans son caractère factuel-essentiel. Dans le second cas, le sens complet du noème est présupposé et la question porte sur les conditions de possibilité – tant nécessaires que suffisantes – fondant la structure du noème et de l'acte. Un sens noématique supérieur et complet devient effectivement coordonné à une sphère d'actes et de noèmes « possibles ». Les variations qui apparaissent là doivent aussi être conçues de manière « statique ». Ou pour le dire autrement : nous considérons un seul acte-noème, détaché du flux de la conscience, c'est-à-dire du flux de noèmes. Ici nous ne poursuivons pas [l'analyse en direction] des synthèses continues qui peuvent avoir lieu entre plusieurs noèmes et actes, ni les éventuelles dépendances du sens d'un noème particulier par rapport à d'autres noèmes (actes) et par rapport aux connexions synthétiques.

3) Il s'ensuit un examen des synthèses continues entre actes et noèmes et, plus avant, des légalités [*Gesetzmässigkeiten*] dominant en cet endroit les conditions de possibilité de la donation intuitive du sens (des noèmes).

4) La considération de la légitimité constitutive [*Rechtsbetrachtung*]. C'est ici le domaine des dernières décisions de la théorie de la connaissance. Le cours de la considération va à rebours des cas précédents. Ce *n'est pas* le sens supérieur, le sens noématique complet (d'un acte simple
15 d'abord, puis d'actes supérieurs, édifiés, fondés, etc.) | qui est présupposé ici comme « valide », mais ce sont les *derniers* éléments originaires (« les plus inférieurs ») du noème, ceux qui ne sont plus eux-mêmes « constitués », que l'on doit *établir* en tant qu'*absolue facticité* et examiner dans leur contenu et leur forme, d'après leur *essence*. Plus avant, il s'agit de rechercher si le contenu [*Gehalt*] (et la forme) de ces éléments, tant la structure ultérieure du noème tout entier que celle de l'acte correspondant, sont de nature telle que le sens noématique supérieur, qui est à poser avec le contenu de ces éléments dans le noème[1], doive *nécessairement* être donné. Ce qui sert de ligne directrice ici c'est l'opposition originaire entre le « subjectif » (ce qui est apparenté à la conscience) et « l'objectif » (l'« être-en-soi » étranger à la conscience). Ce qui doit servir de point de départ c'est la *saisie absolue de l'essence de la conscience* (de l'acte). D'autre part, on doit, comme il a été dit, établir dans leur absolue facticité les derniers éléments originaires des noèmes (les éléments inférieurs) et les examiner dans leur essence. Enfin, on doit saisir clairement le contenu du sens noé-

1. Plus précisément : dans son ultime fondation et dans la construction successive des strates noématiques constitutives, (1961).

matique (objectif), qui doit être posé, de même que le sens de « l'objectivité » doit d'abord être recherché d'une manière pré-constitutive, pour être ensuite établi en tant que ce qui est à supposer et à poser (dans le cas où il *se légitimerait* comme valide dans la constitution). Le sens supérieur du noème (noème d'objet) s'avère alors « valide » si, comme on l'a dit, le contenu et la forme des derniers éléments (moments) originaires sont de nature telle que, chacune des strates contenues dans le noème et construites les unes sur les autres, et ce jusqu'au noème-d'objet du vécu de connaissance concerné (l'acte plus le noème), doit être *nécessairement* présente, c'est-à-dire doit être donnée.

Mais cette nécessité peut être comprise de différentes manières. Par exemple, on pourrait comprendre que le sens noématique n'est « nécessaire » que pour autant qu'il existe un acte correspondant (ou le composant d'un acte). Cependant, il ne s'agit pas de cette nécessité. Il existe, certes, une corrélation nécessaire entre noèse et noème, telle qu'à une intention déterminée corresponde nécessairement un visé tout à fait déterminé (le visé en tant que tel). Mais l'exposé de cette connexion ne nous aiderait pas dans notre but de faire apparaître la validité de la connaissance autant que de l'existence de ce qui est ultimement « objectif ». Il s'agit bien plus ici d'une nécessité qui n'est pas | fondée exclusivement dans les actes. Plus 16
précisément, chaque acte comporte en lui-même quelque chose qui est visé, mais, inversement, les actes (*la plupart* des actes) sont essentiellement motivés par les éléments du noème. La question est de savoir si les actes, et corrélativement les sens noématiques qui sont à légitimer de manière constitutive, sont nécessairement motivés justement par ces derniers éléments noématiques originaires, ou si leur présence est *relative* par rapport à d'autres éléments extra-noématiques, de sorte qu'alors le sens noématique supérieur participerait aussi de cette relativité. Chaque acte signifie activité et, en de nombreux cas, cette activité est indispensable pour la compréhension de l'objet. Mais, dans le domaine de l'activité, on doit distinguer entre une activité constructive et « arbitraire », qui peut être conditionnée par autre chose que de purs motifs de connaissance, et une activité qu'on définirait comme *passive*, une activité *découlant* des derniers éléments noématiques suivant leur sens. Chaque élément noématique fait suite à une « appréhension » [*Auffassung*] (acte) et, corrélativement, fait suite à ce qui est appréhendé en tant que tel. Si cette « succession » est telle que « l'acte » fait suite aux éléments noématiques d'une manière active-passive, (ce qui rend possible une construction par superposition multiple : les éléments noématiques originaires – appréhension I, – ce qui est appréhendé I – appréhension II, – ce qui est appréhendé II – ainsi jusqu'au sens noématique supérieur) et, si « l'acte » est *exclusivement* motivé par les

derniers éléments noématiques (c'est-à-dire par les sens déjà légitimés comme « valides »), alors le sens noématique supérieur est *nécessairement* donné et l'objet se justifie lui-même comme existant. Bien sûr cette nécessité n'est pas pure. Elle est altérée et conditionnée par l'absolue facticité des éléments noématiques originaires. Dans le cas contraire où le sens ne se justifie pas de lui-même dans la constitution (bien qu'il soit supposé donné dans la considération de pré-constitution), l'objet n'existe pas « en soi » ; il est d'une certaine manière « relatif ».

La considération de la légitimité constitutive [*Rechtsbetrachtung*] est divisée en deux groupes de problèmes : 1) la légitimation des sens matériels, c'est-à-dire la considération de la légitimité d'un point de vue constitutif matériel (la métaphysique, ou sa partie fondamentale)[1], et 2) la légitimation des catégories, c'est-à-dire la considération de la légitimité d'un point de vue constitutif formel (la doctrine de justification formelle des catégories).

17 | 5) La constitution comme genèse idéale des noèmes. Étant donné que dans la série des noèmes appartenant à un objet identique, de nombreux noèmes d'une espèce conditionnent le sens des autres, de telle manière qu'ils doivent être conçus comme étant « antérieurs » aux autres, on peut comprendre les connexions existant entre les noèmes individuels (et dans les différentes couches d'objectivation) dans le sens d'une succession. Et la multiplicité de noèmes enfermés dans un sens-d'objet identique peut alors être interprétée comme une suite de développement (comme un continuum) du sens noématique définitivement constitué. La mise au jour des légalités respectives (qui, bien sûr, ne recouvriraient pas seulement la sphère des noèmes, mais aussi celle des actes), aussi bien que des possibilités données à ce stade, établirait une genèse idéale des sens noématiques. Une telle recherche, conduite d'un point de vue noétique mais reliée par essence à la sphère noématique – et en tenant compte des différences individuelles, par suite des types – constituerait une théorie idéale de développement des types possibles de sujets de connaissance (l'instinct, l'intellect, etc.). Tout ceci dans la sphère d'immanence. C'est là qu'il faudrait chercher une partie des fondations théorétiques a priori de la psychologie génétique.

Un aperçu plus précis de la problématique des sphères de recherches mentionnées plus haut, autant que des conditions de possibilité de telles recherches, voilà une des tâches thématiques les plus importantes dont il faudrait s'acquitter sitôt que possible.

Maintenant nous pouvons revenir à notre thème spécifique. La question était : y a-t-il quoi que ce soit qui puisse mettre en question notre résultat

1. Aujourd'hui, je ne comprendrais plus la métaphysique de cette manière. Voir mon livre *Der Streit um die Existenz der Welt*, t. I. (1961).

sur l'essence de la réalité (en supposant que l'on puisse exclure une « erreur » de la considération) ? Maintenant, la réponse tombe sous le sens. Mais, pour la rendre complète, il faut remarquer ce qui suit. On doit distinguer entre essences *pures* absolues, auxquelles par principe aucune réalisation ne peut correspondre (par exemple, les objectités géométriques) et les essences autorisant des réalisations (essences dans la réalisation). Les premières existent pour autant qu'elles sont saisissables dans un sens unitaire d'intuition. La condition de leur existence stipule la conformité à la loi de l'intuition correspondante. Les autres essences, au contraire, sont conditionnées par l'essence de l'être concret en tant que tel, et elles n'existent en tant qu'essences que pour autant qu'elles remplissent les conditions prescrites par l'essence de l'être concret. | D'autre part, il y a des **18**
essences qui *doivent* exister dans le cas où d'autres essences bien déterminées existent. Au sens tout à fait *radical* du terme, il n'existe aucune essence telle qu'elle *ait à* exister *nécessairement*. Nous devons nécessairement rencontrer quelque part un *fait* [*Faktum*] d'existence. Maintenant, parmi ces faits, certains sont tels que leur position d'existence – dès l'instant où elle est posée une fois – est « absolue », insuppressible (excluant tout doute) ; il y en a d'autres pour lesquels ce n'est pas le cas. Parallèlement, parmi les essences autorisant l'incarnation dans un être concret, il y a celles dont l'incarnation offre une position absolue d'existence. Et, parmi ces dernières à nouveau, certaines qui devraient exister de manière indépendante, et d'autres qui – à cause des connexions de légitimité constitutives dont on a parlé plus haut – devraient exister *nécessairement, dans le cas où* les premières existeraient. Au moyen de la saisie immanente, par suite absolue des incarnations des premières, l'existence des autres est en même temps assurée.

Nous pouvons dire maintenant ce que peut nous donner la saisie du sens de la réalité, d'après une considération constitutive. Une saisie du sens (c'est-à-dire de l'essence) est indubitable en tant que connaissance a priori, pourvu qu'il s'agisse justement d'une saisie rigoureuse. Mais tout ce qui est « donné » n'est pas « véritablement », légitimement donné. Les considérations constitutives I-IV et surtout l'examen de légitimité constitutive IV peuvent nous dire, en premier lieu, si la saisie supposée est bien une saisie véritable. Mais en second lieu, la considération constitutive peut nous dire si le sens (l'essence) de réalité existe bien *nécessairement* (objectivement, au sens indiqué plus haut) et s'il est légitime ou non, *dans le cas où* les éléments originaires du noème sont établis de manière absolue. Si c'était vraiment le cas, alors notre résultat concernant l'essence de la réalité serait assuré. Dans l'autre cas, il y aurait deux possibilités :

1) La saisie n'était pas une « véritable » saisie. Il faut alors justifier que c'est le cas et pourquoi. En même temps, il faut établir – au cas où l'idée de la réalité n'est pas absurde en soi (ce qu'il faudrait aussi justifier, si…) – un autre sens de la réalité, et cette fois le « bon ».

2) La saisie était une « vraie » saisie, le sens de la réalité est bien celui que nous visons, mais il n'est pas « nécessaire ». Il est, en quelque manière, quelque chose de relatif, il est une « construction » et se réduit à cela. Dans ce cas, il ne serait pas légitime de vouloir fonder l'idée que la réalité *est* un « être en-soi ». Elle prétendait certes être telle, avoir ce sens, mais ce n'était
19 qu'une | prétention [*Vermeinung*] relative. Mais alors, il faudrait en même temps indiquer comment on en arrive à cette prétention, (à un « comme-si » transcendantal).

Ainsi, le problème ontologique de départ aboutit à une considération relevant de la théorie de la connaissance. Mais, avant de se tourner vers elle, nous voulons signaler d'autres problèmes ontologiques à propos de la « question de l'Idéalisme ».

Supposons, pour commencer, que l'on doive véritablement concevoir le sens de la réalité comme je l'ai fait, qu'il se maintienne aussi dans un examen constitutif et, donc, que toute chose réelle soit un « être en-soi », et que le monde réel extérieur soit quelque chose d'essentiellement étranger à la conscience. En premier lieu, surgit une question ontologique : l'essence de la réalité est-elle une essence indépendante et, plus particulièrement, une essence indépendante par rapport à l'essence de la conscience – en tant qu'*essence* – ou pas ?

Il y a en principe quatre possibilités :

1) La réalité (en tant qu'essence) est dépendante, et l'essence-conscience [*Wesen-Bewußtsein*] est indépendante, c'est-à-dire que cette dernière pourrait exister sans l'essence de la réalité.

2) L'essence de la réalité et l'essence de la conscience sont indépendantes.

3) L'essence de la réalité est indépendante. La conscience est dépendante.

4) Les deux sont dépendantes et dépendent l'une de l'autre.

Aussi loin que je puisse voir, la question se présente comme suit :

Ici s'arrête le brouillon de la lettre. Je ne me souviens pas de quelle manière il se terminait. Il est clair que la dernière différenciation conduit à quatre solutions possibles [du problème] « Réalisme-Idéalisme », mais je ne pourrais pas retrouver parmi mes écrits les solutions que j'avais alors conçues. Néanmoins, quiconque est familier de mes derniers écrits peut voir qu'en dépit de son caractère d'esquisse et de ses nombreuses obscurités, la lettre contient le germe de mes diverses conceptions ultérieures,

depuis la dissertation « Du danger de *petitio principii* dans la théorie de la connaissance », que j'ai écrite durant l'automne et l'hiver 1918-19, et dont j'ai publié une partie en allemand sous le même titre, jusqu'à mon œuvre la *Controverse sur l'existence du monde*. Cette lettre contient aussi une esquisse des problèmes qui m'ont intéressé dans toute une série de travaux que je n'ai pas encore publiés – tels que l'*Introduction à la théorie de la connaissance*, ou les recherches de nombreuses années | consacrées à la 20
perception externe que j'ai seulement présentées quelquefois en public dans mes cours d'université à Lvov (1926) et à Cracovie (1948-49). Par rapport aux points de vue de Husserl, cette lettre contient une série de considérations critiques et de propositions théorétiques alternatives, qui ne sont pas restées sans importance pour les dernières recherches de Husserl. Malgré les nombreuses insuffisances de ces remarques ébauchées et incomplètes, il existe une raison suffisante pour publier cette lettre, précisément le fait que la dernière rédaction envoyée à Husserl, à l'été 1918, ait été perdue.

La lettre montre aussi comment mes réserves à l'égard de l'idéalisme de Husserl sont apparues très tôt. Associée à mes remarques sur les *Méditations Cartésiennes* – publiées à part en allemand – c'est finalement la preuve du fait que je n'ai jamais caché ma position critique vis-à-vis de l'idéalisme de Husserl, mais que j'en ai franchement discuté avec lui. Et ce fut le cas aussi bien dans nombre de mes lettres, des années 1918 à 1938, que dans les discussions (orales) menées lors de mes visites à Husserl à Fribourg dans les années 1927, 1928, 1934, 1936. Après tout, c'est pour Husserl que j'ai commencé à écrire *La Controverse sur l'existence du monde*, et c'est à lui que j'ai dédié, dans le second Festschrift de 1929, ma première esquisse de la problématique concernant la question de l'idéalisme, une esquisse qui n'a été révisée que plus tard, quoique partiellement, dans la *Controverse*. La présente lettre constitue l'embryon de ce processus théorétique qui m'a en fait occupé tout au long de ma vie d'étude.

REMARQUES SUR LE PROBLÈME « IDÉALISME-RÉALISME »[1]

§ 1. *Introduction*

| La polémique, si récurrente dans l'histoire de la philosophie moderne, 21
entre ce qu'il est convenu d'appeler « Idéalisme » et « Réalisme » n'a pas encore trouvé de solution en dépit de tentatives significatives : il y a toujours deux partis en lutte et ne se comprenant pas l'un l'autre. La raison en réside principalement dans le fait que cette polémique contient en vérité une série de différents groupes de problèmes, qui jusqu'à présent n'ont pas été nettement séparés ni leurs relations précisément clarifiées. Il me paraît indispensable de résoudre cette tâche avant tout autre chose. Les remarques suivantes doivent atteindre les lignes fondatrices d'une telle résolution[2].

§ 2. *Les présupposés et la formulation préliminaire de la polémique*

Comme toute polémique, la nôtre aussi résulte d'une série de présupposés. Je veux me limiter ici à ceux qui correspondent à la situation actuelle du problème, telle qu'elle se dégage des recherches de Husserl. Ce sont les suivants : 1. Il faut d'abord distinguer au moins deux sphères ontologiques [*Seinssphären*] d'objectités individuelles : a) la sphère de la

1. « Bemerkungen zum Problem « Idealismus-Realismus » », première publication dans Festschrift für Edmund Husserl zum 70. Geburtstag gewidmet, *Jahrbuch für Philosophie und Phänomenologische Forschung*, Niemeyer Verlag, Halle, 1929, p. 159-191. Le texte est repris dans les *Gesammelte Werke*, t. 5, p. 21-54, nous indiquons cette pagination entre-crochets.

2. Récemment, dans son article « Idealismus-Realismus » (*Philosophischer Anzeiger* II, 3 [Bonn 1927]) Max Scheler a cherché à délimiter les groupes de problèmes concernés. Si je propose ici un nouvel essai empruntant la même direction, c'est parce que les développements de Scheler, très précieux par ailleurs, ne vont pas toutefois au cœur des choses et sont de plus chargés d'obscurs présupposés métaphysiques. En outre, Scheler entend donner une solution positive au problème, tandis que je veux me limiter ici à mettre en évidence la problématique.

22 « conscience pure » au sens déterminé par Husserl, | et b) celle du « monde réel »[1]. 2. Les objectités réelles appartenant au monde réel sont données originairement en personne dans les actes de conscience de « l'expérience » – et à vrai dire dans « l'attitude naturelle » – en tant que présentes et douées de telles ou telles propriétés. 3. Ces objectités, de même que le monde réel dans son entier, sont « transcendantes » vis-à-vis des actes de la conscience pure dans lesquels elles sont données. C'est-à-dire qu'aucun élément du monde réel – qu'il s'agisse d'une chose, d'une propriété de chose ou d'un processus – n'est une partie réelle [*reell*] de l'acte de conscience dans lequel il est donné[2]. 4. Pour des raisons déterminées, que l'on n'a pas besoin de discuter ici en détail, l'être de la conscience pure est indubitable et absolu. En revanche, l'être du monde réel et, par suite, ses éléments, est par principe douteux en dépit de sa donation originaire en personne dans les actes d'expérience.

A partir de ce premier aperçu, la polémique paraît très simple : elle se rapporte à l'existence ou à la non-existence du monde réel et résulte de la différence dans la dubitabilité de l'être des deux sphères ontologiques, ainsi que de la transcendance du monde réel. Si on pouvait montrer qu'il n'existe pas de monde réel, alors il resterait simplement l'unique sphère ontologique de la conscience pure, et les « idéalistes » auraient raison. Dans le cas contraire, le point de vue des « réalistes » serait le bon.

§ 3. *Le postulat d'une différenciation des problèmes et d'une délimitation des différents groupes de problèmes*

La dubitabilité dont il était question dans le paragraphe précédent ne se rapporte pas seulement à l'être simple du monde réel, mais aussi à son être-ainsi [*Sosein*] tout entier. Elle repose alors, entre autres choses, sur les
23 caractères propres | du mode de connaissance (de ce que l'on appelle « l'expérience ») du monde réel[3]. Mais elle s'étend si loin que cela remet en question aussi bien la différenciation (appartenant aux présupposés de la polémique) du monde réel par rapport à la conscience pure, que le concept

1. Tout autre opposition, comme par ex. celle du « monde extérieur » et du « monde intérieur », etc. conduit à des difficultés inévitables et ne permet pas de faire ressortir purement les problèmes spécifiques.

2. Au concept de « transcendant » appartient aussi, selon H. Conrad-Martius, le fait que l'acte de conscience en cours d'opération – particulièrement l'acte de viser objectif – n'est pas capable d'interrompre le cours fatidique du monde réel. [Voir H. Conrad-Martius, « Zur Ontologie und Erscheinungslehre der realen Welt », *Jahrbuch für Philosophie und phäenomenologische Forschung*, 3 (1916), p. 390]. Cependant cette affirmation présuppose déjà une décision particulière quant à l'essence matérielle de la conscience, qui n'a pas sa place dans le cadre de la position du problème.

3. Voir les recherches de Husserl relatives à ce point, dans *Ideen zu einer reinen Phäenomenologie, in Jahrbuch für Philosophie*, t. I.

(obtenu sur la base de la connaissance de l'expérience) de monde réel et sa réalité, et donc met en question un mode d'être particulier. Mais en même temps la version exacte de la polémique devient problématique dans sa première formulation, et cela accroît la tâche de déterminer, à nouveaux frais et conformément au problème, le sens de la question ; tâche qui ne peut avoir lieu sans une recherche préliminaire.

D'autres raisons encore nous y contraignent. Tout d'abord, l'opposition simple et nette des deux réponses possibles au problème, mais s'excluant réciproquement, perd de sa simplicité dès que le mode d'être de l'éventuel et supposé monde réel est mis en question et avec lui ses relations existentielles à la conscience pure. Qu'une opposition simple et radicale entre l'être et le non-être ne soit pas ici suffisante, mais que bien plutôt une différenciation plus large des cas possibles soit exigée, cela ressort déjà du fait que beaucoup de chercheurs importants, se réclamant de « l'idéalisme » et récusant l'objection en toute rigueur, auraient nié l'existence du monde réel. D'ordinaire, on fait à ce propos une différence entre une existence du monde réel *dépendante* de la conscience pure et une autre qui en est *indépendante*. Après l'introduction de cette différence, ce ne sont plus deux mais au moins trois réponses possibles à la polémique qui se dégagent. Cependant, l'expression « être-dépendant » – comme le remarque aussi à juste titre Max Scheler – est encore bien assez équivoque pour causer d'amples confusions. Une recherche plus précise des moments des modes d'être possibles montre aussi que le nombre des solutions possibles de prime abord est encore plus grand. Dans ce contexte, la polémique aussi doit subir une différenciation correspondante.

Comme on l'a déjà indiqué, notre polémique repose sur la dubitabilité de l'être du monde réel ; dubitabilité reconnue par les deux partis et qui est ramenée par ces derniers à des particularités déterminées du mode de connaissance empirique. | Il semble donc que des motifs de nature exclusi- **24**
vement épistémologique conduisent à une polémique qui, au fond, est métaphysique, mais ne peut être résolue que de manière épistémologique. Cependant, ce ne sont pas seulement les caractères propres et particuliers du mode de connaissance qui conduisent à la dubitabilité de principe de l'être du monde réel et donc à notre polémique, mais aussi, d'après son essence, le fait ontologique selon lequel les objectités réelles sont par essence transcendantes vis-à-vis des actes de conscience. Par conséquent, la situation du problème se complique : pour résoudre une question métaphysique, il faut prendre en considération des problèmes de la théorie de la connaissance autant que de l'ontologie pure. Dans ce contexte, il se forme le soupçon que l'hétérogénéité des motifs et des problèmes, qui conduisent à la polémique et par suite contribuent à sa solution, n'introduise une

hétérogénéité dans la polémique elle-même et que, par suite, la question *unique* puisse se différencier en *plusieurs* questions différentes et groupes de questions. S'il en est bien ainsi, ce serait alors une faute – et par rapport à la méthode et par rapport à l'objet – que de laisser la polémique dans un état indifférencié. Une recherche préliminaire apparaît donc pour cette raison indispensable.

§ 4. *Les trois principaux groupes de problèmes*

Je commence par l'opposition des trois différents groupes de questions pour circonscrire ensuite leurs relations et leurs recoupements ainsi que leurs rôles dans l'ensemble du complexe de questions.

Il faut confronter les uns aux autres les problèmes 1. *ontologiques*, 2. *métaphysiques*, 3. et ceux relevant de la *théorie de la connaissance*. Pour des raisons de simplicité, je prends ici le concept d'ontologie de manière un peu plus large que ne le fait Husserl dans ses *Ideen*. A savoir que par ontologie, j'entends *toute* recherche apriorique sur le statut [*Gehalt*] des idées[1] qui appartiennent à un domaine unifié par une idée régionale et qui sont les idées d'entités-*d'être*. Sous l'ontologie, prise en ce sens, tombe
25 donc également la | phénoménologie de la conscience pure qui constitue aussi pour elle-même une région *ontologique* déterminée – en dépit de l'ampleur des différences qui la distinguent de toutes les régions ontologiques et que l'on ne saurait contester ici. J'oppose la métaphysique à l'ontologie – sans considérer ici leur possibilité et leurs limites – et j'entends par métaphysique, une recherche tournée vers l'essence des régions ontologiques (par suite celle de leurs éléments) existant à titre de *fait* [*faktisch*], vers l'essence de leurs relations réciproques et de leur ultime fondement ontologique ; une recherche qui a à statuer sur leur existence et leur être-ainsi *essentiellement factuels*. Enfin, sous les problèmes épistémologiques, je traite – encore une fois pour des raisons de simplicité – aussi bien des problèmes de la théorie de la connaissance pure [*Erkenntnistheorie*] que des différentes théories de la connaissance [*Erkennetnislehre*] appliquée[2].

§ 5. *Les trois groupes de problèmes ontologiques*

Les problèmes ontologiques, qui entrent ici en ligne de compte, se laissent à nouveau diviser en trois groupes : 1. les problèmes d'ontologie *existentielle*, 2. les problèmes d'ontologie *formelle*, 3. les problèmes d'ontologie *matérielle*.

1. Sur « l'idée » et le « statut de l'idée », voir mes « Essentialen Fragen » (Halle 1925, ou encore *Jahrbuch für Philosophie*, t. VII, p. 125 *sq.*)

2. Voir sur ce point mon ouvrage *Über die Stellung der Erkenntnistheorie im System der Philosophie*, Halle 1925. [Voir Gesammelte Werke, t. 6, p. 277-310].

La base de tout l'examen doit être établie en tant que telle par la mise en évidence claire de la différence *éidétique* entre la conscience pure et le réel – dans la cas où une telle différence existe. Cette différence doit être creusée dans trois directions : par rapport au mode d'existence, par rapport à la structure [*Aufbau*] formelle et par rapport à l'essence matérielle. La recherche doit en être accomplie d'une manière purement ontologique, c'est-à-dire d'une manière tout à fait indépendante de la question de savoir s'il existe de fait une conscience pure et, par suite, un monde réel.

§ 6. *Les problèmes d'ontologie existentielle*

Les recherches d'ontologie existentielle concernent les différents modes d'être possibles des étants en général et permettent de ne pas se limiter seulement à la saisie des deux modes d'existence que sont le réel et la conscience pure, mais doivent prendre en considération tous les modes d'être possibles et leurs moments. Une telle extension de la recherche | **26**
s'impose à nous du fait que l'idéalisme conséquent ne tend pas seulement à reconduire le monde réel à la conscience, mais encore toutes les autres régions ontologiques. En outre, il faut d'abord mettre en évidence, par ce moyen, les relations existentielles entre les objectités de différents modes d'être.

Les problèmes suivants nous intéressent particulièrement : puisque – d'après la formulation préliminaire du problème – la supposition d'un monde réel ontologiquement « dépendant » ou « indépendant » par rapport à la conscience pure est en question, il faut rechercher avant tout le statut de l'idée de *réalité*, en tant que mode d'être particulier. Il est bien sûr possible, par principe, que la « réalité » soit quelque chose de tout à fait spécifique et particulier, qui ne se laisse réduire à rien d'autre et que l'on ne peut donc découvrir que dans l'intuition. Mais même si c'était le cas, cela n'exclurait pas que l'on puisse, par abstraction, prélever sur elle des moments originaires et que, de la sorte, on puisse la questionner, d'après la saisie intuitive de sa totalité, sur sa parenté avec les autres modes d'être, et rechercher en particulier sa relation au mode d'être de la conscience pure. C'est aussi nécessaire parce qu'il ne s'agit pas seulement de déterminer le sens de la réalité, mais aussi de savoir si quelque chose qui, d'après son mode existentiel, est « réel », existe *eo ipso* d'une manière ontologiquement « dépendante » ou « indépendante », en un sens qu'il reste encore à déterminer.

Mais l'opposition courante de la dépendance et de l'indépendance ontologiques est totalement insuffisante. En vérité, d'un côté, les différents *modes* d'être, tels que « réalité » (« être-réel »), « être-idéal », « être-possible », le mode d'être de la conscience pure, etc., doivent être purement séparés les uns des autres et être opposés aux moments existentiels

originaires, prélevés sur eux par abstraction. D'un autre côté, ces moments doivent être clairement intuitionnés et déterminés d'après leur idée. Les analyses correspondantes montrent que, dans le cas de ce que l'on appelle la séparabilité ontologique, on n'a pas affaire à un mode d'être mais à un moment existentiel[1], et en outre, qu'à la place d'une *unique* et obscure opposition entre la dépendance et l'indépendance ontologiques, ce sont au
27 moins *quatre* oppositions qu'il faut confronter | :

1. L'autonomie et l'hétéronomie ontologiques (*Seins-autonomie – Seins-heteronomie*)
2. L'originarité et la dérivation ontologiques (*Seins-ursprünglichkeit – Seins-abgeleitetheit*)
3. La séparabilité et la non-séparabilité ontologiques (*Seins-selbständigkeit – Seins-unselbständigkeit*)
4. L'indépendance et la dépendance ontologiques (*Seins-unabhängigkeit – Seins-abhängigkeit*)

A ces oppositions, il faut encore en ajouter une, qui est souvent confondue avec elles et qui ne se rapporte pas à *l'être* mais à *l'être-ainsi* de l'objet; il s'agit de l'opposition entre l'absoluité et la non-absoluité de l'être-ainsi (*Sosein-unbedingheit und – bedingheit*). Nous nous en occuperons plus tard.

Éclaircissements : Ad 1. Une objectité[2] est *ontologiquement autonome* quand elle possède *en soi-même* son fondement d'être (quand en général elle est quelque chose *en soi-même*). Au contraire, une objectité est ontologiquement hétéronome si elle n'a pas son fondement en soi-même (si elle n'est *rien* de spécifique en *soi-même*).

Il est très difficile d'exprimer les moments fondamentaux de l'être, en particulier quand il n'est pas possible, du fait de circonstances externes, d'effectuer d'amples analyses dans un passage pour clarifier le sens des déterminations proposées et en dissiper les équivocités possibles. C'est pourquoi je voudrais, ici, au moins clarifier ces déterminations par quelques remarques. Prenons une essentialité [*Wesenheit*], par exemple, « le rouge », elle est ontologiquement autonome; elle a son fondement

1. Il n'est donc pas exact d'identifier réalité et autonomie d'être, comme le fait H. Conrad-Martius dans son traité *Zur Ontologie und Erscheinungslehre der realen Außenwelt.*

2. J'utilise ici le mot objectité [*Gegenständlichkeit*] au sens le plus large possible d'un quelque chose en général, et donc *non pas* au sens étroit d'un « sujet de qualités » (ou de propriétés), d'une « substance ». Il faut exclure aussi la signification qu'a le mot « objet » dans l'opposition « sujet-objet ».

ontologique en soi-même au sens où elle est *en elle-même* ce qu'elle est[1], elle existe par quelque chose qui lui est *propre*, elle est déterminée et *contient* en soi-même sa détermination. De la même façon, un objet serait ontologiquement autonome, s'il *était* rouge en ce sens qu'il contiendrait en soi la concrétisation de l'essentialité « rouge ». Sa détermination de rouge, comme tout ce qui en général est ontologiquement autonome, devrait lui être *immanente*. Et précisément, le fait que des déterminations quelconques soient immanentes à une objectité ne peut exister que là où il s'agit d'une objectité ontologiquement autonome. C'est bien cette immanence des déterminations propres, de l'être-ainsi tout entier, qui rend possible l'existence d'un objet ontologiquement autonome. | Au contraire, dans le **28**
cas d'une objectité *purement intentionnelle*, nous avons affaire à une objectité ontologiquement *hétéronome*, donc à une objectité qui puise tout son être et son être-ainsi dans l'opération et dans le statut d'un acte de conscience intentionnel et qui, *en général*, n'existe pas du tout en dehors de cette opération. Il faut fermement la distinguer de celle pour laquelle – comme Max Scheler l'a indiqué récemment fort à propos – il est tout à fait indifférent d'être touchée de manière *contingente* par l'intention d'un acte de conscience et de devenir aussi par là-même, *secondairement*, un objet intentionnel. La pure objectité intentionnelle en soi-même est proprement un Rien ; au sens strict, elle n'a aucune essence *propre*, ainsi que l'affirme Husserl à juste titre dans ses *Ideen*[2]. Toutes ses déterminations existentielles[3], formelles et matérielles sont « simplement visées », elles ne lui sont pas véritablement immanentes. La pure objectité intentionnelle ne fait que simuler son immanence grâce à la visée intentionnelle : elle n'a pas de fondement ontologique en soi.

Ad 2. Une objectité est *ontologiquement originaire* quand elle ne peut être ni « créée » ni « anéantie » par une autre objectité. En revanche, elle est ontologiquement dérivée quand elle peut l'être. Une objectité ontologiquement originaire doit de toute évidence être en même temps ontologiquement autonome ; tandis qu'une objectité ontologiquement dérivée peut être aussi bien ontologiquement autonome qu'hétéronome. Mais à ce propos, il

1. Il y a encore une difficulté de langue en ce que le petit mot « est » doit prendre une signification correspondant au moment d'être [*Seinsmoment*] concerné.

2. Husserl, *Ideen zu einer reinen Phänomenologie*, p. 93 [trad. fr. p. 163].

3. Quand je dis « toutes » ici, ce n'est pas rigoureusement exact, car ce qui vient d'être dit ne vaut que pour les déterminations qui appartiennent au *statut* d'une objectité purement intentionnelle. Mais comme je peux pas introduire ici le concept de statut d'objet purement intentionnel, je dois me contenter de cette formulation qui n'est pas tout à fait rigoureuse. Sur ce point, voir mon ouvrage *L'Œuvre d'art littéraire*, à paraître bientôt. [Halle, Niemeyer 1931].

faut remarquer que le sens du « créer » et de « l'anéantir » est différent en chaque cas.

Ad 3. Une objectité est *ontologiquement séparable* [*Seins-selbständigkeit*] quand elle ne requiert pour son être l'être d'*aucune* autre objectité, avec laquelle elle formerait l'unité d'*un* tout. Autrement dit, quand son être n'a aucune *connexion ontologique nécessaire* avec une autre objectité dans *l'unité d'un tout*. Au contraire, une objectité est ontologiquement non-séparable quand elle a besoin pour son être d'une connexion
29 ontologique | à une autre objectité (et parfois, d'après son essence matérielle, à une objectité tout à fait particulière) avec laquelle elle forme l'unité d'un tout[1]. Ainsi, le moment de la coloration et le moment rouge sont ontologiquement non-séparables d'un tout concret[2]. Aussi bien le premier que le deuxième ne peuvent pas exister autrement que dans l'unité d'un tout qu'ils constituent tous les deux et par suite, auquel ils appartiennent en tant que parties. Et, cela tout à fait indépendamment de la question de savoir si, de son côté, ce tout est ontologiquement non-séparable et en tant que tel requiert ou non la connexion ontologique à un autre objet. (À cela, on ajoutera encore cette différence entre les deux moments, à savoir que le moment rouge exige le moment de la coloration, tandis que ce dernier n'a besoin à titre de complément que de n'importe quelle nuance parmi les différentes couleurs – « rouge », « jaune », etc. Nous ne pouvons pas parler davantage ici de ces différences particulières qui, bien que connues, ne sont pas toutefois distinguées avec précision). La non-séparabilité ontologique peut donc présenter différents degrés, comme le montre l'exemple donné. – Également, chaque propriété, en tant que telle et d'après son essence, est ontologiquement non-séparable. En revanche, « l'objet », pris au sens étroit et tout à fait déterminé de « substance », avec toutes ses déterminations rassemblées et par lesquelles il constitue un individu délimité de toutes parts, cet objet est ontologiquement séparable.

Il faut, en outre, faire la différence entre une non-séparabilité réciproque et une non-séparabilité unilatérale[3]. En ce qui concerne les légalités qui gouvernent les objectités ontologiquement non-séparables (de manière unilatérale ou réciproque) et séparables, elles se présentent différemment

1. Husserl a mené des recherches fondamentales sur la séparabilité et la non-séparabilité dans sa *3ᵉ Recherche Logique* (t. II, 1). Je donne ici une définition quelque peu différente de l'être-séparable, et par suite non-séparable, parce que je les distingue encore de l'être-indépendant et dépendant.

2. Ces moments doivent être nettement distingués des *essentialités* « couleur » ou « rouge ».

3. Voir sur ce point J. Hering, « Über das Wesen, die Wesenheit und die Idee », *Jahrbuch für Philosophie*, t. 4 [1921], p. 495, *sq.*

selon qu'il s'agit d'objectités ontologiquement autonomes ou hétéronomes. Aux premières s'appliquent les lois suivantes : si quelque chose est ontologiquement non-séparable d'une autre chose, cette autre chose doit elle-même être ontologiquement séparable ou appartenir à une objectité ontologiquement séparable. | D'autre part, s'il existe deux objectités 30
ontologiquement non-séparables l'une de l'autre, alors il existe toujours aussi un quelque chose quelconque ontologiquement séparable, et à vrai dire, soit le tout concret qui résulte de la connexion ontologique des deux objectités mutuellement non-séparables, soit une troisième objectité par rapport à laquelle les deux premières entretiennent une non-séparabilité unilatérale. En revanche, ces lois ne valent pas pour les objectités ontologiquement hétéronomes, pas plus que beaucoup d'autres légalités aprioriques, matérielles et formelles, régnant sur le territoire des objectités ontologiquement autonomes. (Je le montrerai plus largement ailleurs).

Les oppositions 1. et 3. sont tout à fait indépendantes l'une de l'autre et se croisent.

Ad 4. Enfin, une objectité est *ontologiquement indépendante* [*Seinsunabhängig*], et non pas seulement séparable, quand, pour son existence – et conformément à son essence matérielle – elle n'a besoin de l'existence d'*aucune* autre objectité ontologique séparable. Au contraire, est dépendante une objectité ontologiquement séparable, lorsqu'en dépit de sa séparabilité, elle requiert par essence l'existence d'une autre objectité ontologiquement séparable – et, à vrai dire, d'une objectité déterminée de manière correspondante à son essence matérielle.

La dépendance ontologique, tout comme la non-séparabilité ontologique, peut être simple ou double. Les oppositions 2. et 4. sont d'un type tel qu'elles prennent leur source dans les différences fondamentales des essences matérielles des objectités. En général, on ne peut pas l'affirmer de l'opposition entre autonomie et hétéronomie ontologiques.

Si une objectité est tout à la fois ontologiquement autonome, originaire, séparable et indépendante, nous pouvons dire qu'il s'agit d'un *étant absolu*. Au contraire, il s'agit d'un être *ontologiquement relatif*, si une fois au moins un de ces prédicats s'avère son opposé.

Sur la base des différenciations effectuées, on peut dégager les questions suivantes d'ordre ontologique-existentiel :

1. Qu'est-ce qui appartient à l'idée de la réalité (de l'être-réel) ?
2. Qu'est-ce qui appartient à l'idée de l'être de la conscience pure ?
3. Appartient-il à l'idée de monde réel d'être ontologiquement autonome ou hétéronome ?

| 4. Dans ce dernier cas, son hétéronomie ontologique est-elle relative à 31
la conscience pure ou à quelque chose d'autre ?

5. Appartient-il à l'idée de conscience pure d'être ontologiquement autonome ou hétéronome ?

6. Dans le cas où elle serait hétéronome, ne faut-il pas se demander encore *par rapport à quoi* elle l'est ?

7.-8. Appartient-il à l'idée du monde réel d'être ontologiquement originaire ou dérivé ? Si c'est ce dernier cas qui s'applique, son être est-il dérivé de la conscience pure ou de quelque chose d'autre ?

9.-10. Il faut poser également ces 2 questions à propos de la conscience pure.

11. Au cas où tant le monde réel que la conscience pure devraient être ontologiquement dérivés, il est clair qu'au moins l'un des deux – si ce n'est les deux – devrait être dérivé d'une troisième objectité. Serait-elle tout à fait insignifiante pour notre polémique qu'il faudrait, au moins par principe, poser la question de savoir ce qu'est cette troisième objectité.

12. Appartient-il à l'idée de monde réel d'être ontologiquement séparable ou non-séparable ?

13. Il faut encore appliquer cette même question à la conscience pure.

14.-15. Au cas où la réponse aux questions 12 et 13. conclurait le problème dans le sens de deux membres d'opposition, on se demanderait si la non-séparabilité ontologique du monde réel et de la conscience pure est réciproque pour les deux (de telle sorte que les deux seraient assignés l'un à l'autre) ou si elle est relative à d'autres objectités, par suite à une seule et même troisième objectité ? Il se pose une question analogue, savoir si une seule des deux sphères d'être devrait se révéler, d'après son idée, ontologiquement non-séparable, tandis que l'autre serait séparable.

16. Appartient-il à l'idée du monde réel d'être ontologiquement indépendant ou dépendant ?

17. Dans ce dernier cas, on se demande s'il appartient à son idée autant qu'à celle de la conscience pure, d'être dépendant de la conscience pure, ou si sa dépendance ontologique est relative à une autre objectité ?

32 | 18. Cette même question se rapporte également à la conscience pure dans l'hypothèse où l'on pourrait mettre en évidence qu'elle est ontologiquement dépendante[1].

On s'étonnera peut-être de ce que parmi les questions recensées, il s'en trouve qui se rapportent à la conscience pure, alors qu'au début de notre examen, seule l'existence du monde réel posait problème. Mais il faut

1. La somme de ces 18 questions n'est pas le fait d'une trop grande pédanterie pour n'omettre aucune possibilité. On pourrait montrer au contraire, sur la base du système historique en question, que chacune de ces questions (naturellement dans différente sélection) se trouve derrière les thèses des différents essais de solution de notre polémique, quand on ne les a pas mis en évidence consciemment ni séparés strictement.

mettre en évidence les relations existentielles entre les deux sphères ontologiques, de la sorte on doit aussi saisir clairement le mode d'être de la conscience pure et déterminer précisément sa différence avec le mode d'être du monde réel.

Les deux premières questions peuvent seulement recevoir une réponse d'ordre intuitif et cette intuition doit constituer le fondement de la réponse à toutes les autres questions. Si, par ailleurs, une seule de ces questions est dépendante de la réponse à beaucoup d'autres, on se trouve alors pour débuter la recherche, non plus en présence d'une simple opposition de deux thèses possibles, mais en face de toute une série de points de vue possibles. Pour cette raison, l'opposition courante « Idéalisme-Réalisme » est complètement insuffisante.

§ 7. *Les problèmes d'ontologie formelle*

La formulation des questions d'ontologie existentielle montre qu'elles sont liées aux problèmes d'ontologie matérielle et formelle. Par conséquent, les modes d'être (aussi bien que leurs moments) des deux sphères ontologiques qui nous intéressent ne se révèlent ontologiquement que sur la base de la saisie du statut [*Gehalt*] total de leurs idées. Pour le dire autrement : la manière d'être d'une objectité est en connexion nécessaire avec sa structure formelle et matérielle. Il n'est pas un produit [*Gebautes*] formel quelconque ni une propriété matérielle qui puisse exister à sa guise, mais des légalités aprioriques, se fondant dans les idées des objectités concernées, les gouvernent. Ainsi de nouveaux groupes de problèmes | 33
s'ouvrent dans deux directions. Je ne parlerai ici que des plus importants.

La résolution existentielle que nous avons à atteindre se réfère à toute une sphère *ontologique* et, à vrai dire, à celle de ce type particulier qu'est un monde. C'est donc tout d'abord la structure formelle (toujours conformément à l'idée) d'une sphère ontologique possible et particulièrement d'un monde qu'il faut rechercher[1]. C'est aussi indispensable pour la détermination précise du *sens* des questions touchant les différents problèmes. Cela n'exclut pas en même temps *que* la région des possibilités existentielles qui s'ouvrent pour une objectité *individuelle* (laquelle *n*'est donc *pas* une sphère ontologique) ne devienne autre dès lors qu'elle est questionnée d'après les modes d'être possibles d'une sphère ontologique toute entière, par suite d'un monde. En particulier, il est possible que l'exclusion éventuelle de nombre de ces possibilités se fonde sur la structure formelle de la sphère, en l'occurrence du monde. Par exemple, il est possible qu'une

1. C'est le grand projet de Husserl que de travailler à dégager l'idée d'un monde possible. Malheureusement ses développements ultérieurs allant dans ce sens ne me sont pas connus, à l'exception des nombreuses considérations des *Ideen II* qui s'y rapportent.

objectité isolée, ontologiquement autonome, soit séparable ou non-séparable. En revanche, il est impossible qu'une *sphère* ontologiquement autonome ne contienne en soi que des objectités non-séparables, par suite, qu'elle soit elle-même toute entière ontologiquement non-séparable. L'autonomie et la non-séparabilité ontologiques s'excluent à l'intérieur d'une sphère ontologique. S'il existait une sphère qui soit tout à la fois ontologiquement autonome et non-séparable, elle devrait n'être composée que d'objectités non-séparables et qui seraient autonomes. C'est-à-dire que si elle contenait en soi un élément ontologiquement séparable, alors d'un côté, elle devrait être tout à fait non-séparable – conformément au présupposé – donc requérir sa connexion à une autre objectité dans l'unité d'un tout, tandis que d'un autre côté, elle ne saurait le faire, au moins en ce qui concerne l'élément séparable. Par conséquent, la sphère *tout entière* ne pourrait être non-séparable, mais au maximum une de ses parties. Si donc elle doit être en entier non-séparable ontologiquement, il faut alors que l'affirmation précédente soit valable. Mais, comme on l'a dit plus haut, les objectités autonomes et non-séparables présupposent toujours une objectité ontologiquement séparable. S'il doit exister une sphère ontologiquement autonome, il faut alors qu'elle contienne en soi des objectités séparables, en
34 plus des | éventuelles objectités non-séparables présentes, ou bien qu'elle soit elle-même ce tout ontologiquement séparable. Une sphère ontologique peut donc ne pas être non-séparable. – Mais on pourrait objecter que cela n'est pas nécessaire dans la mesure où il est possible qu'une objectité séparable, par rapport à laquelle les éléments non-séparables d'une sphère sont relatifs, demeure *en dehors* de ces derniers. C'est précisément en cela – pourrait-on dire – que réside la non-séparabilité ontologique d'une sphère : être non-séparable d'une objectité qui ne lui appartient pas. – Cela signifie-t-il autre chose, sinon que cette sphère formerait l'unité d'un tout, en étant associée à une objectité dont elle serait non-séparable ? Mais alors l'objectité devrait elle-même appartenir à la sphère en question et ne pourrait demeurer en dehors d'elle. Par conséquent cette sphère serait ontologiquement séparable. L'objection n'est donc pas recevable[1]. – Il est clair que dans notre argumentation la prise en compte d'un moment des structures *formelles* de la sphère ontologique est cruciale. Il appartient à l'idée d'une sphère ontologique d'être un tout *fermé sur soi*. Le moment formel de la clôture ne l'autorise pas à se lier à n'importe quelle chose qui ne lui appartient pas dans l'unité d'un tout. Mais ce qui appartient encore plus à l'idée d'une sphère ontologiquement autonome, c'est de devoir

1. Si l'on devait montrer que le monde réel est en relation non-séparable à la conscience pure, il s'ensuivrait alors, ou bien qu'il n'est pas un être autonome, ou bien qu'il ne constitue pas une sphère ontologique en face de la conscience pure.

contenir en soi une *multiplicité* d'objectités *séparables*. Si elle n'en contenait qu'*une seule*, par rapport à laquelle toutes les autres objectités lui appartenant (qui devraient être alors non-séparables) seraient relatives, elle ne constituerait pas une *sphère*, mais simplement un *objet* isolé [1]. C'est au même résultat que conduit l'admission de la possibilité esquissée plus tôt, à savoir que la sphère ontologiquement autonome contiendrait seulement de telles objectités non-séparables, dont la connexion ontologique produirait *un* tout séparable – la sphère elle-même. La structure formelle de la sphère exclut aussi cette éventualité. Mais l'idée d'une sphère, ontologiquement autonome | et devant former un *monde*, exige encore **35**
plus : dans ce cas, les objectités ontologiquement séparables qui lui appartiennent doivent se conditionner mutuellement par rapport à une partie de son *être-ainsi*. Il appartient alors à la forme d'un monde ontologiquement autonome qu'il existe une *connexion* entre ses parties [2], connexion se fondant sur l'essence de ses éléments séparables isolés. Ainsi par exemple, une multiplicité de consciences-monadiques, en un sens quelque peu leibnizien, qui ne pourraient ni se comprendre ni se conditionner mutuellement de quelque manière que ce soit dans leur être-ainsi, formerait sans doute une sphère ontologique, mais non pas encore un monde.

La différence dans la forme d'une sphère ontologique, par suite, d'un monde, conduit dans ce contexte à de nouveaux problèmes qui concernent la structure formelle d'un *objet* ontologiquement séparable, lequel doit pouvoir être membre d'une sphère ontologique autonome ou, plus particulièrement, d'un monde. Ici, par exemple, se pose le problème de savoir comment un objet ontologiquement séparable et autonome doit être construit du point de vue formel de manière à ce qu'il puisse être conditionné dans son être-ainsi par d'autres objets du même monde, tout en conditionnant ces derniers. Il est clair que remplir ces deux exigences doit conduire à une différenciation de l'ensemble de l'être-ainsi de l'objet : d'une part, on aurait tout le fonds [*Bestand*] de chacun des moments de l'être-ainsi, qui eux-mêmes ne sont pas conditionnés par l'être et l'être-ainsi des autres objets du même monde et qui constituent l'essence propre de l'objet, mais en même temps ils constituent le conditionnement existentiel partiel des autres déterminations de son être-ainsi et d'une partie de

1. A ce propos, se pose le problème de savoir si la conscience pure (individuelle) formerait une sphère ontologique, dans le cas où l'on serait obligé d'admettre une *unique* conscience.

2. On trouve des développements intéressants et très précieux allant dans la même direction, dans la IIe partie (non encore publiée) des *Ideen* de Husserl. [Voir *Husserliana* IV]. A vrai dire Husserl ne traite pas ce problème d'un point de vue formel, mais il le développe d'une manière très profonde en liaison avec le problème de la réalité.

l'être-ainsi des autres objets. D'autre part, il y aurait les moments de l'être-ainsi, moments conditionnés au moins deux fois, dont se dégagent une diversité d'objets déterminés dans leur essence propre, à partir de leur être-ensemble [*Zugleichsein*] dans un monde. En d'autres termes, il devrait y avoir deux couches de déterminations dans l'être-ainsi de l'objet de ce type : les déterminations « absolues » de l'être-ainsi et celles qui sont dites
36 « relatives »[1]. | Cette opposition conduit à de nouveaux problèmes formels des différents types possibles d'inexistence des différentes déterminations de l'être-ainsi dans l'objet ; problèmes qui ne se laissent pas résoudre sur la seule base d'une analyse générale de la structure formelle de l'objet pris en tant que « substance ».

On peut également accéder à ces problèmes par un autre chemin. Sous les questions d'ontologie existentielle, il y a peut-être l'une des plus importantes, celle qui concerne la décision entre l'autonomie et l'hétéronomie ontologiques du monde réel (d'après son idée). L'autonomie ontologique d'un objet séparable appose d'autres exigences à sa structure formelle, tout comme l'hétéronomie ontologique, particulièrement s'il s'agit d'objets qui doivent pouvoir être individuels. Les objets individuels sont ici d'un intérêt tout particulier, car il est hors de doute que l'éventuelle région ontologique du monde réel puisse être seulement une telle région d'objets individuels. Mais si un objet doit être individuel, alors il est nécessaire qu'il soit déterminé d'une manière universelle complète et univoque, (qu'il n'offre aucune position d'indétermination [*Unbestimmtheitsstelle*]), donc qu'il satisfasse la proposition du tiers exclu, formulée d'un point de vue ontologique. Ceci n'est pas du tout nécessaire pour un objet ontologiquement hétéronome. Par exemple, si on devait montrer, d'une part, par un examen d'ontologie existentielle, que l'autonomie (prise en notre sens) appartient à l'essence de la réalité et que, d'autre part, les recherches métaphysiques (qui seront commentées ultérieurement) nous conduisent à ce résultat – que l'éventuel monde réel, supposé exister factuellement, est construit de telle manière que les objets individuels s'y manifestant ne sont pas, par essence, déterminés d'une manière universelle univoque – alors il devrait s'ensuivre que ce monde n'est pas « réel », mais présente un autre mode d'être. Mais d'autre part, être déterminé de manière universelle univoque pour un objet
37 n'est pas encore une condition suffisante de sa réalité. Le moment formel | de l'être-déterminé de manière universelle univoque, (par suite son contraire : la présence de positions d'indétermination dans l'être-ainsi d'un

1. Il est clair que *cette* relativité des déterminations n'a rien à voir avec celle de la non-séparabilité d'être. Aussi bien les déterminations « absolues » que les « relatives » de l'être-ainsi sont-elles, en tant que déterminations d'un quelque chose, non-séparables au sens donné plus haut.

objet) présuppose, pour sa part, d'autres moments formels déterminés de la structure objective et ne se laisse vraiment comprendre que sur la base d'une analyse de ces derniers. Par conséquent, il est aussi nécessaire de se référer à une théorie générale de la forme d'un objet individuel, ontologiquement séparable et autonome pour l'ensemble de notre problématique.

Des problèmes formels analogues à ceux valant pour une sphère d'être ontologiquement autonome (et pour un objet isolé qui doit lui appartenir) se posent pour les sphères ontologiques hétéronomes (ainsi que celles qui sont ontologiquement non-séparables et dépendantes) et les mondes, et conduisent à d'autres lois et à d'autres conditions. Je ne peux pas ici en faire un commentaire développé, de même que ce qui vient d'être dit doit seulement valoir comme exemple des multiples problèmes qui doivent être résolus en liaison avec les problèmes d'ontologie existentielle.

§ 8. *La liaison entre les problèmes d'ontologie existentielle et les problèmes d'ontologie formelle*

La question fondamentale liant les deux groupes de problèmes ontologiques est la suivante : Quelle doit être la structure formelle d'une sphère ontologique (par suite d'un monde et de ses éléments) si elle doit pouvoir exister sur un mode déterminé de l'être, et plus particulièrement, si elle doit être réelle ? Inversement, quel mode d'être admet-elle, si – conformément à son idée – elle a une structure formelle déterminée ? Si on répond d'abord à ces questions et qu'ainsi on découvre la liaison entre le mode d'être et la forme d'une sphère ontologique en toute universalité, alors on peut concevoir l'idée d'un monde réel dans sa structure nécessaire. Et comme d'après la présentation de la séparation, établie au début, entre le monde réel et la conscience pure, les idées des deux domaines sont à établir en premier, ces questions se réfèrent aussi à la structure formelle de la conscience pure. Mais je ne peux dans ce passage développer les problèmes formels qui lui sont relatifs. On peut seulement mettre l'accent ici sur le fait que dans le cas où l'opposition radicale, initialement établie, des deux sphères ontologiques se | révélerait **38**
ontologiquement valide et, plus particulièrement, dans le cas où une différence existentielle devrait subsister entre elles, cela devrait s'accompagner inévitablement de dissemblances profondes dans la structure formelle des deux sphères ontologiques.

§ 9. *Les problèmes d'ontologie matérielle*

Les particularités de la structure formelle et existentielle d'un objet (par suite d'une sphère ontologique) renvoient, à nouveau de leur côté, à des possibilités déterminées de sa détermination *matérielle*, c'est-à-dire qu'elles sont dépendantes d'une structure matérielle déterminée de la

sphère et de ses éléments. Les problèmes d'ontologie existentielle et formelle sont ainsi en étroite connexion avec ceux de l'ontologie matérielle. Par exemple, il n'est pas du tout évident, de prime abord, que chaque détermination [*Bestimmtheit*] matérielle soit d'un type tel qu'elle puisse se manifester comme définition [*Bestimmung*] d'un objet réel. Au contraire, il peut y avoir seulement un *cercle* déterminé d'essentialités qui sont propres à déterminer les objets réels en tant que « *réalisations* » ; d'autre part, il peut en exister un autre cercle dont les « concrétisations » peuvent apparaître seulement en tant que définitions d'objectités idéales. De ce dernier type relèvent, par exemple, toutes les essentialités logiques spécifiques qui constituent des objectités telles que « proposition », « concept », etc. Pour accomplir une telle délimitation, il est nécessaire de saisir l'idée de réalité en tant que telle et, sur la base de son intuition, de trouver les lignes directrices de cette délimitation. Mais notre affirmation, selon laquelle maintes essentialités matérielles sont particulièrement « propres » à la réalisation des déterminations d'objets réels, ne doit pas être comprise au sens où elles ne détermineraient, de manière univoque, leurs concrétisations qu'à partir d'un seul mode d'existence, que donc elles autoriseraient *seulement* les réalisations, par exemple, et excluraient tout autre mode d'être. Ce n'est pas tout à fait le cas. On peut seulement affirmer que plusieurs d'entre elles – vraisemblablement – excluent un certain mode d'être en tant que possibilité de leur concrétisation, donc, n'admettent, par exemple, aucune réalisation ; et au contraire, on peut affirmer qu'un certain espace de jeu dans les modes d'existence possibles est toujours permis par l'essentialité. La manifestation factuelle de la concrétisation d'une essentialité, selon un certain mode d'être autorisé par l'essentialité, a donc
39 toujours quelque chose de contingent en | soi[1]. C'est seulement en ce qui concerne l'opposition de la séparabilité et de la non-séparabilité ontologiques que l'on peut montrer que cela dépend de l'essence des déterminations matérielles de l'être-ainsi, donc en fin de compte des essentialités, en sorte que, dans une concrétisation de type quelconque, elles peuvent toujours être seulement *ontologiquement non-séparables*[2]. De même, il dépend des essentialités, dont les concrétisations constituent tel ou tel type d'objets ontologiquement séparables, ou, autrement dit, il dépend des essences matérielles des objets qu'ils soient ontologiquement dépendants

1. C'est en cela que réside en fin de compte la raison pour laquelle un examen purement ontologique ne suffit pas encore pour affirmer quoi que ce soit sur les étants factuels (le réel). L'examen ontologique prescrit seulement les limites des possibilités à l'intérieur desquelles quelque chose peut exister factuellement. Par là, il fonde aussi la possibilité et le besoin impérieux d'une science empirique d'un côté, d'une métaphysique de l'autre.

2. Et là, il y a encore différentes variations typiques de cette inséparabilité.

ou indépendants. Mais par là on ne dispose pas encore pour ces objets d'un *mode* d'être qui serait le seul possible déterminé de manière univoque, on peut seulement exclure par principe un bon nombre de modes d'être.

Mais ce n'est pas seulement le statut de l'idée du monde réel et de la conscience pure qui est en question, c'est aussi l'idée de leurs relations existentielles. Ainsi, doit-on trouver, en outre, les conditions matérielles que la conscience pure doit remplir, conformément à son idée, si telles ou telles relations existentielles doivent exister entre elle et le monde réel. Plus particulièrement, si le monde réel doit être ontologiquement dérivé de la conscience pure ou être ontologique hétéronome relativement à elle, alors cela doit appartenir au statut matériel de l'idée de la conscience pure, c'est-à-dire qu'il doit au moins lui être permis par son idée de pouvoir « produire » [*schaffen*] un monde réel, que ce soit dans le sens de « produire » une objectité autonome, ou dans celui de « produire » une objectité hétéronome. Si cela n'était pas le cas et si, d'un autre côté, des examens d'ontologie existentielle montraient que l'autonomie d'être appartient nécessairement à l'idée du monde réel (de sorte qu'il ne pourrait être « produit » que dans le premier sens), alors toutes les théories métaphysiques qui supposent un monde réel autonome produit par la conscience pure, seraient à congédier *a limine*.

| L'importante question concernant la *parenté* (voire même l'identité) **40**
ou l'hétérogénéité d'essence *matérielle* entre nos deux sphères ontologiques relève des questions d'ontologie matérielle. Cette question peut apparaître dans différentes situations problématiques qui peuvent être produites par les différentes réponses apportées aux problèmes d'ontologie existentielle et matérielle. Sa réponse doit s'harmoniser avec les dernières et doit en même temps être traitée pour elle-même, car elle montre une certaine indépendance des deux premiers groupes de problèmes. Ainsi, après la mise en évidence d'une différence existentielle radicale entre les deux sphères ontologiques, une parenté éidétique matérielle serait aussi possible entre les deux. Mais cette possibilité serait encore plus considérable s'il n'y avait *aucune* différence existentielle radicale entre elles. Si, par exemple, il appartenait à l'idée du monde réel d'être ontologiquement hétéronome et à celle de la conscience pure d'être ontologiquement autonome, il serait alors tout à fait possible que le monde réel n'existe, d'après sa définition matérielle « *qu'en fonction de la conscience* » [« *bewußtseinsmäßig* »], dans le seul cas où l'idée de la conscience pure n'exclut pas le mode d'existence de la réalité. Il est vrai qu'ensuite il y aurait encore à expliquer pourquoi le « exister-selon-une-conscience » se manifeste une fois sur un mode d'existence autonome, et une autre fois selon un mode hétéronome. De même, il serait possible que malgré

l'autonomie ontologique des *deux* sphères ontologiques, le monde réel soit identique, selon son essence matérielle, à la conscience pure. Nous aurions alors affaire à une thèse dans laquelle une décision « réaliste » (si l'on peut dire) aurait raison par rapport à la question portant sur l'existence pure, tandis que par rapport à la question portant sur l'essence matérielle, ce serait la décision idéaliste qui aurait raison. Il faudrait ensuite soulever la question de savoir si les deux régions ontologiques constituent vraiment encore en ce cas *deux* sphères différentes et non pas plutôt une seule[1]. Dans ce dernier cas, on pourrait poser la question métaphysique concernant l'existence du monde réel, à laquelle alors la conscience pure appartiendrait aussi, à partir de bases purement épistémologiques. Mais si l'opposition
41 des deux sphères doit exister à bon droit, | sa raison dernière doit se situer dans une hétérogénéité radicale de leurs essences *matérielles* respectives. Mais s'il existe une telle hétérogénéité d'essence radicale – conformément à l'idée –, il dépendrait encore de son type qu'elle conduise à une différence du point de vue du mode d'existence. Au premier abord, il n'est pas exclu qu'elle repose sur des limites telles qu'aucune différence dans le mode d'existence ne naisse à partir d'elle. Mais si, en même temps, elle était sauvegardée par la recherche d'ontologie existentielle ou par une décision métaphysique, on devrait alors trouver dans les essences matérielles des sphères le lieu qui est, pour ainsi dire, responsable de ce que les différents modes d'existence sont autorisés par elle. Bien sûr, il s'ensuivrait la présence d'une contingence dans la structure d'ensemble des deux sphères que l'on ne saurait écarter d'une manière purement ontologique. Dans ce cas, la métaphysique devrait supporter l'entière responsabilité de sa décision éventuelle et, en même temps, mettre au jour la raison dernière du mode d'existence factuel des sphères.

La saisie des essences matérielles de la conscience pure et celle du monde réel (conformément à leurs idées) est finalement importante pour la raison qu'il est possible que, en dépit de leur éventuelle hétérogénéité éidétique radicale, leur dépendance ontologique (unilatérale ou réciproque) soit justement fondée dans leurs essences matérielles. Les résultats des différents groupes de l'examen ontologique ne devraient donc pas seulement s'harmoniser, mais encore se compléter réciproquement.

§ 10. *Le rôle de la recherche ontologique*

Les différents groupes de problèmes ontologiques sont intimement soudés malgré leur diversité et appellent un traitement simultané. Leur

1. Le problème d'ontologie formelle consiste précisément à savoir si la forme d'une sphère ontologique implique que les éléments de la sphère participent tous des mêmes essences matérielles fondamentales et que donc toutes les différences entre ces éléments proviennent seulement de modifications de ces essences.

solution doit conduire à un système solidaire d'affirmations relatives aux ontologies matérielle, formelle et existentielle, ou tout au moins produire les lignes fondamentales de possibilités ontologiques solidaires, dans le cas où plusieurs éventualités devraient résulter de la recherche ontologique, en sorte qu'une seule décision univoque ne serait pas possible par ce moyen. Si cette tâche était remplie en premier, on tiendrait le fondement indispensable permettant d'aborder une recherche métaphysique de notre problème central, accompagné d'un système de concepts-idées clarifiés et de lois aprioriques formulées avec rigueur. | La solution des problèmes **42**
ontologiques doit, entre autres choses, dégager la définition du sens des questions métaphysiques à poser.

§ 11. *Les problèmes métaphysiques et leur signification*

Si la recherche ontologique a clarifié les statuts des idées entrant en ligne de compte, de même qu'elle a mis en évidence les possibilités pures fondées en elles et nous a donné l'appareil conceptuel nécessaire, alors il s'agit dans l'examen métaphysique d'une décision essentielle-factuelle [*wesens-faktische*], concernant ce qu'il en est : 1. du mode d'existence, 2. de la forme, 3. de l'essence matérielle du prétendu monde réel qui nous est donné factuellement dans l'expérience, et de celle de la conscience pure existant de fait et individuellement, et enfin, 4. de leurs relations existentielles, l'un par rapport à l'autre. C'est donc toute une série de problèmes métaphysiques qu'il faut résoudre et dont les réponses doivent nous livrer une théorie métaphysique unifiée du monde réel.

Nous nous occupons d'abord ici des principaux problèmes autour desquels toutes les autres questions se groupent. Avec la conclusion de l'examen ontologique, le travail préliminaire indispensable serait effectué, mais cela n'entamerait pas encore le problème spécifique. Car ce problème, par suite ces groupes de problèmes, sont d'une nature spécifiquement *métaphysique*. *S'il existe de fait* un monde réel, pris en tel ou tel sens, alors toutes les affirmations ontologiques doivent valoir pour lui, lesquelles constituent le résultat de l'analyse de ces idées, sous lesquelles tomberait le cas échéant le monde réel. Mais, toutes ces affirmations ne nous font pas avancer d'un pouce dans la solution du problème suivant, savoir *s'il existe effectivement* un monde « réel », construit formellement et matériellement de telle ou telle façon et existant de telle ou telle manière. En conséquence, ce problème dépasse la position de questions purement ontologiques, car l'analyse du statut des idées et des possibilités en résultant, ne permet pas d'affirmer quoi que ce soit au sujet d'aucun fait[1]. | Cependant, c'est **43**

1. À la vérité, on ne peut nier que certains faits derniers soient établis métaphysiquement dans la sphère ontologique des idées et dans celle des essentialités. Mais il s'agit là d'idées en

précisément ce fait [*Faktum*] dont la subsistance est mise en question dès que surgissent des raisons plausibles permettant douter du mode de connaissance empirique du monde réel. Et cette question exige une réponse, au sens d'un « oui » ou d'un « non ». Mais s'il n'est pas possible de répondre avec un tel « oui » ou un tel « non », sans s'orienter à des affirmations ontologiques, cela tient à ce que le sens de ce fait aussi bien que les autres éléments « bien connus » de la question n'ont pas été clarifiés et qu'il ne peuvent être établis et clarifiés, ni d'une manière empirique, ni d'une manière purement métaphysique. Que le chemin de la simple empirie, emprunté à bon droit par la science positive de la nature, soit ici impossible, ne saurait exiger de considération particulière. Mais on pourrait se demander pourquoi il est nécessaire de se servir de l'examen ontologique, de faire ce détour pour parvenir à la recherche métaphysique, s'il est vrai que la métaphysique doit statuer sur le fait d'*essence* d'une objectité. La raison tient d'abord à ce qu'un examen métaphysique peut saisir l'essence factuelle [*das faktische Wesen*] d'une chose et, qu'en même temps, il ne lui soit pas possible sans une pré-recherche ontologique de comprendre la nécessité des états de choses factuels-essentiels. Plus particulièrement, elle ne peut être privée de la recherche ontologique, non seulement s'il s'agit simplement d'établir *le fait qu'*il existe ou non un monde réel, mais encore pour savoir si son existence ou son inexistence (à comprendre selon tel ou tel sens), aussi bien que ses relations existentielles à la conscience pure, doivent être et sont ainsi justement factuelles, parce que cela est fondé dans son *essence* et donc, en fin de compte, dans son idée. Par conséquent, les deux sont indispensables, aussi bien une analyse ontologique qu'une décision métaphysique.

Mais il est nécessaire de prendre clairement conscience de la diversité des problèmes ontologiques et métaphysiques et de leur relation réciproque. Car justement, une opposition insuffisante de ces problèmes a souvent conduit à une décision fausse ou tout au moins inconsidérée. C'est le cas, par exemple, avec la fameuse proposition sur « l'immanence de la conscience ». A partir du simple fait nécessaire qu'un quelque chose existant (dont nous parlons de fait, par suite que nous connaissons, et au
44 moment où nous le faisons) est *eo ipso* | l'objet d'un acte de conscience, on a conclu, sans examiner la situation ontologique, que chaque étant est « impensable » (ce qui équivaut à « impossible ») autrement que comme « objet d'un acte de conscience », et qu'il est donc soit un élément de la conscience pure, soit ontologiquement dépendant par rapport à la

tant qu'idées, et non pas d'une analyse de leur statut que nous accomplirions en vue d'une séparation possible des idées. Il faut donc distinguer strictement une métaphysique des idées de leur ontologie.

conscience, ou même qu'il en est ontologiquement inséparable. Cependant, cette décision plausible ne peut être obtenue, si c'est nécessaire, que sur la base d'une analyse ontologique.

§ 12. *Les problèmes de la théorie de la connaissance*

Le cercle de problèmes dont on vient de parler n'a pas encore épuisé notre polémique. Elle est entrelacée, par essence, aux problèmes de théorie de la connaissance, et ce d'une triple manière : – premièrement, parce que l'impulsion donnée au déroulement du conflit trouve sa source dans la recherche épistémologique sur le mode de connaissance empirique du monde réel ; – deuxièmement, parce que chaque décision, tant positive que négative, aux problèmes ontologiques et métaphysiques est grevée de tant de points d'interrogation que, s'agissant de la valeur du mode de connaissance correspondant, c'est la confusion qui règne ; – enfin, parce qu'un recoupement typique de la question sur l'existence du monde réel avec celle sur la capacité de cette existence à être légitimitée, nous contraint à accomplir des considérations épistémologiques. C'est donc dans ces trois directions que les problèmes particuliers doivent être posés, tout comme c'est en ces trois directions que les liens de dépendance subsistant entre leur solution et la solution des problèmes précédents doivent être considérés.

Le premier groupe de ces questions concerne la structure et la valeur de connaissance du mode de connaissance empirique du monde réel. Au-dessous et en première place, se tient le problème des structures et de l'objectivité de ce que l'on appelle la perception externe et interne, laquelle constitue la source de la connaissance humaine empirique du monde réel. Viennent ensuite les problèmes qui concernent les opérations de connaissance et les modes de procédures, lesquels conduisent à la découverte de lois dans l'ordre des sciences de la nature. Dans toutes ces affaires, il faut séparer les problèmes purement descriptifs, décortiquant l'essence des actes correspondants et des situations, des questions de droit. D'abord, si le sens et la valeur de connaissance des résultats obtenus par ces moyens est clarifié, on peut trancher la question de savoir en quel sens et selon quelles limites | la connaissance empirique relevant des sciences de la nature à 45
propos du monde réel est douteuse, par suite relative. Plus particulièrement, on peut trancher la question de savoir si la dubitabilité se réfère exclusivement à l'*être-ainsi* factuel du monde réel ou s'étend également à son *existence*. Mais il faut remarquer que la prise de position *positive*, selon laquelle la connaissance empirique relevant des sciences de la nature est objective (et que donc l'existence du monde est garantie), peut avoir une signification pour la solution des problèmes métaphysiques, et à vrai dire dans la mesure où elle *confirme* son éventuelle solution *positive* par d'autres moyens, mais elle n'est pas fondée de manière indépendante. En

revanche, une solution qui nie l'objectivité de la connaissance en tel ou tel sens, ne peut d'*aucune* manière influencer les solutions métaphysiques et ontologiques des problèmes indiqués plus haut. Plus particulièrement, à partir d'une relativisation plus poussée encore et de la non-objectivité positivement établie à propos du mode de connaissance empirique des sciences de la nature visant le monde réel, on ne peut tirer *aucun* argument en faveur de l'inexistence du monde, ou de son « idéalité » au sens d'une immanence de conscience, ou de son « être purement intentionnel ». Par conséquent la non-objectivité d'une connaissance ne constitue pas une raison en faveur de l'inexistence de l'objet qui doit être connu en elle. Dans ce cas, il serait seulement certain que, au cas où le monde à connaître existerait, il devrait être constitué dans son être-ainsi d'une autre manière que ce qui découlerait des résultats du mode de connaissance établi en tant que non-objectif. Il serait certain en outre, que dans le cas où en même temps le mode de connaissance empirique des sciences de la nature serait le seul à nous être accessible, le problème de l'existence factuelle (en n'importe quel sens) et de l'être-ainsi [*Sosein*] du monde réel *nous serait insoluble*. Pour cette raison, il est nécessaire de soulever le problème de savoir si ce mode de connaissance est vraiment le seul qui nous soit accessible et, à ce propos, soulever l'ensemble du groupe de questions qui se réfèrent à la possibilité, à la structure descriptive et à la valeur de connaissance d'une connaissance métaphysique du monde réel. S'y rattache également un mouvement d'idées qui est caractéristique de la philosophie du XIX siècle, mais aussi les efforts philosophiques présents. Il provient pour l'essentiel de la conviction que la métaphysique est impossible et que, au cas il serait possible de trancher sur l'existence du monde réel, cela ne saurait se produire que d'une manière épistémologique au moyen de la légitimation,
46 éventuellement réussie, | de l'objectivité du mode de connaissance empirique des sciences de la nature, tandis qu'une conséquence métaphysique ne pourrait être tirée qu'à partir d'une telle prise de position épistémologique.

Il faut remarquer en outre que tous les problèmes indiqués ici ne peuvent ensuite être résolus d'une manière irréprochable que si leur traitement est approprié. Et il ne sera approprié que s'il est exécuté sur la base d'une problématique générale et systématique de la théorie de la connaissance et avec l'aide d'une méthode épistémologique conforme à cette problématique. En ce qui concerne la première, les problèmes souvent cités appartiennent donc aux problèmes d'une théorie de la connaissance appliquée[1], de cette connaissance qui est atteinte par un sujet connaissant

1. Voir mon ouvrage : *Über die stellung der Erkenntnistheorie im System der Philosophie*, Halle 1925.

d'un type particulier (le sujet *humain*[1]). En tant que tels, ils présupposent la solution du problème de la théorie de la connaissance *pure* universelle (et particulièrement la définition du sens et les critères généraux de l'objectivité de la connaissance en général); d'autre part, ils conduisent à des présupposés qui se rapportent à la forme structurelle [*structurellen Aufbau*] d'un sujet de connaissance particulier, le sujet « humain ». Mais en même temps, ils doivent être formulés en tant que problèmes, de sorte qu'aucun présupposé sur l'existence et l'être-ainsi du monde réel ne soit fait, car on commettrait sinon une pétition de principe[2]. C'est justement cette circonstance qui a contraint les chercheurs à déplacer l'ensemble de l'analyse sur le terrain de la « pure conscience transcendantale » – déplacement | qui, sans aucun doute, est fondé en droit et signifie une avancée **47**
décisive pour la *théorie de la connaissance*[3]. Toutefois cette avancée a apporté avec elle une grande menace pour notre polémique. C'est-à-dire qu'après avoir conquis le terrain transcendantal, on a cru que *tous* les problèmes philosophiques seraient à poser et à résoudre sur ce seul terrain en sorte que la spécificité des diverses sphères de problèmes devrait être effacée. On croyait aussi devoir traiter les problèmes métaphysiques et ontologiques, liés à notre polémique, en tant que problèmes transcendantaux, ce qui les a souvent défigurés au point d'être méconnaissables.

Dans l'examen transcendantal, par principe, nous avons seulement affaire à un étant *singulier* qui peut être posé dans ce cadre en tant qu'*étant*, c'est-à-dire que nous avons affaire à la conscience pure elle-même, prise en cours d'opération. En revanche, tout autre étant (en déployant éventuel-

1. Si je parle ici de sujet « humain » de la connaissance, c'est que j'ai en vue *l'idée* d'un type particulier de sujet de la connaissance, qui ne saurait être identifié à l'être vivant psychophysique « homme », existant éventuellement à titre de fait, au sens d'une anthropologie relevant de l'ordre des sciences de la nature. La recherche de cette idée ne présuppose pas du tout l'existence du monde réel, mais peut être accomplie sur un terrain purement transcendantal.

2. C'est pourquoi, il faut refuser les développements de Scheler sur la perception, dans son article « Erkenntnis und Arbeit » (in *Die Wissensformen und die Gesellshaft*, Leipzig 1926), si intéressants et précieux que soient certains examens. Car, sur tous les points décisifs, les développements présupposent l'existence du monde réel, sans qu'auparavant la possibilité et l'objectivité d'une connaissance non-empirique, et particulièrement une connaissance détachée de la perception, n'aient été montrées.

3. Un des mérites, et qui n'est pas assez hautement apprécié, de mon vénéré maître Edmund Husserl consiste précisément en cela qu'il a su, le premier, dégager la *pure* conscience transcendantale, et récuser aussi rigoureusement que possible toutes les confusions psychologistes. Il est aussi celui qui nous a enseigné non seulement à pressentir la profusion des formes, inaccessibles à la vue, de la sphère transcendantale, mais encore à les voir et à les décrire. Et il nous a fait clairement prendre conscience, à nous ses disciples, qu'en la matière on ne se tire pas d'affaire avec quelques phrases insignifiantes, mais qu'on se trouve face à une profusion de problèmes, auxquels les générations auront à travailler.

lement un examen non-transcendantal) est pour nous inaccessible, en tant qu'étant, dans le cadre d'une recherche transcendantale. Dans ce dernier cas, ce qui nous est accessible de lui – si l'on peut parler de manière aussi impropre – c'est le *sens* se constituant dans les multiplicités de consciences correspondantes et, à vrai dire, le sens de son être-ainsi formel et matériel aussi bien que le sens de son mode d'être. Que rien d'autre et rien de plus ne puisse surgir de l'examen transcendantal, telles des affirmations sur le statut de ce sens et sur la légitimité de sa constitution, cela résulte de ce que l'on *renonce*, de prime abord dans ce cadre et dans l'opération de la méthode de la réduction phénoménologique[1], à porter un quelconque
48 jugement *catégorique* sur tout *étant* | qui n'est pas un élément de conscience. Mais on oublie que, grâce à la réduction effectuée, on a uniquement affaire à un sens d'objet et non pas à un étant transcendant, ou bien l'on veut réduire, par principe, *toutes* les questions à des questions transcendantales, on identifie ainsi le sens d'objet intentionnel et sa constitution à l'objet existant lui-même et à son éventuelle genèse, et on brise involontairement les limites (s'imposant d'elles-mêmes) de la réduction transcendantale, tandis que l'on commence à faire de la métaphysique et à soutenir une *théorie* idéaliste sur les objets identifiés aux sens d'objet. Le point de vue idéaliste (pris en tel ou tel sens se déterminant en fonction des problèmes ontologiques) *peut* être le bon. Il n'y a *rien* à dire sur sa légitimité ou son illégitimité dans la situation présente du problème, car la décision prise en cette direction peut amener une solution plausible de tous les problèmes que nous avons souvent esquissés. Mais encore, si ce point de vue est le bon, en aucun cas, il n'a le droit d'être conquis sur le terrain transcendantal, dans le cadre d'une métaphysique occultée, mais exige, outre une préparation ontologique et une critique épistémologique, une recherche purement métaphysique, qui – abstraction faite de la question de sa possibilité que l'on ne doit pas trancher ici ! – ne s'accomplirait, dans tous les cas, *que sous la suppression* de la réduction phénoménologique. Les deux modes d'examen, épistémologique par suite transcendantal, et métaphysique, s'excluent donc réciproquement, ainsi une « métaphysique de la connaissance », d'une part, et une métaphysique réinterprétée du point de vue de la théorie de la connaissance, d'autre part, sont requises par les différents côtés.

1. Je ne parle ici de la réduction phénoménologique qu'au sens où elle a été exposée, dans sa forme originaire, dans le tome I des *Ideen* de Husserl. Les très importantes recherches ultérieures de Husserl sur les différentes réductions phénoménologiques, et qu'il a présentées dans ses leçons à l'Université, ne me sont malheureusement connues que par des indications orales, que mon vénéré maître m'a faites si amicalement, à l'automne 1927.

Mais il y a un point – dont il faut parler tout de suite – un point, dans tout cet examen, dans lequel les problèmes ontologiques, métaphysiques et épistémologiques paraissent se recouper d'une manière particulière et rendre accessible la possibilité d'une décision idéaliste, en un sens qui reste à déterminer. Ce point, c'est celui de l'équivalence significative – exposée par E. Husserl au cours de ses leçons – entre les deux jugements suivants :
« Il existe A » et | « Il est par principe possible qu'existe un chemin pour 49
légitimer l'existence de A ». Cette équivalence[1] dit, en fin de compte, que le seul A que l'on puisse raisonnablement supposer comme existant est celui qui est *par principe connaissable et accessible à l'expérience* – au sens large de la donation immédiate en propre. Mais si ce A doit être un objet réel appartenant au monde réel, alors cette équivalence exige la supposition simultanée d'une pluralité de consciences monadiques, de sorte qu'il soit *saisissable dans l'expérience* comme étant identiquement *le même* pour de nombreux sujets de la connaissance. (Maintenant au sens étroit de « l'expérience » tel qu'il ressort des analyses de Husserl menées dans *Ideen zu einer reinen Phänomenologie*). Mais la capacité à être éprouvé [*Erfahrbarkeit*] présuppose l'existence de la conscience pure (par suite des consciences monadiques). Donc – ainsi qu'on peut le déduire de là – l'existence du monde réel présuppose l'existence de la conscience pure. S'il n'existait aucune conscience pure, il n'existerait pas non plus de monde réel. Ainsi, une considération qui était d'abord épistémologique puis ontologique provoque une décision métaphysique idéaliste, d'un type déterminé. Mais cette considération est épistémologique, car elle provient de la prise de connaissance des conditions de possibilité de la position *légitime* d'un objet (de l'appréhension de l'existence). S'il n'y avait *par principe* aucun chemin possible pour légitimer l'existence de A, il n'y aurait *aucune* raison *légitime* d'admettre son existence et, donc, tout propos sur A serait dénué de sens, car, dans cette situation, cela équivaudrait à admettre une absurde « chose en soi » qui serait, *par essence*, inaccessible à l'expérience et par conséquent inconnaissable[2].

Ainsi cette considération épistémologique, qui doit être résolue dans tout ce complexe de recherche, paraît extorquer de force le point de vue idéaliste, en dépit de toutes les affirmations possibles qui peuvent être conquises d'une manière ontologique et métaphysique.

1. Elle m'est connue grâce à une leçon de Husserl du semestre d'été 1914 à Göttingen, qu'il a alors exposée sous le titre *Natur und Geist*. Malheureusement, les notes de cette leçon ont été perdues pendant la guerre, en sorte que je ne peux reconstruire que de mémoire le fil des idées de mon très vénéré maître. Par conséquent, les confusions ou incorrections éventuelles ne sont pas exclues de ma présentation.

2. Voir Husserl, *Ideen* I, p. 85 [trad. fr. p. 148].

50 | Cependant, il est nécessaire de prendre clairement conscience du type de motif qui interfère dans cette argumentation et des conséquences qu'il est permis d'en tirer. L'affirmation sur l'équivalence mentionnée assemble une affaire épistémologique à la question de l'existence de quelque chose et elle est utilisée pour fonder une décision métaphysique. Mais l'équivalence elle-même peut être établie ou bien sur la base d'une situation *ontologique*, ou sur celle de postulats épistémologiques. Il faut donc d'abord séparer précisément l'ontologique de l'épistémologique pour pouvoir considérer la signification de ces différents fondements.

Il faut d'abord rechercher le concept du « pouvoir-être-saisi-dans-l'expérience » [*Erfahrbarkeit*] d'un quelque chose. Il se réfère à quelque chose qui ressort des propriétés *relatives* et en même temps *potentielles* d'une objectité. Si une objectité doit être accessible à l'expérience, alors il doit y avoir une autre objectité en plus d'elle-même, de sorte que le « pouvoir-être-saisi-dans-l'expérience » naît de l'être-ensemble des deux objectités. En tant que moment relatif d'une objectité, le « pouvoir-être-saisi-dans-l'expérience » présuppose en même temps de la part des deux objectités en question un certain être-ainsi non-relatif, dans lequel il se fonde. Ainsi, il y a *deux* fondements différents du « pouvoir-être-saisi-dans-l'expérience », et s'il a aussi sans aucun doute une relation marquée à la connaissance et que son concept est de nature épistémologique, alors ses fondements sont de nature *ontique*, et par suite *ontologique*. Plus particulièrement, un de ses fondements réside dans l'être-ainsi de cette objectité qui *doit* être saisie dans l'expérience et, son autre fondement dans l'être-ainsi de celle qui *doit* en faire l'expérience. Ils sont d'un type fondamentalement différent. Au reste, parler de l'être-ainsi de l'objectité n'est pas ici tout à fait correct. C'est-à-dire qu'à propos de l'être-ainsi de l'objet, on doit, en plus de la différenciation entre moments matériels et moments formels, opérer encore une autre séparation dans le cadre des moments qualitatifs construisant les propriétés de l'objet. Dans un tel moment qualitatif, il faut opposer sa qualité fondamentale à ses qualités secondaires qui en sont les déterminations propres. Tandis que la qualité fondamentale, si elle réside dans la forme d'une propriété de quelque chose,
51 est la morphé [*Morphe*] immédiate de cette propriété, | mais une morphé médiate de l'objet correspondant, la qualité secondaire, quant à elle, est une détermination de la morphé immédiate d'une propriété[1]. De telles qualités secondes peuvent être de type différent. Dans notre cas, c'est un fondement ontique du « pouvoir-être-saisi-dans-l'expérience » des objets devant être éprouvés, cette qualité secondaire des morphés immédiates matérielles des

1. Sur la *morphé* immédiate et médiate d'un objet, voir J. Hering, « Bemerkungen über das Wesen, die Wesenheit, und die Idee », *Jahrbuch für Philosophie*, t. IV, p. 495 *sq*.

propriétés objectives[1], qui fait que ces dernières sont « auto-présentantes », ou comme le dit Conrad-Martius, « attirantes »[2]. Ainsi, par exemple, la couleur (prise en tant que *quale*) est auto-présentante. Mais il existe aussi des qualités fondamentales telles qu'elles ne se présentent pas d'elles-mêmes en ce sens, par suite, ne peuvent se montrer elles-mêmes, mais qui sont en même temps d'un type tel que – au cas où elles se manifestent en connexion ontologique avec les qualités fondamentales du premier type – elles peuvent être présentées à travers ces dernières (l'élasticité, par exemple). L'autre fondement ontique du « pouvoir-être-saisi-dans-l'expérience » réside dans cette objectité qui fait l'expérience d'une autre (éventuellement aussi d'elle-même). Pour utiliser une expression de M. Geigers, il consiste en « l'être-ouvert » aux caractéristiques [*Eigentümlichkeiten*] d'un autre objet, en « l'être-sensible » à ces dernières et, à vrai dire, au sens où l'objectité concernée avance par là un « savoir » à propos d'une objectité quelconque. Une objectité, « ouverte » en ce sens aux autres objets, peut également être « sensible » à ses déterminations propres ; elle constitue ainsi ce type d'objectité que l'on appelle « conscience ».

Les fondements ontiques du « pouvoir-être-saisi-dans-l'expérience » peuvent différencier l'étant en général selon deux domaines, dans la mesure où il est possible qu'une objectité ait simplement des déterminations présentées et auto-présentantes, mais non pas au sens d'être « sensible » ni « ouverte » à l'être-ainsi tant propre qu'étranger ; et | d'autre part, des 52
objectités peuvent exister qui offrent en soi les deux fondements du « pouvoir-être-saisi-dans-l'expérience ». *S'il y a* de fait *deux* types possibles d'étants en général, alors les conditions de possibilité du « pouvoir-être-saisi-dans-l'expérience » sont réalisées et, de chacune des objectités existantes, celle qui remplit la première condition peut *être* saisie dans l'expérience, tandis qu'au contraire, celles qui remplissent la seconde peuvent *faire* des expériences. Tout le problème consiste à savoir si cela est nécessaire. Pour le dire plus en détail : derrière la question de la validité de l'équivalence des propositions : « Il existe A », et « Il est par principe possible qu'existe un chemin pour légitimer A », se cachent les problèmes ontologiques suivants, qui doivent être résolus pour soi :

1. Existe-t-il des qualités fondamentales telles qu'elles ne puissent être présentées d'aucune manière, même médiate, qui donc, pour le dire de

1. Comme il s'agit de moments formels, je préfère laisser cela provisoirement en suspens.

2. Voir « Zur Ontologie und Erscheinungslehre der realen Außenwelt », *Jahrbuch für Philosophie*, t. III, p. 465 *sq.* Conrad-Martius pense, il est vrai, avoir seulement dégagé par là un trait caractéristique des qualités *sensibles*, tandis que j'utilise ici ce concept en un sens plus large.

façon imagée, sont « muettes » ? ou bien appartient-il à l'idée de qualité fondamentale que cela soit exclu ?

2. S'il existe de telles qualités muettes, alors il faut demander s'il appartient à l'idée de l'étant en tant que tel de devoir toujours offrir des déterminations auto-présentantes sous les déterminations de son être-ainsi, ou si au contraire un étant « muet » peut exister qui ne contiendrait pas en soi de déterminations présentantes ?

3. Est-il nécessaire qu'un objet ait des déterminations matérielles auto-présentantes et qu'il soit à la fois « ouvert » à ses propres déterminations et à celles des autres objectités ?

4. Dans le cas où l'on répondrait négativement à la dernière question, il faudrait chercher s'il est nécessaire que lorsqu'un objet du premier type d'étants distingués doit pouvoir exister, un objet du second type doive exister en même temps.

Si l'on répondait de manière négative aux questions 3. et 4. mais positivement aux deux autres, il n'y aurait alors aucune nécessité à ce que tout objet existant soit accessible à l'expérience. Mais il pourrait l'être malgré cela, dans le cas où il existe *de fait* (« de manière contingence ») un objet « ouvert » (« sensible ») aux autres objectités. Dans ce cas, les raisons ontologiques ne suffiraient pas pour assurer la validité de l'équivalence, il
53 faudrait pour sa fondation se servir de l'affirmation *métaphysique* | de l'existence *de fait* de la conscience[1]. Mais s'il en était ainsi, on ne pourrait tirer aucune conséquence métaphysique idéaliste de l'existence de cette équivalence. Être autorisé à tirer cette conséquence dépend en fin de compte de la décision des problèmes *ontologiques* recensés[2]. Pour le dire plus précisément : ces raisons ontologiques, issues d'une solution positive des questions 3. et 4. et qui conduiraient à l'équivalence considérée, rendent la décision idéaliste immédiate par soi, en sorte que l'argumentation, qui se rapporte à l'équivalence et en tire la conséquence idéaliste, deviendrait inutile. Il faut remarquer, en outre, que la solution des questions 2. et 4. est indépendante de la solution de la question 1., et que seule une réponse positive à la question 1. équivaudrait à l'admission d'une chose en soi par essence inconnaissable – chose en soi que Husserl rejette à juste titre.

La possibilité d'établir une *théorie* des étants dépend en outre de la solution des problèmes recensés et de la réponse à la question sur l'existence de fait de la conscience. Mais de là naît un problème en principe nouveau, celui des conditions de possibilité d'une théorie dont la solution requiert l'admission de la conscience pure, mais ne conduit à aucune

1. À vrai dire, dans ce cas, on devrait formuler les propositions considérées d'une manière quelque peu différente.

2. Manifestement, les problèmes d'ontologie matérielle relèvent de ce problème.

conséquence métaphysique, en tant qu'il s'agit seulement de la *possibilité* d'une théorie. Quand on demande, tout d'abord, s'il est *nécessaire* qu'existe une théorie de l'étant et une théorie en général – question dont l'affirmation n'est même pas compréhensible! – cela peut entraîner une répercussion du problème épistémologique sur la décision métaphysique à la question portant sur l'existence de la conscience pure. S'il devait *nécessairement* exister une théorie de l'étant, alors les conditions de sa possibilité devraient aussi être remplies et, en particulier, on devrait au moins admettre l'existence *factuelle* de la conscience pure. La supposition de l'existence *factuelle* suffit car une théorie de l'étant serait alors possible si les problèmes 3. et 4. recevaient une réponse négative, mais en même temps l'existence de fait de la conscience serait établie. | En d'autres 54
termes : on peut encore répondre en différents sens aux problèmes d'ontologie matérielle déjà formulés, tout en admettant la nécessité de l'existence d'une théorie de l'étant[1]. L'admission de cette nécessité (dont la négation conduit à la menace d'une pétition de principe relativiste et sceptique) ne peut donc d'elle-même contraindre ni à une décision idéaliste, ni à une décision réaliste de la polémique. Cette décision ne peut être obtenue que par la solution des problèmes ontologiques et métaphysiques que nous avons repérés plus haut. Le noyau de toute cette polémique réside donc dans ces deux groupes de questions.

1. Cette admission constituerait en même temps la raison de principe pour laquelle l'équivalence, examinée ci-dessous, des deux propositions devrait exister.

DES MOTIFS QUI ONT CONDUIT HUSSERL À L'IDÉALISME TRANSCENDANTAL [1]

| Je me suis souvent demandé quelle était exactement la raison qui a fait 95 que Husserl, dont la position était celle du réalisme à l'époque des *Recherches logiques*, a montré une nette inclination vis-à-vis de l'idéalisme transcendantal à partir des *Ideen* I, pour en arriver finalement à une décision sur ce qui ne lui paraissait plus offrir le moindre doute. A ce qu'il me semble, divers groupes de motifs sont ici impliqués et, parmi eux, on peut aussi trouver certains arguments que Husserl a tirés de sa philosophie. Autant que je puisse voir, voici les groupes de motifs qui, en dépit de la position originairement réaliste de Husserl, sont devenus de plus en plus significatifs pour lui au cours du temps :

1. Les arguments qui résultent de sa conception de la philosophie comme science rigoureuse.
2. Les postulats d'une juste méthode dans la théorie de la connaissance.
3. Les résultats positifs issus des analyses de la perception externe ainsi que de celles de la réflexion constitutive.
4. Les raisons issues de l'ontologie formelle en faveur de l'idéalisme.

1. D'après la traduction anglaise « About the motives which led Husserl to transcendental Idealism » de Shia Moser, de l'Université de l'État de New York, Buffalo, parue dans *Phenomenology and Natural Existence*, Dale Riepe (ed.), State University of New York Press, Albany, New York, 1973, p. 95-117. Nous indiquons entre crochets la pagination de ce texte.

Le texte présente une difficulté de datation; c'est un texte qui est manifestement postérieur à 1963, si l'on suit l'indication que donne Ingarden lui-même en conclusion. Car il renvoie le lecteur à un exposé plus complet de la question se trouvant dans un recueil d'articles paru en polonais en 1963 et reprenant de nombreux essais consacrés à Husserl : *Z badan nadfilozofia wspolczesna, [Inquiries into comtemporary philosophy]*, depuis la lettre de 1918 jusqu'au grand texte de 1962 : *On the motives which led Husserl to transcendantal idealism*, traduit du polonais par Arnor Hannibalsonn, Den Haag, Nijhoff, 1975.

5. Des tendances philosophico-religieuses, et finalement,

6. Une certaine attitude humaine de Husserl vis-à-vis du monde réel.

Il est bien sûr nécessaire de s'informer des motifs particuliers qui appartiennent à ces différents groupes. Mais avant toute chose, il est nécessaire de répondre à la question de savoir en quoi consistait originairement cette position « réaliste » de Husserl, et quelle est la preuve qu'il ait réellement soutenu une telle position. Il y a en effet des étudiants qui doutent que Husserl ait jamais soutenu une telle position. La source de ce doute réside dans le fait que Husserl ne s'est jamais déclaré *explicitement* et publiquement lui-même en faveur du « réalisme », en quelque sens que ce
96 soit, ni | à l'époque de la *Philosophie de l'arithmétique,* ni à celle des *Recherches logiques*. Ce réalisme ne peut être qu'inféré indirectement à partir de certaines affirmations de Husserl. En premier lieu, se trouve la conception husserlienne de la « vérité en soi », présentée dans le volume I, p. 228, des *Recherches logiques.* Ici, Husserl met en contraste (1) la « connexion entre les choses » – en un sens très large de « chose » – et (2) la « connexion entre les vérités » qui forment le corrélat nécessaire de « l'être en soi ». Il n'est pas dit si cet « être en soi » est l'être réel du monde ou celui des objectités appartenant au monde. Et il est certain qu'à cette époque Husserl entendait par « être » non seulement l'être réel mais aussi l'être « idéal », sans plus de qualifications, et n'hésitait pas à parler « d'objets idéaux », bien qu'il se déclarait lui-même opposé au « réalisme » dit platonicien des « idées »[1]. Il regardait explicitement les structures logiques, comme les concepts, propositions, théories, en tant qu'objectités idéales. Et il ne fait pas de doute qu'il distinguait fortement le mode d'être de ces structures du mode d'être des choses réelles et des événements, et qu'il ne doutait pas, à cette époque, de l'existence du monde. L'usage du concept « d'être en soi » en regard tant avec la « connexion entre les choses », qu'avec les « vérités en elles-mêmes », est ici d'une importance décisive. Et il est également remarquable que, dans les dernières années de sa vie, Husserl se soit élevé précisément contre cette doctrine de l'être en soi, et avec véhémence, pour défendre son idéalisme transcendantal. L'être en soi est juste cet être qui existe indépendamment des « vérités en soi » autant que de nos vécus, et spécialement de nos vécus cognitifs, l'être que l'on doit trouver dans l'expérience pour qu'il soit reconnu comme existant, « l'en soi » des choses auxquelles il faut justement « faire retour » – selon le slogan des phénoménologues à cette époque – pour obtenir des résultats véridiques, « l'en soi » que Husserl a si vivement rejeté plus tard, bien qu'il n'ait pas tout à fait nié l'existence du monde.

1. Ce « réalisme » n'est pas, à ce propos, aussi « Platonicien » qu'une interprétation de certains « Platoniciens », mais je ne peux discuter de cela ici.

Que la première position de Husserl, à l'époque des *Recherches logiques*, et sa dernière position, diffèrent radicalement l'une de l'autre quant au statut des structures logiques et du monde réel, est non seulement clairement attesté par des propos de Husserl lui-même dans les *Méditations Cartésiennes*, dans | *Logique formelle et logique transcendantale,* ainsi 97
que dans la *Krisis*, mais on en trouve déjà le témoignage dans une lettre que Husserl m'a adressée le 5 avril 1918, et dans laquelle il écrit clairement le rejet de son point de vue à propos des vérités « en soi » et des structures logiques [1]. Mais il y a encore un propos oral de Husserl qui le confirme sans aucun doute. A l'automne de l'année 1927, Husserl me demandait un jour ce que je lisais avec mes étudiants pendant le séminaire. Je mentionnais, entre autres choses, le volume I des *Recherches logiques* et, plus particulièrement, le dernier chapitre où la conception des vérités en soi et de la théorie est présentée. Husserl dit alors que c'était bien dommage puisque cette conception n'était pas tenable. « Là, je m'étais vraiment beaucoup égaré » dit-il. Il était déjà fermement convaincu, à cette époque, de la justesse de l'idéalisme transcendantal. Il est difficile de dire exactement à quelle date ce changement de point de vue a eu lieu. Dans les *Ideen,* il y a déjà des traces distinctes de la décision en faveur de l'idéalisme, mais seulement en ce qui concerne le traitement du monde réel, mais il y a, à côté, de nombreux passages qui ne peuvent pas du tout être compris en ce sens. Les objets idéaux sont encore traités de la même manière qu'avant. De même il est difficile de dire quand Husserl a conçu l'idée de la réduction phénoménologique. D'après le second volume des *Husserliana* (*l'Idée de la phénoménologie*), se serait sept ans avant les *Ideen*, mais on ne doit pas négliger le fait que les formulations de ce livre sont entièrement programmatiques et non pas strictes, en sorte que seule la formulation ultérieure des *Ideen* I correspond fidèlement aux intentions de Husserl. Mais, d'autre part, *Les leçons sur la phénoménologie de la conscience intime du temps* montrent que les problèmes de constitution étaient bien connus de Husserl plusieurs années avant les *Ideen* I. Toutefois, il n'y est question que des problèmes concernant la constitution des objectités qui ont leur être dans le temps. Il n'est pas étonnant alors que « l'essence », la *Species* et ainsi les objets idéaux en général soient traités dans la première section des *Ideen* I, à peu près de la même manière que dans les *Recherches logiques* [2]. Mais, dans tous les cas, si on considère les livres publiés par Husserl lui-même, c'est dans la *Logique formelle et logique transcen-*

1. Cf. E. Husserl, *Briefe an Roman Ingarden,* 1968, p. 7.

2. En rapport avec cela, quelques étudiants des Archives Husserl soutiennent que cette section appartiendrait à une période plus récente (donc avant les *Ideen* I) et aurait été simplement insérée dans les *Ideen*, sans que des changements notables aient été faits.

dantale que la conception idéaliste-transcendantale des objectités logiques et des idées apparaît pour la première fois. Mais, encore une fois, il est possible de conjecturer que le changement dans la conception sur le mode d'être des objectités logiques est apparu bien plus tôt, mais n'a peut-être été présenté sous une forme explicite qu'au début des années 20. Malgré tout,
98 que ce changement ait bien eu lieu, que donc Husserl ne fut | pas dès le début un idéaliste transcendantal et qu'il ait pour lui-même dégagé ce nouveau point de vue au cours d'études laborieuses de plusieurs années, c'est ce dont on ne peut plus douter. Qu'est-ce qui a bien pu l'y pousser ?

Ad. 1. La conception de la philosophie comme science rigoureuse (cf. l'article de *Logos*, 1911) était liée au départ à la critique vigoureuse de Husserl vis-à-vis de la philosophie européenne de l'époque. C'est à partir des mathématiques que Husserl vint à la philosophie et il a été, pour ainsi dire, élevé dans la rigueur mathématique des concept et des preuves. Ainsi, il ne condamnait pas seulement la multiplicité des points de vue philosophiques existants et leurs « querelles » sans fin – ainsi qu'il s'exprimait souvent – mais c'est surtout la manière de philosopher de cette époque qu'il condamnait ; opérant ainsi avec des concepts non clarifiés, s'appuyant sur des affirmations infondées, rivalisant dans la formation de systèmes, etc. – autant de choses qui empêchaient une réconciliation entre les différentes philosophies et, surtout, empêchaient la conquête d'un « fondement ferme » en philosophie. Husserl a lutté toute sa vie pour ce « fondement ferme », pour la clarté non seulement des concepts mais aussi de l'appréhension intuitive, pour se prémunir de tout ce qui est souvent facilement confondu et, par dessus tout, pour la responsabilité de la recherche philosophique, et il a consacré de nombreuses années à dégager une méthode qui – selon lui – garantirait un « caractère scientifique » à la philosophie. Mais il est remarquable que lui – le mathématicien – n'ait pas cherché le salut de la philosophie dans la méthode mathématique. Et la logique mathématique – dont beaucoup de ceux qui étaient méfiants vis-à-vis de la philosophie ont véritablement bloqué l'accès – ne pouvait pas du tout le satisfaire. Parce que, précisément, là où il demandait clarté, compréhension et éclaircissement, on se contentait de solutions conventionnalistes et d'un scepticisme plutôt faux qui en venait, par conséquent, à prendre la tournure d'un formalisme radical et d'un physicalisme. Un éclaircissement allant jusqu'aux plus ultimes structures des formations logiques, sans plus de reste à définir, une appréhension du fondement ultime de la validité des axiomes, tout ceci était devenu, dans l'ensemble de la controverse sur la fondation des mathématiques au début du siècle – et plus tard – quelque chose à quoi on renonçait d'une manière programmatique. Or, c'étaient exactement les points qui, selon Husserl – lorsque, juste à cette époque, il

défendait dans les *Recherches logiques* l'existence d'une vérité ultimement justifiée – devaient être amenés à | la clarté au moyen de l'éclaircissement. 99
La rigueur des mathématiques a ainsi peut-être servi pour Husserl comme un idéal auquel il faut s'efforcer ensuite en philosophie, mais non pas comme le modèle d'une méthode à appliquer en philosophie. Après tout, il était aussi un disciple de Franz Brentano, qui croyait dans l'évidence, et pensait la réaliser dans la « psychologie descriptive » en tant que science fondamentale en philosophie, une évidence à conquérir dans la « conscience intime ». Ainsi, il n'est pas surprenant que, à la place de la méthode « mathématique » (et de la théorie conventionnaliste et sceptique de la connaissance mathématique suivie à cette époque en marge des mathématiques), Husserl ait posé la méthode de l'analyse phénoméno-logique. Ce qui est sûr, c'est qu'il a pratiqué cette méthode pendant des années, mais – même après les *Recherches logiques* – il n'était pas bien clair au sujet de sa signification et de ce qu'elle pouvait accomplir de façon possible. Après tout, dans la première édition de son travail, il mettait en équation phénoménologie et « psychologie descriptive ». Avant qu'il n'ait dégagé son idée, ce qui était important pour la formation ultérieure de la phénoménologie en tant que philosophie « transcendantale », c'était la force qu'il mettait, dans sa recherche d'une « science rigoureuse » en philosophie, sur le gain d'un « fondement ferme », c'est-à-dire d'un fondement qui ne soit plus branlant. D'un point de vue épistémologique, cela signifie une connaissance qui n'est plus susceptible de doute, donc « absolue » dans sa validité. Découvrir une connaissance de ce type et, parallèlement, inventer une méthode qui garantirait ses pratiques, c'était l'idéal et aussi le but résultant de ce postulat de la philosophie comme science rigoureuse. La connaissance optimale dont disposait alors Husserl sur la base des *Recherches logiques* était l'idéation. Toutefois, avec cela, pourrait-on faire autre chose – comme il a été dit de manière malicieuse – que de partir à la « chasse aux *Species* » et ainsi créer une base pour des sciences a priori, mais est-ce assez pour une philosophie en général ? Pourrait-on l'établir par cette voie ?

Comme on sait, dans la première décennie suivant les *Recherches logiques*, Husserl a élargi d'une manière essentielle le champ de ses problèmes ; plus précisément, d'une part, en direction des problèmes épistémologiques qui, jusqu'alors n'avaient pas été cultivés et en premier lieu l'analyse de la perception externe, et d'autre part, en direction des questions concernant le monde réel objectif ou ses formes – temps et espace. Il est ici devenu nécessairement manifeste que la perception externe ne peut fournir une connaissance indubitable et les raisons de ce fait. S'est ainsi posée la question de savoir s'il ne serait pas possible | de l'obtenir dans la perception 100

« interne » – à parler plus strictement – dans la perception immanente. En disciple de Brentano, cette idée s'est facilement imposée d'elle-même à Husserl, puisque selon Brentano la dite « conscience intérieure » était supposée donner une connaissance indubitable. Il restait seulement à explorer plus exactement « la perception immanente » et sa structure essentielle pour y montrer le fondement de son indubitabilité ; ce que Husserl a trouvé dans « l'unité non-médiatiséee entre le vécu perçu et le percevant immanent ». Cela a été la marche décisive jusqu'à « la subjectivité ultime ». Ajouté à cela « l'intuition des essences », et il était désormais facile de parvenir à l'idée d'une phénoménologie transcendantale « pure », qui non seulement était supposée trouver l'ultime source de toute connaissance mondaine en redescendant jusqu'à la subjectivité ultime de la conscience pure, mais encore était destinée – en déplacement des problèmes pour lesquels il y a plusieurs précédents historiques – à dériver le monde réel lui-même à partir de ses sources originaires dans la conscience pure. En ce sens, l'idéal purement méthodologique de la philosophie comme science rigoureuse a préparé le chemin pour la décision foncièrement métaphysique en faveur de l'idéalisme transcendantal. A la même époque s'est formée une nouvelle façon méthodologique de considérer les objets donnés dans la perception externe, consistant non pas en une attitude directe vis-à-vis de ces objets, mais en faisant un détour particulier par une analyse des états de conscience correspondants. A cette époque, quand Husserl a esquissé cette démarche dans ses leçons après 1910 et dans les *Ideen* I, cela a provoqué une protestation de ses disciples de Göttingen, accoutumés au slogan « retour aux choses ».

Ad. 2. C'est ainsi qu'au cours des années où précisément Husserl inscrivait de manière décisive le champ de la théorie de la connaissance dans sa recherche, une attaque sévère de sa théorie a été menée par Léonard Nelson. Comme on sait, Nelson essayait de prouver l'impossibilité de la théorie de la connaissance en signalant la nécessité soutenue d'une pétition de principe. Pour autant que je sache, Husserl n'a jamais exprimé d'opinion à propos de la théorie de Nelson. Mais il ne pouvait pas ignorer l'existence de son livre. Quoi qu'il en soit, Husserl, dans ses leçons et ses séminaires, ainsi que dans ses écrits depuis les *Ideen* jusqu'à la *Krisis*, a souvent signalé « l'absurdité » commise quand, dans le but de résoudre un problème épistémologique – concernant, disons, la validité de la perception
101 extérieure – on en appelle à l'existence et aux caractéristiques | des objets donnés dans le mode de connaissance en question. Cela arrive par exemple, quand, dans les événements qui ont leur point de départ dans les choses physiques, on voit les « stimuli physiques » qui affectent nos sens et imposent un cours déterminé de perception sensible externe, quand ainsi on

cherche à prouver, de cette manière physicophysiologiste, la soi-disant « subjectivité » des qualités secondes. La réduction phénoménologique – nouvelle découverte de Husserl dans les *Ideen* I – supprime justement le danger d'une telle absurdité, peu importe par ailleurs que Husserl insiste bien sur le fait que la « réduction » n'est pas destinée à cet usage. Mais une fois que la réduction est accomplie, on se trouve déjà sur le terrain de la pure conscience transcendantale, à partir de laquelle non seulement toute réflexion épistémologique doit être exécutée – et particulièrement ce qu'on appelle « les questions de droit » de la raison – mais de laquelle aussi toutes les existences différentes de la conscience doivent être dérivées, aussi loin qu'il est possible. La priorité de la conscience pure à l'égard de la validité de la connaissance doit ainsi être exigée pour la formation de toute théorie de la connaissance possible, et cette priorité est montrée par Husserl à travers l'examen de la perception immanente et des ultimes vécus de conscience constituants. Mais, en même temps, cette priorité commence à avoir des implications métaphysiques, en se transformant en une priorité existentielle de la conscience pure, et en transformant tout être transcendant – spécialement ceux qui relèvent du monde réel – en être dérivé et dépendant de la conscience pure. Le danger d'une pétition de principe en épistémologique est éliminé grâce à la réduction phénoménologique, mais c'est pour trouver à la place, chez Husserl, une interprétation du sens d'être du monde réel qui, en dépit des différences toujours fortement soulignées par Husserl, en vient à rejoindre dangereusement des vues telles que celles de Berkeley ou de l'idéalisme néo-kantien, par exemple.

Ad. 3. Si on ne veut pas accepter ces conséquences de la réduction phénoménologique, on doit alors se demander si Husserl n'aurait pas découvert, malgré tout, au cours de ses analyses positives quelque chose conduisant à sa décision idéaliste transcendantale. Car, après tout, il a analysé la perception externe avec tant de soin qu'il a accompli des résultats dont aucune philosophie empiriste ou positiviste ne peut se vanter. En même temps, il a examiné avec soin et de tous côtés | les différentes **102**
structures générales de la conscience et a exploré si profondément ses relations au réel qu'on devrait pouvoir s'attendre de sa part à une décision vis-à-vis du problème Idéalisme-Réalisme.

Et, on peut vraiment trouver dans ses écrits, à commencer par les *Ideen*, bien des remarques qui peuvent être vues comme des arguments *en faveur* de l'idéalisme[1], et qui étaient bien destinées par Husserl à cette fin. J'indiquerai ici quelques unes d'entre elles :

1. Dans ma conférence, lors du Second Colloque de Phénoménologie de Krefeld en 1956, je cherchais à déterminer le sens exact de cet « idéalisme » sur la base des textes de

a) Les objets réels (choses, événements, ...) donnés dans la perception sensible externe sont « transcendants » à cette perception même, c'est-à-dire ils ne forment aucune « partie réelle » des vécus perceptifs. En conséquence, la chose pourrait cesser d'exister ou ne pas être du tout, tandis que le vécu de perception se poursuivrait dans son existence[1]. De l'autre côté, un vécu perçu dans l'immanence forme une « unité non-médiatisée »[2] avec la perception immanente qui est basée sur ce vécu et est dirigée sur lui, et, par conséquent, l'être de ce vécu ne peut être annulé. Parallèlement, Husserl rejette de manière décisive toute connexion causale entre la chose perçue et ce qui, d'après la théorie psychophysiologiste, envoie des stimuli physiques à nos sens et provoque le vécu perceptif, et le vécu lui-même, maintenant que la conscience pure forme une sphère d'être toute entière fermée sur soi, sans relation causale avec n'importe quel autre être.

b) Toute perception sensible externe est, par essence, partielle et inadéquate par rapport à la chose donnée en elle. C'est une appréhension partielle ne portant que sur un côté de la chose, les « autres » côtés et l'intérieur étant seulement « co-visés » et ne peuvent accéder à la donation directe que dans la suite du cours de la perception, c'est-à-dire dans d'autres perceptions de la même chose. Ces perceptions ultérieures de la chose peuvent bien confirmer les résultats de la perception accomplie par rapport aux aspects de la chose qui sont simplement visés, mais cela n'a rien de nécessaire; parce que ce qui était simplement « co-visé » pouvait être faussement visé. Il est toujours possible que la chose soit différente et la perspective des expériences suivantes ne peut pas, par principe, exclure une telle possibilité. Cela ne pourrait être exclu que s'il y avait une connexion interne nécessaire entre les déterminations de la chose (matérielle). Mais les choses données dans la perception des sens ne semblent pas posséder une
103 telle structure interne fermée. | La chose pourrait aussi changer dans le temps s'écoulant entre deux actes de perception. En conséquence, il n'est pas possible de prouver avec certitude, en faisant appel aux autres perceptions suivantes de la même chose, que cette chose dispose vraiment des mêmes qualités sur « l'autre » côté que celles qui ont été perçues de « ce » côté. D'où, la connaissance des choses au moyen de la perception externe n'est pas seulement inadéquate et unilatérale, mais elle est aussi,

Husserl, pour me défendre contre l'opinion de plusieurs participants du Colloque, qui niaient l'existence d'un tel idéalisme chez Husserl.

1. Dans un autre passage, Husserl admet que, dans un tel cas, le vécu perceptif serait essentiellement modifié, mais pourtant ne cesserait pas d'exister [! Erreur ou coquille du texte, la négation est manquante (« would *not* have to cease to exist »), pour être conforme à l'affirmation du § 49 des *Ideen* I].

2. Cf. *Ideen* I, trad. P. Ricœur, Paris, Gallimard, p. 122 [68].

par essence, toujours empreinte d'un élément d'incertitude. Ce qui est appréhendé, même dans une multiplicité de perceptions des sens, est toujours finalement au plus haut degré simplement « supposé » et n'est jamais un être donné en soi-même dans l'évidence et sous toutes ses faces.

c) Contrairement à ce que les empiristes anglais ont l'habitude de soutenir, ce qui est donné dans la perception externe ce n'est pas seulement *comment* la chose est qualifiée [*Wie*] mais encore *ce qu*'elle est [*Was*, seinem Was][1]. Bien sûr, cela n'est pas valable dans les cas où la perception est à ce point dénuée d'intensité et de clarté que, pour cette bonne raison, elle n'est pas claire du point de vue de *ce que c'est* qui est donné. Mais ce sont des cas exceptionnels ou transitoires qui doivent être convertis en une claire donation de l'objet dans sa quiddité. Entre la quiddité d'une chose et sa détermination qualitative, il existe de strictes relations de dépendance. La quiddité d'une chose étant donnée, sa détermination qualitative ne peut pas varier librement, mais toujours seulement à l'intérieur de certaines limites déterminables. Sitôt que ces limites sont transgressées, cela aboutit à la destruction de la quiddité de la chose et donc de la chose elle-même, en termes husserliens « elle explose ». Pour le dire de manière phénoménologique : selon les déterminations qualitatives du donné qui tombe sous une certaine perception, ce donné se présente lui-même dans la perception sous l'aspect d'un *Was* déterminé (ou d'une nature, dans ma terminologie). Cependant, si la limite de variation permise est transgressée au cours des perceptions suivantes, le *Was* du donné fait place à un autre *Was*. La chose donnée en premier lieu disparaît en un sens et une autre chose apparaît à sa place, ou bien il se trouve que les premières perceptions ont fait apparaître la chose sous le faux aspect d'un *Was* qui ne lui appartient pas du tout, et que « en réalité » il s'agit bien d'une autre chose. Mais est-il certain que le *Was* nouvellement donné soit vraiment le *Was* propre de la chose donnée ? Une situation analogue ne peut-elle pas toujours, par principe, se répéter ? Ainsi, par principe, il est toujours possible de remettre en question le fait que ce qui est donné « jusqu'à maintenant » existe vraiment, | et si c'est 104
quelque chose d'entièrement différent qui existe à sa place, ou même rien du tout. D'une manière générale, il devient douteux de savoir s'il existe vraiment un « en soi » du *Was* et des déterminations qualitatives de la chose donnée. La chose n'est peut-être simplement qu'un *Was*-phénoménal ou un phénomène de déterminations qualitatives, synthétiquement formé par le cours dominant des perceptions, et qui est relatif à la multiplicité

1. Là où l'anglais utilise le *What* et le *How*, nous garderons au fil du texte le *Was* et *Wie* allemands, ces derniers étant en général plus familiers au lecteur ; quant au *Whatness*, il sera rendu par 'quiddité'. (Ndt).

donnée de perceptions, un simple corrélat de cette multiplicité de perceptions et d'autres actes déterminants, non pas un « être pour soi-même ou en « soi-même » trouvé d'une manière réceptive. On se trouve ainsi, de nouveau, encore tout près des portes de l'idéalisme transcendantal.

d) À chaque objectité appartient une multiplicité, au moins par principe infinie, de perceptions possibles, dans lesquelles l'objectité est donnée elle-même, et en vérité « *in persona* ». Cette multiplicité ne peut jamais, par principe, être exhaustive *realiter*. Or, ce n'est que par une telle exhaustivité que l'on pourrait obtenir une détermination garantie et concluante de l'essence, de la quiddité et du caractère, et finalement, aussi, de l'existence de ce qui est donné dans les perceptions (par exemple une chose). Toute attribution inconditionnelle (assertion catégorique absolue) d'une certaine quiddité et de déterminations qualitatives à un donné perceptif est fondamentalement injustifiée et constitue en fait une transgression de la validité de l'expérience finie. Seul celui qui serait au-delà de la finitude de l'expérience pourrait parler de « l'être en soi » du réel qui, après tout, n'est accessible de manière originaire que par l'entremise de la perception. Mais, en restant à l'intérieur du cadre de l'expérience finie et strictement à l'intérieur des limites de sa validité, il est alors permis de parler d'une chose comme étant seulement le corrélat d'une multiplicité de perceptions. Rester ainsi à l'intérieur des limites de validité est donc rendu impératif par l'exigence d'une stricte adaptation aux capacités du mode de connaissance donné. C'est pourquoi on a le droit de voir les choses données dans la perception externe comme de simples corrélats intentionnels, comme des « phénomènes ».

e) Si l'on considère que la signification du *Was* objectif et de la détermination qualitative, qui est obtenue dans la multiplicité perceptive du moment, est un résultat synthétique de la multiplicité de perceptions appartenant les unes aux autres à travers ce qui a déjà passé et que, d'après cela, il n'est pas permis de parler d'un « être en soi » de ce qui a été perçu,
105 alors il est aisé de regarder ce résultat (et c'est ce que Husserl a fait) | comme une « formation » [« *Gebilde* »] de cette multiplicité et de dire qu'il est « constitué », « institué » (comme dit Husserl) au cours de l'expérience. Ainsi considérées, les choses perçues (plus strictement les sens-de-choses) ne deviennent pas seulement le corrélat intentionnel de multiplicités perceptives, mais aussi leurs « produits », leurs formations. Par là, on dispose déjà de l'essentiel de la thèse de l'idéalisme transcendantal selon laquelle les réalités ne sont rien d'autre que des choses « constituées », des unités de sens noématiques d'un genre spécial, dont l'être et l'être-ainsi résultent de multiplicités de vécus d'un genre déterminé, sans lesquelles

elles ne seraient pas du tout possibles. Elles existent *seulement pour* le pur ego transcendantal qui parcourt de telles multiplicités perceptives. L'« être » du perçu n'est plus un « en soi », mais seulement un « pour quelqu'un », pour un ego qui en fait l'épreuve. « Si nous biffons la conscience pure, nous biffons le monde », ainsi se lit la thèse de l'idéalisme transcendantal, si souvent répétée par Husserl au cours de ses leçons.

f) On peut trouver encore d'autres affirmations chez Husserl qui, selon lui, conduisent au même résultat. C'est particulièrement le cas de la « réflexion constitutive ». Husserl a, sans aucun doute, découvert ici une aire extraordinairement riche de problèmes, et a montré l'existence d'état de choses que d'autres ont à peine conjecturés[1]. On peut seulement esquisser ici le schéma général de la recherche constitutive, en se limitant à ce qui a une signification pour la décision idéaliste.

Dans le déploiement d'une multiplicité perceptive de la « même » chose, il faut distinguer plusieurs « couches de constitution ». Après l'opération de la réduction phénoménologique, ce sont toujours des « *noemata* » ou – comme dit Husserl – des sens noématiques qui sont supérieurs – ou subordonnés les uns aux autres. A chaque sens noématique relevant d'une couche « supérieure » appartient une multiplicité, ordonnée de manière déterminée, d'unités de sens noématiques correspondants à une couche « plus basse », ou en un sens constitutif « plus profonde », ou plus originaire. Cette coordination signifie que : si une multiplicité de sens noématiques « plus profonds », simplement vécus par l'ego sans être visés en tant qu'objets, se déroule, alors un sens noématique correspondant et de plus haut degré se « constitue » lui-même dans cette multiplicité et s'oppose à l'ego comme quelque chose de donné. Par exemple : à chaque chose (ou noème de chose) donnée dans la perception appartient une multiplicité de »vues » (Husserl parlait d'abord « d'aspects » | puis, plus 106
tard, à partir des *Ideen*, « d'esquisses ») dans lesquelles la chose est amenée à apparaître, est donnée directement soi-même. Et, en particulier, à chaque détermination objective du perçu correspond une multiplicité ordonnée et strictement réglée « d'esquisses », vécues par le sujet percevant. Le caractère carré du dessus de la table apparaît dans une multiplicité de raccourcis de perspective vécus, par exemple, losange, trapèze, etc.,

1. On peut, par exemple, comparer les résultats de la réflexion constitutive husserlienne avec la « déduction transcendantale » des purs concepts de la raison, dans la première édition de *La Critique de la Raison Pure* ou, disons, avec *L'analyse des sensations* de Mach, pour se convaincre de l'énorme progrès réalisé par le travail de Husserl. Si l'on fait aussi la comparaison avec *Our Knowledge of the External World* de B. Russell, ou avec *Der Logische Aufbau der Welt* de R. Carnap, ou encore et pour finir avec les explications de *Sense and Sensibilia* d'Austin, on voit que Husserl est bien supérieur dans ses réflexions.

d'ampleur, de distinction et d'intensité différentes, selon le point de vue du sujet percevant et sa manière plus ou moins active de faire l'expérience. Ce sont toutes des « vues » d'une seule et même forme-de-chose, peu importe jusqu'à quel point elles diffèrent les unes des autres dans leur contenu. Ce qui est plus remarquable et qui pourtant ne peut être nié, c'est que leur contenu sensible est différent du contenu sensible de la détermination objective correspondante, constitutivement de degré plus élevé – ce contenu sensible est ainsi différent de la forme « carré » – à vrai dire selon différents degrés et en fonction du style des raccourcis de perspectives et, pourtant, c'est un seul et même carré qui accède à la donation à travers la multiplicité de telles vues vécues qui déroulent leurs cours. Ce schéma de coordination se répète lui-même : à chaque vue vécue de quelque chose comme une chose appartient à nouveau une multiplicité d'unités de sens noématiques d'une couche plus profonde, dans laquelle une seule et même vue identique de quelque chose se constitue. Par exemple, l'intensité de la silhouette de la forme objective peut bien changer, et ce que l'on appelle les « transformations attentionnelles » peuvent bien intervenir (lesquelles sont évidemment de grande importance pour les sens noématiques particuliers concrets de niveau plus profond), tandis que le sens noématique d'un raccourci de perspective déterminé (d'une certaine vue) reste tout à fait inchangé. Au plus profond se situent les multiplicités de « *sense data* », fluents et originaires, dans la conscience constituante du temps et qui sont seulement vécus de manière passive par l'ego. Ils résident dans la couche ultime originaire qui forme le fonds pour la constitution du temps vécu « rempli ». Ces *sense data* subissent une transformation remarquable, pour ainsi dire durant leur « être senti », à partir de la potentialité de protention, quand ils se sont annoncés à l'ego éprouvant à travers l'actualité de l'impression originaire, jusqu'à l'écho de la rétention, avant de disparaître tout à fait du champ de l'expérience. Le style d'actualité et de présentation
107 supporte une transformation continue, | mais le *quale* d'un *sense datum* est conservé à l'intérieur du cadre d'une présence vivante (c'est la même tache colorée, avec approximativement la même étendue de tache), de sorte que, là encore, on doit opposer la continuité des *sense data* originaires changeant dans notre vécu, au *sense datum* qui, dans une certaine mesure, garde sa constance. Cela vaut partout : en dépit d'une certaine variabilité autorisée des sens noématiques de la couche inférieure correspondante, on ne saurait transgresser une certaine limite strictement définie de variabilité, au delà de laquelle le sens noématique correspondant de la couche supérieure « explose », c'est-à-dire ne peut être vécu, ni visé ni donné comme étant identiquement le même. Sur ce point Husserl pose inlassablement la même question : qu'est-ce qui doit être contenu, comme sens

noématiques, dans la multiplicité de la couche constitutive inférieure, pour que l'unité de sens noématique déterminée correspondante et de plus haut degré puisse se constituer elle-même ? Husserl a cherché à répondre à cette question dans de nombreuses et différentes sphères de sens, à savoir en montrant l'existence d'états de choses tout à fait concrets. Mais, selon Husserl, il y a ici bien plus qu'un simple problème de coordination des sens noématiques des différentes couches constitutives. Au cours du temps, Husserl en vient, de plus en plus, à interpréter la « constitution » du sens noématique supérieur, au cours du déroulement vécu d'une multiplicité plus profonde, dans le sens d'une « création » ou d'une « fondation » de ce sens supérieur. Certes, cette « création » – selon Husserl – n'est pas arbitraire, n'est pas laissée au libre choix de l'ego pur. Il y a ici l'autorité des strictes lois a priori, que l'on doit découvrir dans une réflexion constitutive transcendantale à partir d'une attitude éidétique. Husserl a consacré des dizaines d'années de sa vie à cette tâche – certainement avec grand succès. Pour cela, il n'a pas ignoré la transformation dans les *noèses* dont dépend le style de constitution des sens noématiques de divers degrés. Le principe adopté par Husserl – à chaque transformation dans les *noèses* (dans les actes intentionnels) appartiennent des transformations strictement réglées dans les *noemata* correspondants – semble trouver ici sa confirmation la plus claire. Les *noemata* sont, pour ainsi dire, très « sensibles » au contenu de sens des *noèses* correspondantes, mais aussi à la manière par laquelle ces *noèses* sont effectuées par l'ego.

Il y a aussi, chez Husserl, de très nombreuses analyses qui distinguent et clarifient les différentes manières d'exécuter les actes. Ce qu'il faut plus particulièrement considérer ici, ce sont | les actes dits « thétiques »,
dans l'accomplissement desquels quelque chose « est posé », ainsi, par 108
exemple, simplement en tant que reconnu dans son être ou établi en tant qu'existentiellement « *real* » dans une sphère déterminée d'être. A ces actes, qui sont très différents les uns des autres eu égard à leur caractère « thétique », correspond, dans le contenu du sens noématique les accompagnant, un caractère d'être spécifique, par exemple celui de l'être réel, ou de l'être possible, ou de l'être idéal, etc. Ce caractère a aussi son origine dans la conscience et dans le mode d'exécution de ces actes. Il est lui aussi un phénomène dont le contenu de sens – si l'on peut dire – est déterminé par le mode d'exécution de l'acte correspondant. On peut ainsi seulement parler « d'existence » quand on questionne la conscience pure constituante. Et – toujours selon Husserl – il n'est pas permis d'attacher librement un sens aux *noemata* ni d'établir leur existence, sans porter attention au contenu de sens des actes correspondants et à leurs modes d'opération. Ce

n'est pas seulement le fait possible de l'être de quelque chose mais encore son sens essentiel qui est « constitué » dans la conscience pure.

Si on considère que les choses perçues « réelles » (données ou visées comme « réelles ») ne sont traitées, dans la réflexion constitutive, que comme des éléments d'une couche spéciale de sens noématiques constitués, et si l'on admet que toute chose dans cette couche trouve son origine ultime dans des couches constitutives correspondantes inférieures et dans les noèses accomplies dont elle dépend par essence, alors l'exploration de ces états de choses prend la forme d'une mise au jour de la genèse ultime des choses phénoménalement données[1], ce qui revient à adopter l'essentiel de la thèse idéaliste transcendantale, affirmant que l'être du monde réel donné dans l'expérience dépend de l'être et du déroulement de la conscience pure constituante, sans laquelle il n'existerait pas du tout. Il devient alors tout à fait absurde de s'interroger sur « l'être en soi du monde », car cela va contre le sens naturel de la constitution qui forme le fond ultime de tout questionnement. L'ensemble du monde réel donné de manière phénoménale (et particulièrement le « *Lebenswelt* » de la *Krisis*) est vu comme n'étant rien d'autre qu'une certaine couche dans le processus de constitution transcendantale, une phase « d'objectivation », dont les autres, ultérieures
109 ou plus hautes, | – disons comme celle de la détermination physicienne du monde matériel – sont supposées découler.

Si tout le processus de constitution est reconduit jusqu'à la subjectivité ultime d'un seul ego pur (« mon » ego en chaque cas) ou à la multiplicité ouverte d'ego purs qui sont en harmonie, si l'analyse positive est vraiment poussée jusqu'aux profondeurs les plus secrètes de la conscience passive originaire constituante du temps, ou même si on peut trouver quelque chose de plus originaire encore, – tout cela est désormais – comme aurait pu dire Kant – plutôt un fait d'« élégance » de l'étude qu'une décision nécessaire. Parce qu'à la base, il n'y a plus rien d'essentiel, susceptible d'être changé plus tard, dès lors que l'on a admis que chaque unité de sens noématique de degré « supérieur » est « instituée » par le pur ego, quand certains *noemata* plus profonds sont vécus et certaines noèses accomplies, et quand, en même temps, il n'est plus permis de distinguer entre objet et sens-d'objet, entre le phénomène de quelque chose qui a de l'être, ou le phénomène de cet être d'une part, et ce quelque chose ou son être eux-mêmes, d'autre part. Tout est d'ores et déjà décidé quand il n'est pas permis d'emprunter un chemin sur lequel, après une étude complète de tous les

1. À strictement parler, on devrait seulement dire « de la chose », mais Husserl oublie la nécessité de cette correction de la phrase ou, pour être plus exact, rejette la nécessité d'une telle manière de parler, comme s'il identifiait la « chose » avec le « sens-de-chose » noématique.

problèmes de constitution, menée sous la condition de la réduction transcendantale, on reviendrait à nouveau en laissant de côté cette même réduction, pour interroger alors directement l'existence et, particulièrement, le mode d'existence du monde réel, afin d'obtenir une solution existentielle. Autrement dit, tout est déjà réglé s'il n'est pas permis de sortir de l'ensemble de la phénoménologie et de lutter pour une solution métaphysique. Mais c'est précisément ce que Husserl interdit définitivement. Il croit que la réflexion constitutive fournit la recherche ultime et décisive du monde réel et de son existence.

Ad. 4. Comme je l'ai indiqué au début, il y a des raisons relevant de l'ontologie formelle à la base de la décision idéaliste concernant le monde réel et son existence. Il y a, au sommet de toute l'argumentation, deux affirmations majeures, dont seule la première peut être vue comme relevant de l'ontologie formelle, tandis que la seconde relève apparemment de l'ontologie matérielle. Par ces deux affirmations, Husserl se place lui-même en opposition avec la thèse courante des sciences de la nature et surtout de la psychophysiologie. Selon elle, la conscience et le monde réel physique sont doublement liés l'un à l'autre, à savoir | a) la conscience est **110**
conditionnée par les événements cérébraux, b) les vécus perceptifs, et plus spécialement les « sensations », sont causalement conditionnés par des « stimuli physiques ». Et, en rapport avec cela, il est maintenu que la conscience est un élément du monde réel formant un tout avec lui. A quoi Husserl objecte que : 1) Les choses physiques sont « transcendantes » aux vécus perceptifs dans lesquels elles sont données, c'est-à-dire que les choses et les vécus forment deux totalités extérieures l'une à l'autre, et que 2) Il y a une différence d'essence entre les choses physiques et les vécus : les premières sont spatiales, pas les autres. Puis Husserl en appelle à un principe d'ontologie formelle affirmant que la totalité d'un objet individuel n'est possible que s'il existe un lien de parenté essentiel entre les éléments (parties ou attributs) de cet objet. La différence essentielle, établie par Husserl, entre la conscience et les choses physiques exclut la possibilité pour la conscience d'être un élément du monde réel physique, ou de former un tout avec lui. Cette différence essentielle exclut ainsi, selon Husserl, que les vécus (particulièrement les vécus perceptifs) puissent être causalement conditionnés par quelque chose ou événement physique que ce soit, tant un « stimulus physique » qu'un processus cérébral. A partir de là, on pourrait soit, être conduit à un dualisme radical, à une théorie radicale de deux mondes – le monde des choses physiques et des événements, et le monde de la conscience entièrement séparée et isolée du premier –, soit, si toutefois on voulait préserver l'unité de ce qui est vraiment existant – le monde –, il ne resterait plus comme solution qu'à enfermer le monde

physique, dans son essence, dans la conscience pure. C'est cela précisément la décision de l'idéalisme transcendantal : le monde réel des choses physiques et des événements forme dans son ensemble les *cogitata des cogitationes*. Les *cogitata* – les objets purement intentionnels – sont, en tant que corrélats intentionnels des actes de conscience, liés de manière inséparable à ces actes. Par là, tout doute quant à l'existence du monde physique est éliminé. C'est la condition pour sauver la totalité formée de tout être individuel du monde réel et de la conscience pure.

Il reste seulement à insister sur le fait qu'il ne s'agit pas là de la spéculation d'un profane, menée en marge des réflexions de Husserl, mais que cela se trouve *expressis verbis* dans les *Ideen* I, (§ 38-46). Le point
111 crucial de cette argumentation est le principe d'ontologie formelle | selon lequel le lien essentiel de parenté entre tous les éléments d'un objet est la *conditio sine qua non* de sa totalité et, d'autre part, l'adhésion à la thèse d'une différence radicale d'essence entre *res extensa* et *res cogitans*.

Ad. 5. Est-il possible que, par ailleurs, Husserl ait été conduit à cette décision idéaliste à cause de convictions philosophico-religieuses ou religieuses ? Il est vrai qu'il n'a jamais rien écrit dans le domaine de la philosophie de la religion et, à première vue, il semble possible de dire qu'il ne s'est jamais confronté à un problème de ce type [1]. Il y a cependant certains passages dans les *Ideen* I, qui peuvent être instructifs à cet égard.

Au § 51, en liaison avec l'établissement de la « téléologie » dans le cadre de la conscience pure, Husserl dit [2] : « Si le caractère factuel de l'ordre donné du cours de la conscience, dans ses différenciations en individus et leur *téléologie* immanente, donne une occasion légitime de s'interroger sur le fondement de cet ordre, le principe *téléologique* qui pourrait rationnellement être présupposé ici, *ne peut pas,* pour des raisons éidétiques, être accepté comme une transcendance au même titre que la transcendance du monde… », « comme un Dieu-mondain est évidemment impossible, et

1. Husserl m'a dit un jour que lorsqu'il était maître de conférence [Privatdozent] à la Halle, il a fait un cours sur les preuves de l'existence de Dieu. Comme je lui demandais comment cela s'était passé, il répondit : « Bien sûr, c'est Brentano, n'est-ce pas ? ». Il serait intéressant de rechercher s'il y a des notes de ses cours aux Archives de Louvain. On pourrait aussi rechercher dans la liste des cours de l'Université de la Halle, quand et combien de temps Husserl a donné ces cours.

[Sur ce point, on peut consulter Fink, l'article de 1938, « Edmund Husserl (1856-1938), dans *Proximité et Distance*, p. 61-78, qui parle d'une expérience religieuse intense lors de sa maladie; plus récemment, on peut voir l'article de E. Housset : « Husserl et le dieu d'Aristote », dans *Études philosophiques*, déc. 1995, et celui de J. Benoist : « Husserl : Au-delà de l'onto-théologie », dans *Autour de Husserl, L'ego et la raison,* Paris, Vrin, 1994, p. 189-218. (Ndt)].

2. J'ai utilisé ici la traduction des *Ideen* de Gibson, avec quelques modifications.

comme, d'autre part, l'immanence [de Dieu dans la conscience absolue ne peut être prise[1]] au sens de l'être comme vécu (ce qui ne serait pas moins absurde), il doit y avoir dans le flux absolu de la conscience et de ses infinités, d'autres façons de manifester des transcendances que celles de la constitution des réalités telles que les choses, en tant qu'unités d'apparences concordantes ; et, finalement, il doit y avoir des manifestations intuitives auxquelles la pensée théorique pourrait s'adapter elle-même, et en les suivant, dans un esprit rationnel, nous pourrions arriver à comprendre la législation particulière dont est chargé le principe théologique[2] », (p. 96 et *sq.*). Et plus loin (§ 58, p. 110 et *sq.*) « Comme la *rationalité* incarnée dans le fait n'est pas telle que ce qu'exige l'essence, il y a en tout cela une remarquable téléologie. », « ...l'accès à la conscience pure par la réduction transcendantale conduit nécessairement à s'interroger sur le fondement de ce qui se présente maintenant soi-même en tant que facticité intuitive de la conscience constituante correspondante ». « Ce qui nous intéresse ici, après avoir indiqué les différents groupes de motifs rationnels en faveur de l'existence d'un Être « divin » au-delà du monde, c'est que cet être ne soit pas seulement transcendant au monde, mais évidemment aussi à la conscience « absolue ». Il serait donc | un *« Absolu » en un sens* 112
totalement différent de l'Absolu de la conscience, tout comme de l'autre côté, et il serait *transcendant en un sens totalement différent* que celui dont le monde est transcendant[3] ».

Ces remarques attirent principalement l'attention sur le fait que l'on ne peut pas clarifier tous les événements à l'intérieur de la conscience pure (factuelle) par le pur recours à des lois a priori et que, de ce point de vue, il y a dans le cours effectif de la conscience et particulièrement dans la constitution du monde réel, un élément de contingence, dont l'explication conduit Husserl au problème de Dieu. Au lieu de chercher cet élément de contingence, qui est indépendant de la structure essentielle de la conscience pure, dans l'autonomie du monde réel, c'est au contraire, tournant le dos au monde, un facteur transcendantal qui est visé, facteur qui « transcende » aussi l'être absolu de la conscience tout en la régulant de manière « téléologique ». Cela donne à l'ensemble du problème de la constitution du monde réel – et, en général, à l'ensemble de l'étude sur les essences dans le champ de la conscience pure – un caractère bien différent de celui auquel on peut s'attendre quand on accomplit la réflexion constitutive, avec la conviction de base que le problème de la constitution conduit à la source

1. Traduction de P. Ricœur, p. 169 [96], (Ndt).

2. [« le rôle souverain d'unification que l'on prête au principe théologique »] selon la traduction des *Ideen* I de P. Ricœur, *op.cit.*, p.[97] 170, (Ndt).

3. *Ideen* I, p.[111], et 192 de la trad. fr.

ultime de toute subjectivité, et que cette source se trouve vraiment dans la pure conscience constituante du temps, dans laquelle se révèle le fondement primordial de toute objectivité. Puisque, après avoir établi la « téléologie », cela semble à ce point inaccessible, il faudrait, en conséquence, que toute la recherche soit détournée sur une autre voie. D'après le principe méthodologique de base que prononce Husserl après avoir introduit la réduction transcendantale, la constitution transcendantale de Dieu devrait être montrée avant d'infléchir la direction de la recherche, parce que c'est seulement à partir de l'essence de la divinité montrée de façon constitutive que le cours de la constitution du monde réel pourrait être ultimement clarifié et, ainsi, serait montré le sens d'être de ce monde ultimement justifié. Mais, comme on sait, cette mise au jour est manquante chez Husserl (tout au moins dans les travaux publiés). La transcendance de Dieu a été exclue, conformément au programme de phénoménologie transcendantale des *Ideen* I, quand bien même elle est supposée être d'une nature essentiellement différente de la transcendance des choses physiques. Et une tentative
113 a été faite pour mener | une réflexion constitutionnelle sur le monde réel indépendamment du problème de Dieu. Pourtant, on peut se demander si cet arrière-plan philosophique et religieux, même s'il n'a pas été développé, peut ne pas avoir été sans influence sur les analyses positives et sur la conception générale du mode d'être du monde. L'affirmation d'une double téléologie doit être ici particulièrement considérée : celle [qui règle] le cours concret de la constitution du monde réel au sein de la conscience pure, et la téléologie « qui se trouve dans le monde empirique lui-même, par exemple, le développement effectif de la série des organismes jusqu'à l'homme, la croissance de la culture et ses trésors pour le développement de l'homme, etc. » (*Ideen* I, p. 111). Ces deux téléologies sont reconduites au même fondement d'un Être divin intervenant dans les deux régions de l'être (monde et conscience pure absolue), au moins de telle manière qu'il régule, pour ainsi dire, le développement du monde en fonction de systèmes de valeurs toujours plus élevés d'une part et, d'autre part, qu'il régule la constitution du monde en fonction d'une rationalité toujours en croissance. Les deux se déroulent en quelque manière parallèlement l'une à l'autre. Cela évoque des réminiscences de Leibniz – au moins dans l'écriture – et on se demande si cette interférence de l'Être divin opère directement dans les deux sphères, ou si cela n'est discernable et ne se fait sentir que médiatement dans le monde à travers une téléologie exercée par l'Être divin sur le cours de la constitution du monde dans la conscience pure. Et la question se pose aussi de savoir si la dépendance ontologique intentionnelle [*Seinsabhängigkeit*] du monde vis-à-vis de la conscience pure n'en vient pas à être seulement une manifestation dérivée de

cette dépendance ontologique vis-à-vis de l'Être divin (au moins au travers de la régulation du cours de la constitution de la conscience pure).

Bien sûr, ce ne sont là que des conjectures, ne pouvant être confirmées ou rejetées que si on trouvait des études manuscrites de Husserl portant sur des points analogues. Mais ce qui est certain, c'est que si cet arrière-plan théologique, qui n'a pas reçu de traitement thématique, n'avait pas existé, alors le fait, établi par Husserl lui-même, d'une téléologie « admirable » et qui n'est pas telle que « ce qu'exige l'essence »[1], l'aurait nécessairement conduit, ou bien à rechercher le fondement de cette téléologie dans un facteur de la réalité mondaine elle-même, un facteur indépendant dans son existence de la conscience, ou bien à soumettre à révision l'ensemble | du **114**
problème de la constitution du réel afin de faire toute la lumière sur le facteur responsable de cette apparence de téléologie.

Enfin, on peut aussi se demander si certaines déclarations de Husserl sur la conscience pure n'ont pas également un arrière-plan philosophico-religieux ou même religieux. Ainsi, par exemple, la remarque bien connue de Husserl sur le caractère doublement infini du flux de vécus de la conscience pure – en direction du passé et du futur – semble pouvoir se rattacher au problème de l'immortalité. C'est une déclaration qui fait méditer chaque phénoménologue sur ce que sont les états de choses phénoménologiques qui ont autorisé à Husserl son affirmation. De même, l'insistance – dans les *Ideen* I – sur la relativité ontologique du monde réel et sur l'absoluité ontologique de la conscience pure, et, ainsi, sur l'indépendance ontologique de la conscience vis-à-vis du monde, suggère l'idée que cette solution peut avoir un rapport avec la question de la liberté de la volonté et de la responsabilité de l'homme, ou de l'ego pur qui, par la réflexion constitutive, est survalorisé par rapport à la nature. Un certain sillage d'idées kantiennes issues des marges de sa philosophie théorétique et pratique commence à agiter l'esprit du lecteur, et l'oblige à se demander si ces problèmes n'ont pas, après tout, joué un certain rôle pour Husserl dans ses réflexions, apparemment purement théorétiques, sur l'essence de la conscience transcendantale et sa relation à la réalité.

Je ne veux pas ici aller au-delà de ces conjectures et de ces questions. Cela n'a été dit que pour attirer l'attention du lecteur sur ces relations entre les problèmes, et le guider vers une possible étude ultérieure en cette direction. Quelques propos de Husserl, lors de conversations privées avec moi, montrent qu'il avait réellement un grand intérêt pour certaines

1. La phrase de Husserl qui est citée ici se réfère, dans la suite des *Ideen* I, non pas à la « téléologie », mais à la « rationalité » dans la construction et la constitution du monde. Mais parler de téléologie dans ce contexte montre aussi que c'est quelque chose qui n'est pas requis par l'essence.

questions religieuses et philosophico-religieuses, mais que, cependant, ces questions sont restées à la marge de sa philosophie. Cela me renforce dans la conviction de ne pas aller trop loin dans les conjectures formulées plus haut.

Ad. 6. Finalement, eu égard au dernier groupe de motifs possibles ayant pu exercer une influence sur la décision idéaliste de Husserl, je voudrais seulement les signaler en tant que source possible qui devrait être examinée de plus près. Au moins au cours des années où j'avais des relations personnelles avec Husserl, plus d'une fois j'ai été frappé par le fait qu'il
115 avait une attitude profondément | négative envers le monde réel, et particulièrement – si l'on peut parler ainsi – vis-à-vis du monde humain, ou – comme disait Husserl lui-même – du *Lebenswelt*. Husserl semblait convaincu de la méchanceté du monde, une méchanceté qui, à différentes époques, l'oppressait fortement, et dont il éprouvait le fardeau tout en ayant en même temps le sentiment d'en partager la responsabilité jusqu'à un certain point – bien qu'il l'ait aussi méprisé dans son for intérieur. C'était comme s'il cherchait le salut et la libération de ce fardeau dans la philosophie. On peut ainsi se demander si la dévaluation ontologique de la réalité, qui trouve son expression dans l'idéalisme transcendantal, ne l'a pas aidé à diminuer le poids oppressant de cette réalité, ou à gagner un certain détachement, et à trouver une oasis d'indépendance et d'autonomie intérieure dans une philosophie qui, du fait de son principe, commence par la réduction transcendantale. Husserl n'a jamais paru vraiment gai, ni content, jamais paru avoir dans son être le plus intime confiance en lui-même, ni dans le monde, ni dans le destin. Il luttait, selon ses dires, luttait fortement et continûment au bord du désespoir, il luttait pour atteindre le fondement ferme d'une vérité inébranlable, qui pourrait lui donner la paix et le salut. Seule l'évidence lumineuse de la *Wesensschau* d'une part, et du caractère immanent de la révélation des ultimes fonds de la subjectivité d'autre part, pouvaient lui procurer ce fondement ferme. L'idéalisme transcendantal était, en un sens, la seule manière d'introduire un peu de lumière dans la noirceur de sa confrontation préphilosophique avec la réalité, et cette lumière ne pouvait être obtenue que grâce à la réflexion constitutive et à la mise au jour du procès de « fondation » du monde dans le tréfonds primordial de la subjectivité.

Maintenant, pour confirmer ces conjectures sur les motifs purement humains et personnels des décisions théorétiques de la philosophie de Husserl, il serait nécessaire d'examiner à fond, de ce point de vue, la totalité des écrits et lettres restant de Husserl pour obtenir une plus ample information sur sa vie et sa personnalité. Pour le moment, on doit se

contenter de conjectures. Qui plus est, je n'accorderais pas une trop grande importance aux motifs purement personnels qui ont pu avoir une influence sur la forme concrète de la phénoménologie husserlienne. S'ils ont vraiment joué un rôle, cela serait seulement le témoignage de ce que même un philosophe responsable qui, de manière infatigable, s'est efforcé à la plus haute clarté et | certitude dans ses affirmations ne pouvait pas malgré **116**
tout rester indépendant de son âme. Toutefois, ce qui m'importe le plus ici, c'est d'indiquer que la décision idéaliste de Husserl a eu dans son arrière-plan différents groupes de motifs et d'arguments qui doivent être, les uns après les autres, soumis à un examen critique. Du manquement à distinguer ces différents types de motifs peut résulter que l'ensemble du problème de l'idéalisme chez Husserl soit traité de manière trop sommaire, et qu'en conséquence, on ne soit pas en position de juger avec suffisamment d'esprit critique les problèmes particuliers, entrelacés les uns aux autres, et leur solution. Je dois me contenter de cela ici. En d'autres lieux [1], j'ai essayé de considérer plus complètement les motifs et les arguments particuliers, et d'en faire un examen critique.

1. Cf. Mon livre *Z badan nad filosofia wspotezesna* (en polonais, 1963) *(Inquiries into Contemporary Philosophy)*. Le texte donné ici diffère en divers détails du texte publié en polonais, il y a plusieurs années. [Ingarden fait référence à l'ouvrage de 1962 écrit en polonais et publié en anglais chez Nijhoff en 1975 : *On the motives which led Husserl to transcendantal Idealism* (Ndt)].

QU'Y A-T-IL DE NOUVEAU DANS LA *KRISIS* DE HUSSERL ? [1]

| « C'est maintenant presque devenu un lieu commun de parler du « dernier » Husserl. Et à vrai dire, comme si ce « dernier » Husserl avait adopté une position essentiellement nouvelle. Dans ce contexte, on se réfère généralement à la *Krisis*. Qu'en est-il exactement ? 431

Il est bien trop tôt pour vouloir dresser un panorama du développement de la philosophie de Husserl. De nombreux manuscrits ne sont pas encore publiés et il faudra encore du temps pour évaluer les *Husserliana* déjà publiés sous l'aspect du développement historique de la recherche husserlienne. Seuls les membres des Archives-Husserl peuvent en avoir un certain aperçu. Mais, si on considère simplement la succession des œuvres publiées par Husserl lui-même et l'ordre dans lequel elles ont été historiquement réalisées, alors la *Krisis* – tout au moins ses deux premières parties – est son dernier ouvrage ; même le reste du texte qui forme maintenant la *Krisis* semble avoir été préparé pour l'édition par Husserl lui-même. La *Krisis* a immédiatement suivi les *Méditations Cartésiennes* et *Logique formelle et logique transcendantale*, et sa réalisation historique a été déterminée par sa position dans cet ordre. Il s'agit du dernier ouvrage que Husserl a spécifiquement composé pour un public philosophique. Il a été produit après plusieurs années d'essais infructueux consacrés à la

1. « Was gibt es Neues in Husserls *Krisis* ? », janvier 1969. Article proposé par R. Ingarden au Colloque International de Phénoménologie, tenu à Waterloo Canada, en avril 1969. Texte envoyé en allemand et traduit par Rolf George pour être lu en public. La traduction anglaise « What is new in Husserl's Krisis ? » est publiée dans les *Analecta Husserliana*, t. II, 1972, Dordrecht Holland, Reidel Publishing Company, p. 23-47. Le texte a également fait l'objet d'une conférence tenue le 11 octobre 1969 à la Société polonaise de Philosophie, de Cracovie. Le texte allemand est paru dans les *Gesammelte Werke*, t. 5, Tübingen, Niemeyer Verlag, 1998, p. 431-459. Nous rapportons cette pagination entre crochets.

création d'un ouvrage fondamental et systématique de phénoménologie qui devait en être l'ultime fondation. D'autre part, il a été écrit en Europe dans une atmosphère spirituelle où Husserl cherchait dans la phénoménologie un secours pour lui-même et pour la culture européenne. En tant que tel, il ne semble pas que l'ouvrage fut destiné à transmettre de nouvelles recherches analytiques ; il s'agit plutôt de la récapitulation (ce qui offre peut-être une forme plus satisfaisante) des principaux résultats acquis auparavant afin de
432 convaincre le lecteur | que l'orientation transcendantale de la phénoménologie prise par les *Ideen* est correcte, malgré le caractère partiel des *Ideen* et en dépit de l'opposition rencontrée. La *Krisis* devait démontrer aussi succinctement que possible la nécessité de ce chemin pour la philosophie et elle devait ouvrir une perspective sur la « terre promise » d'une nouvelle philosophie capable de sauver et d'élever la culture intellectuelle. Pour cette raison, ce texte s'adresse davantage au public intellectuel qu'aucun de ses autres écrits. Si donc la *Krisis* devait vraiment être l'expression de quelque chose de nouveau et d'un virage, cela aurait lieu à l'encontre du rôle que son auteur lui assignait et des propres attentes de Husserl.

La *Krisis* est née à partir des conférences que Husserl a tenues à Vienne et ailleurs dans les années trente. Manifestement leur intention était de propager ses thèses, pour ne pas dire en faire la propagande, et c'était lié au contexte politique et intellectuel de l'Allemagne. C'est la raison pour laquelle, dans la *Krisis*, la phénoménologie joue un rôle et une fonction qui, préalablement, ne lui étaient pas associés. Plus tôt, avant 1914, elle devait être le lieu où la philosophie se réaliserait comme science rigoureuse. Maintenant, elle doit agir sur les hommes pour leur faire prendre conscience de la catastrophe menaçante et les inciter à la résistance. Elle doit aussi enrichir l'humanité, la reconstruire intérieurement et la conduire vers une nouvelle direction de recherches en lui montrant les erreurs de « l'objectivisme ». Le véritable philosophe – qui ne peut être qu'un phénoménologue transcendantal pour Husserl – acquiert de cette manière sa vocation dans le monde de la vie, que Husserl n'a pas pensé avant 1930 et qui a peut-être été mentionné pour la première fois dans ses lettres au Congrès de Prague en 1934. D'un point de vue purement humain et pour l'histoire de la culture, de l'idéologie, c'est certainement très important, mais *en fait* cela n'apporte rien de nouveau au contenu de la phénoménologie ; c'est même plutôt désavantageux et indésirable si l'on veut protéger la philosophie de diverses récupérations et influences extérieures.

Tout au long de sa vie, Husserl a été actif dans son travail philosophique. De ce point de vue, la *Krisis* aussi contient un certain nombre de contributions nouvelles par rapport à des problèmes particuliers. Mais la

ligne de pensée principale du livre n'est que la nouvelle expression | d'une 433
idée fondamentale, formée plus de 25 ans auparavant. Malgré tout, il est préférable de commencer par dégager certaines innovations, quelques unes ayant conduit à une modification remarquable de la conception primitive.

Ainsi, ce qui frappe tout d'abord dans la *Krisis* et les *Essais* qui y sont associés, c'est que maintenant et pour la première fois dans la problématique phénoménologique une perspective est ouverte sur les problèmes relevant de la philosophie de l'histoire et sur l'historicité de la conscience pure transcendantale elle-même. Il y a une certaine similitude ici avec une vision du monde historico-philosophique que Husserl avait fermement rejetée dans ses discussions avec Dilthey (1911). C'est manifestement lié à la puissante influence de Dilthey en Allemagne, même dans l'entourage immédiat de Husserl, vers la fin des années vingt et au début des années trente[1]. Mais dans la *Krisis* il s'agit seulement d'une vision d'ensemble des problèmes. Les analyses significatives des problèmes concernés n'y sont pas menées. Pourtant, si cette ligne d'interprétation avait été poursuivie, cela aurait considérablement modifié le caractère de la phénoménologie.

Il y a dans la *Krisis* une tendance, qui n'avait jamais été exprimée aussi clairement avant, à considérer la phénoménologie comme l'aspiration de la philosophie moderne européenne, à voir la phénoménologie comme le stade adulte de la philosophie européenne. La situation personnelle de Husserl de ces années le rend compréhensible. Mais les interprétations des diverses écoles de la philosophie moderne qu'il a effectivement réalisées ne sont pas convaincantes, principalement parce qu'il y manque presque complètement une analyse textuelle précise des œuvres en discussion. Seule la discussion de la manière dont Galilée a fondé mathématiquement la science naturelle moderne et la tendance corrélative à rationaliser la nature forme un précieux élargissement de notre connaissance et, associé aux recherches d'Alexandre Koyré sur Galilée, cela constitue un véritable succès de la phénoménologie.

Mais, dans la *Krisis*, toutes ces nouvelles considérations particulières contribuent simplement à la ligne principale de pensée qui, par le chemin
de | l'épochè phénoménologique universelle et de la réduction transcen- 434
dantale, conduit à la fondation et au déploiement de l'idée de la phénoménologie transcendantale, et finit par postuler que la philosophie doit être exclusivement menée sur le sol de la « subjectivité transcendantale ». Une formulation plus précise et plus rigoureuse de ces pensées rend la réalisation de cette vieille idée tout à fait claire, mais cela n'occasionne

1. Après une soirée philosophique avec Husserl en octobre 1927, Oscar Becker a dit à Heidegger en ma présence : « Nous sommes véritablement le peuple de Dilthey ». Et Heidegger n'a rien objecté.

aucune transformation essentielle du vieux point de vue. En revanche, différentes analyses concrètes qui ont été menées dans les *Ideen* I ne sont pas reprises dans la *Krisis* et les nouvelles analyses qui pourraient être utiles ne sont pas données. Ainsi, par exemple, la clarification de l'essence de « l'époché » n'est pas plus avancée (comparée à la position des *Ideen*). De vieilles formes d'expression sont utilisées, alors que certaines telles que, par exemple, « mettre entre parenthèses » [*Einklammern*] ou « mettre hors circuit » [*Ausschalten*] ne sont plus utilisées depuis longtemps, et le sens d'expressions telles que « abstention » [*Enthaltung*] à l'égard des « validités » ou « mettre hors-jeu » [*ausser Aktion setzen*] n'est pas clarifié du tout. Le soi-disant « objectivisme » est combattu avec insistance comme étant l'erreur majeure de la science naturelle moderne et en tant que source de la « crise » des sciences européennes. De manière significative, le concept non-clarifié d'objectivité est associé au concept « d'être en soi » et de « vérité objective », au point que la lutte contre l'objectivisme se transforme en un déni de « l'être-en-soi » du monde ou du monde de la vie; en ce sens, on atteint un point de vue qui, sur la base des *Ideen* I, a été nommé « l'idéalisme transcendantal » de Husserl. L'accent est mis plus fortement qu'avant sur la relativité de la connaissance de la nature. Mais, il n'y a aucun essai pour clarifier de manière positive le mode d'être du monde (après avoir nié qu'il ait un être-en-soi); il est seulement affirmé qu'il n'y a aucun doute sur *l'être* du monde, et cette vue est nommée « l'extrême réalisme de la phénoménologie ». Pourtant, dans le même temps, il est dit explicitement que le monde, ou le monde de la vie, ou les choses dans le monde de la vie ne sont que des corrélats d'actes correspondants de donation de sens de la conscience pure, c'est-à-dire des objets purement intentionnels de certaines combinaisons d'actes de conscience. Le plus souvent, l'expression « conscience pure » est évitée et remplacée par celle de « subjectivité absolue ». Comparé aux écrits antérieurs de Husserl, il y a un dogmatisme accru dans le ton avec lequel sont traitées les questions concernant le monde ou le monde de la vie; c'est peut-être en partie lié au fait que généralement les analyses concrètes ne sont pas
435 données. | L'essentiel paraît ici avoir été décidé d'avance, au lieu que la solution de la question concernant l'existence du monde et la constitution des choses dans le monde de la vie soit le produit analytique final de l'analyse phénoménologique menée après l'époché et la réduction. De nombreuses questions, comme par exemple l'analyse de l'empathie et de la constitution intersubjective des choses mondaines et du monde ou du monde de la vie – qui ne sont qu'entrouvertes dans les *Méditations Cartésiennes* – sont considérées dans la *Krisis*, particulièrement dans la dernière section sur « la psychologie pure » (qui doit être identique à la

phénoménologie transcendantale), comme réglées et clarifiées, comme si elles ne soulevaient aucune réserve ni aucun doute quant à l'efficacité de l'empathie. C'est dû, sans aucun doute, à la brièveté de tous les développements et au fait que la *Krisis* était destinée à un large public qui n'aurait pas été capable de suivre le type d'analyses particulières telles qu'on les trouve dans les écrits antérieurs de Husserl. Une explication psychologique concevable consisterait à dire que Husserl a réalisé une telle masse d'analyses depuis plusieurs décennies qu'il n'en donne que les résultats nus dans la *Krisis*. Et peut-être y a-t-il certains manuscrits aux Archives-Husserl qui contiennent ces analyses manquantes et qui justifieraient des affirmations de la *Krisis* (comme c'est le cas, en partie, dans les Annexes). Cependant, comme différentes affirmations fondamentales sont posées brutalement sans commentaire supplémentaire, cela doit provoquer une certaine réserve et une résistance chez le lecteur. Elles confèrent au livre une certaine rigidité et un certain dogmatisme, étrangers aux autres œuvres de Husserl.

Certaines particularités dans la ligne principale de la problématique – monde de la vie pré-donné – épochè – subjectivité transcendantale – diffèrent de la version qu'on trouve dans les *Ideen* I. Il est particulièrement remarquable que Husserl fasse maintenant une distinction tranchée, tant terminologique que conceptuelle, entre l'épochè universelle et la réduction phénoménologique; tandis que dans les *Ideen* I, ces deux expressions étaient bien présentes mais donnaient l'impression de désigner la même chose. Dans la *Krisis*, en revanche, l'authentique épochè transcendantale est fortement distinguée de la réduction, en tant qu'elle est ce qui la rend possible | (titre du § 41); parallèlement, elle est distinguée de la 436
« première » épochè dans les sciences objectives. Les deux reposent sur « l'abstention » à l'égard des validités [*Geltungen*] qui sont déjà présentes dans l'opération. Tandis que la « première » épochè désigne l'abstention à l'égard de « toute participation à la connaissance des sciences objectives et à toute prise de position critique intéressée à la vérité ou à la fausseté », [138] (p. 154*) et rend possible la saisie du monde de la vie toujours prédonné dans sa pleine intuitivité, l'épochè *transcendantale*, quant à elle, se rapporte à la « validité du monde de la vie-naturelle-dans-le-monde » [151] (p. 169), (dans les *Ideen* I, Husserl appelle cela la thèse générale du monde naturel) et elle met « hors-jeu » l'opération globale de toutes les validités. En elle s'opère la conversion de l'attitude naturelle prédonnée de l'homme en une nouvelle attitude habituelle, dans laquelle la subjectivité

* Nous indiquons la pagination de l'édition allemande entre crochets, et la pagination de la traduction française de la *Krisis* par G. Granel, Paris, Gallimard, 1976, dans le texte entre parenthèses (Ndt).

authentique nous apparaît. Cela rend possible l'exploration de la corrélation transcendantale entre le monde et la conscience. Par contre, la réduction transcendantale provient du mouvement de retour du monde de la vie naïvement prédonné et des choses dans le monde de la vie sur les « phénomènes », sur les corrélats de la subjectivité, laquelle leur donne leur sens d'être et dont provient la validité du monde de la vie. C'est donc une réduction aux « fondements absolument ultimes », [157] (p. 176). En vertu de l'épochè, je me tiens « au-dessus du monde qui, maintenant est devenu pour moi, en un sens tout à fait spécifique, un *phénomène*[1] », [155] (p. 173). Et dans la réduction, le changement du monde prédonné en corrélat de modes de validité de l'ego devient manifeste. Par leur dévoilement systématique, « le monde étant-pour-nous est rendu compréhensible, compréhensible en tant que formation de sens d'intentionnalités élémentaires », [171] (p.191). Dans la réduction, on découvre « toutes les couches et toutes les strates » à travers lesquelles « les synthèses qui empiètent intentionnellement d'un sujet à l'autre sont entrelacées » et qui forment une « unité universelle de la synthèse ». A travers cette synthèse « advient *l'universum* objectif, *le monde* tel qu'il est donné de manière concrète et vivante, (et tel qu'il est prédonné pour toute praxis possible) », [170-71] (p. 190). « Dans la conversion de l'épochè rien n'est perdu, aucun des intérêts et des buts de la vie mondaine, ni aucun des buts de la connaissance. A ceci près que, pour toute chose, ses corrélats subjectifs essentiels
437 sont exhibés, ce qui met en évidence le plein | et véritable sens d'être de l'être objectif, et par suite de toute vérité objective », [179] (p. 200). C'est seulement à travers la réduction que les choses existant en soi sont changées en pôles-objet, en objets purement intentionnels. Elle est donc responsable de l'établissement de la position que l'on appelle communément « l'idéalisme transcendantal ». Quand elle est menée jusqu'à son extrême universalité, elle est aussi réduction à « l'ego absolu en tant qu'il est en dernière instance *l'unique* centre de fonctionnement de toute constitution », réduction à « l'ego absolument unique fonctionnant en dernière instance », [190] (p. 212). Cet unique ego est donné apodictiquement « dans le coup d'envoi de l'épochè », [191] (p. 213). En tant que « position centrale pour toute constitution », cet ego est aussi ce qui crée le sens d'être originaire et le confère à tout étant.

Il faut indiquer que, dans la *Krisis,* Husserl a fortement souligné le fait que dès qu'on « est parvenu à l'unique ego apodictiquement donné », on s'aperçoit « qu'on se tient dans une sphère d'évidence, derrière laquelle vouloir encore poser des questions en retour est un non-sens », [192] (p. 214). Assurément, cette formulation n'est pas claire ni suffisamment univoque

1. Souligné par moi.

pour rendre évident ce qui est ici stigmatisé comme étant un « non-sens ». Mais d'autres remarques laissent supposer qu'on condamne ici tout un ensemble de problèmes fondamentaux et importants. Ainsi lisons-nous : « Il ne s'agit pas d'assurer l'objectivité mais de la comprendre », [192] (p. 215). Cela également pourrait être clarifié. Mais il semble que, selon Husserl, après la découverte de la corrélation entre le monde existant et la subjectivité transcendantale qui lui prête son sens d'être, de même qu'après la recherche compréhensive des processus constitutifs dans lesquels toutes les composantes ontologiques possibles sont « constituées » et d'où elles tirent leur sens d'être (ou leur être) et leur être-ainsi, que donc après tout cela aucune question ne peut encore être posée ni résolue. C'est comme si les « questions de légitimité de la raison », qui sont développées dans la dernière section des *Ideen*, étaient ici considérées comme « non-sens » et par suite évacuées. Or, elles ne visaient pas seulement à étudier le cours de la constitution, mais aussi finalement à montrer la légitimité de la constitution et de son opération [*Leistung*] ; par suite, elles n'avaient pas seulement à démontrer la possible relativité de la connaissance du monde et de ses parties, mais encore la dernière validité de cette connaissance également possible, et par suite à trancher de manière définitive sur l'existence (en n'importe quel sens) du monde. | Tout **438**
cet ensemble de profonds problèmes doit être purement et simplement invalidé – à ce qu'il semble – d'après les passages de la *Krisis*, cités plus haut. Au fond, ce qu'il s'agirait d'atteindre avec la phénoménologie transcendantale, ce serait seulement de *comprendre* comment tout étant, autre que la conscience pure elle-même, résulte des décours de la subjectivité ultimement constituante.

C'est donc la conclusion des considérations consacrées à l'époché et à la réduction dans la *Krisis*. L'être du monde objectif de l'attitude naturelle et ce monde lui-même « ne sont pas perdus parce qu'ils sont compris en retour depuis l'intérieur de la sphère de l'être absolu (de la subjectivité transcendantale) où ils puisent en dernière instance et en vérité leur être ».

Ce renoncement aux questions de légitimité représente vraiment un changement significatif dans la fonction de la phénoménologie transcendantale, par rapport au point de vue des *Ideen* I. Cela écarte des tâches dont seule la solution peut donner à la phénoménologie une signification qu'elle ne peut pas atteindre par la simple satisfaction du désir de comprendre le cours de la constitution et de dévoiler toutes les corrélations. Dans la dernière section de la *Krisis*, Husserl cherche à prouver que la « pure psychologie phénoménologique » est identique à la philosophie phénoménologique transcendantale. Étant donné le renoncement aux questions de légitimité, on dirait plutôt que, de la philosophie transcendantale, seule la psychologie pure est de reste. On devrait donc clarifier à nouveaux frais les propositions déjà citées de la *Krisis*, et considérer alors s'il est possible de les accepter. Mais cela exige non seulement une considération spéciale des différents groupes de problèmes de constitution – lesquels ne sont pas du tout traités dans la *Krisis* – mais encore une discussion de la question de savoir ce qui forme le fil conducteur de la recherche constitutionnelle, depuis les couches les plus profondes de la conscience originaire constituante du temps jusqu'aux unités de sens constituées à travers lesquelles se donnent les choses du monde et les autres objectités.

On a bien souvent insisté sur le fait que la *Krisis* ouvre une perspective sur un domaine ontologique que Husserl n'avait pas étudiée auparavant, à savoir le « monde de la vie ». On soutient que c'est la grande découverte de la *Krisis*. Je ne peux pas en être d'accord. Car, au fond, le monde de la vie
439 n'est rien d'autre que le « monde de l'attitude naturelle » | des *Ideen* I. Bien sûr, la *Krisis* contient différentes considérations et positions précieuses concernant le « monde de la vie » et les « choses dans le monde de la vie » qui n'apparaissaient pas encore dans les *Ideen* I. Mais cela ne suffit pas pour montrer que l'on pourrait le considérer comme quelque chose de différent du monde de l'attitude naturelle. Au contraire, il y a dans la *Krisis* plusieurs passages qui indiquent explicitement qu'il (le monde de la vie) est donné et toujours prédonné dans l'attitude naturelle des hommes avant l'épochè. Ce caractère « prédonné » ne signifie rien d'autre que le fait que cette donation est originaire et se tient au fondement de tous les actes de connaissance et des opérations qui se réfèrent aux états de choses individuels du monde, et aussi le fait qu'elle *précède* toute réflexion et toutes considérations critiques dirigées sur le connaître et la connaissance. En particulier, elle doit précéder toute tentative d'accomplir l'épochè transcendantale. Puisque l'épochè universelle ou « totale » peut seulement prendre appui sur la « prédonation » du monde et être opérée en elle. Mais alors cette « prédonnée » n'est rien d'autre que la « thèse générale » du monde qui est toujours présente depuis l'attitude naturelle. En conséquence, ce qui est donné dans les deux cas doit être identique.

Il est naturellement exact de noter que l'humanité vit précisément dans ce monde de l'attitude naturelle et qu'on peut donc à ce titre l'appeler « monde de la vie ». Mais si on voulait faire du vivre dans le monde une raison déterminante du « monde de la vie », alors certaines difficultés s'élèveraient, étant donné le fait que Husserl préconise en même temps la « première » épochè de la science positive « objective », (et particulièrement la science naturelle), comme méthode pour atteindre une saisie pure du monde de la vie dans sa teneur [*Gehalt*] pleinement intuitive. Car cette épochè exclut du monde de l'attitude naturelle tous les états de choses, découverts par la science naturelle, qui éloignent du vêtement intuitif du

monde, comme, par exemple, toute la sphère des faits microscopiques ou les processus chimiques que découvre la considération théorétique. A strictement parler (et Husserl insiste justement sur cela), les objectités et les processus idéalisés par la mathématisation s'éloignent aussi de ce qui est simplement observable. Cependant, toutes ces objectités résident dans le monde dans lequel nous vivons effectivement; nous comptons sur elles dans nos actions et devons le faire de plus en plus, | car la technique qui se **440**
développe repose sur les résultats de la science naturelle et influence le mouvement de la recherche naturelle elle-même. Bien que nous ne les percevions pas directement, nous rencontrons continûment des faits qui les font apparaître, elles sont constamment présentes et conditionnent nos actions comme notre vie quotidienne. Avec le développement de la science naturelle dans toutes ses branches et la technisation accrue de la vie, les limites du monde de la vie sont repoussées, dont la définition matérielle se déplace suivant le stade historique de l'humanité. Au contraire, le monde de l'attitude naturelle est fermement et constamment posé par définition comme le monde qui est donné *avant* l'époché universelle. Il est vrai par contre que nous ne vivons jamais ni n'agissons (ce qui revient au même) dans ce qui est dévoilé par l'époché universelle; elle nous a rendu le monde inaccessible et nous n'avons aucun intérêt pratique vis-à-vis de ce qui reste encore là pour nous.

Très brièvement, ce serait donc là ce qu'il y a de plus important en tant que nouveauté de la *Krisis*. On peut à peine parler d'une nouvelle phase de la phénoménologie de Husserl. Comme avant, toute l'insistance porte sur l'ouverture du chemin vers la phénoménologie transcendantale au moyen de l'époché. On ne peut donc pas sérieusement soutenir que, dans ce livre, Husserl ait découvert la source de la crise des sciences européennes ni qu'elle doive résider dans l'égarement de l'objectivisme. Bien entendu, nous ne devons pas oublier que l'œuvre est inachevée. Mais il semble peu vraisemblable que Husserl eût pu réussir à montrer véritablement que la source de cette crise résidât dans certaines décisions purement théoriques. La véritable grandeur de ce livre tient à quelque chose de bien différent, à savoir que Husserl n'a pas désespéré dans les dernières années de sa vie, les plus difficiles, mais qu'il a défendu la légitimité de sa philosophie, paisiblement et au travers de son travail scientifique.

Quels que soient l'estime et le respect que nous attachons à ce dernier écrit, en tant que haut fait de son esprit, il faut cependant faire état, sans prévention, des réserves que nombre des affirmations fondamentales de la *Krisis* occasionnent pour le lecteur. Cet ouvrage a-t-il maîtrisé les diverses difficultés qui demeuraient après les *Ideen* I et les *Méditations Cartésiennes*? Bien que le chemin méthodologique qui fonde | la phénoméno- **441** logie transcendantale soit plus correct, il faut dire cependant que, sur les points décisifs, le texte ne montre quasiment pas de progrès. Car, les difficultés liées à quelques points décisifs se laisseraient peut-être écarter par des analyses permettant de nouvelles découvertes très poussées. Mais le rôle que la *Krisis* avait à remplir a empêché Husserl de placer le lecteur devant les documents concrets de ses études menées depuis des décennies. (Si Husserl avait voulu le faire, cela aurait encore coûté plusieurs années de travail, la *Krisis* aurait atteint plusieurs volumes, manquant alors par là son propre but). Si aujourd'hui nous comparons la *Krisis* avec les autres volumes des *Husserliana*, où des analyses particulières concrètes sont réunies, nous pouvons voir que Husserl est allé effectivement très loin dans le traitement de nombreux problèmes particuliers, comme cela ressort de la *Krisis*, et aussi que sa période vraiment créative ne se situe pas à la fin des années trente, mais bien avant. S'il devient possible de publier les écrits les plus importants de Husserl sur la phénoménologie du temps, alors nous aurons devant les yeux le grand maître de la découverte d'états de choses si difficiles à saisir; face à quoi tous ses efforts pour inventer une méthode capable de fonder correctement la phénoménologie transcendantale perdront en importance. Néanmoins, nous devons attirer l'attention ici sur quelques points de la *Krisis* susceptibles de stimuler la discussion.

En premier lieu, que signifie proprement la proposition suivante : *Quand on est parvenu dans l'ego, on prend conscience qu'on se tient dans une sphère d'évidence, derrière laquelle vouloir poser encore des questions en retour est un non-sens.* Puis cette seconde proposition : *Il ne s'agit pas d'assurer l'objectivité mais de la comprendre,* [192-193] (p. 214-215).

Cette « sphère d'évidence » de l'ego individuel est, sans aucun doute, la sphère de ce qui, auparavant, s'appelait la conscience pure. Elle se découvre, selon Husserl, dans la perception immanente, après l'opération de l'épochè transcendantale, et doit être explorée dans l'attitude orientée sur l'essence des vécus purs. Mais, on obtient peu en faisant cette remarque. Dans la *Krisis*, Husserl ne parle pas de perception « immanente », mais il polémique contre l'opposition établie entre perception « externe » et perception « interne », qu'il a lui aussi réalisée autrefois. Mais à cet égard, ce n'est pas la perception « interne » qui pose question mais bien la perception externe, et à vrai dire, la raison paraît venir du fait que ce qui est
442 donné en elle, c'est-à-dire | les choses et peut-être le monde de la vie lui-même, est, d'après une proposition de la *Krisis,* quelque chose de *subjectif*[1]. Le monde de la vie qui, *avant* l'épochè, vaut si fort pour nous en

1. Cf. *Krisis*, § 63 : « il est bien certain qu'il y a une différence dans le mode de l'expérience mondaine vécue selon que l'on éprouve des pierres, des fleuves, des montagnes, ou que, de façon réflexive, on éprouve l'épreuve que l'on en a ou toute autre activité égolo-

tant qu'« objectif », se révèle, selon Husserl, comme quelque chose de « subjectif », après l'épochè. Naturellement, les guillemets sur le mot « subjectif » font que l'on doute de la manière dont cela doit être compris; si, et en quel sens, les choses du monde appartiennent à la sphère de la conscience pure et, plus spécialement, à la sphère d'évidence dont il est question dans la proposition citée. Nous lisons par exemple : *C'est seulement par* l'épochè *universelle que l'on voit comme un champ thématique propre ce qu'est proprement la pure vie égologique : une vie intentionnelle, dans l'intentionnalité de laquelle on est affecté par des objets intentionnels qui apparaissent comme valant dans cette vie intentionnelle, objets sur lesquels on s'oriente et dont on s'occupe de diverses façons. Tout « ce dont » on s'occupe ainsi relève lui-même de la pure immanence et doit être saisi descriptivement dans ses modes purement subjectifs, dans ses implications avec toutes les médiations intentionnelles ici en jeu,* [248] (p. 275-276).

Les objets intentionnels – en tant que résidants de la pure immanence semblent donc appartenir à la sphère de la conscience pure et sont « immanents », donc saisissables dans une perception immanente orientée de manière particulière. Par suite, ce n'est pas seulement ce que Husserl appelait avant les « esquisses » (aspects), dans le devenir-vécu desquelles les choses sont données sur le mode perceptif, qui sont immanentes, mais aussi – quoique seulement après l'épochè – les choses du monde de la vie doivent maintenant être données dans l'immanence. La perception qu'on a l'habitude d'appeler « externe » et dont nous croyons à tort – comme Husserl paraît l'affirmer – (avant l'épochè ?) qu'elle nous offre immédiatement des choses extérieures (du monde de la vie) existant en soi, n'atteint pas « l'en-soi » de ces choses et du monde (de la vie) mais reste seulement « subjcctive ». Reste-t-elle alors aussi relative ? – c'est ce que nous devons nous demander sur la base de la lecture de la *Krisis*. Est-ce que ce « relatif » appartient à la sphère de la conscience pure qui, selon les *Ideen* I, est la sphère de | l'être absolu, par suite, est-il saisissable dans l'immanence et 443
réside-t-il aussi dans la sphère d'évidence? Laissons d'abord de côté la question de savoir comment le même monde de la vie et les choses du monde de la vie peuvent être donnés dans la perception « externe » (transcendante) et « relative » aussi bien que dans la perception immanente, et rappelons simplement le fait que, dans les *Ideen* I, Husserl affirmait avec insistance que ce qui reste après l'épochè ce ne sont pas des choses mais

gique.... Cela peut même bien constituer pour la psychologie une différence particulièrement importante conduisant à des problèmes difficiles, mais qu'est-ce que cela change au fait que tout ce qui est du monde de la vie est manifestement quelque chose de « subjectif » ? », [223] (p. 248).

seulement des « noèmes de choses »[1], en tant que corrélats des actes de perception, à vrai dire des noèmes de choses qui sont des corrélats de la perception sensorielle externe.

Nous savons, depuis les premiers écrits de Husserl, que ces noèmes sont des unités intentionnelles de sens constituées à partir d'une multiplicité « d'esquisses ». Si après l'opération de l'épochè, nous les tenons en tant que pleinement constituées et que nous faisons toutefois retour [*Zurückgreifen*] sur les diverses esquisses (aspects), on pourrait alors se demander si nous ne faisons pas justement déjà par là même un pas « derrière » ce qui est donné dans l'immanence, ce qui nous conduirait à un non-sens. Pourtant nous le faisons avec Husserl lui-même afin de comprendre comment dans une multiplicité d'esquisses très différemment vécues (aspects de perspectives visuelles pris à partir de divers points de vue et distances, esquisses tactiles et auditives, etc.) surgit *un* seul sens « noématique » unitaire de chose. De la sorte, nous interrogeons encore en retour les actes associés de perception qui, initialement, – en particulier
444 avant l'épochè – | appartiennent à la prétendue conscience « cachée », les actes dans lesquels ces diverses « esquisses » sont vécues. Sur la base du vécu de ces esquisses, naît la donation d'une chose déterminée sur un mode perceptif, par suite la constitution d'un certain noème de chose, et en fonction de la manière dont ces esquisses sont vécues et de leur teneur [*Gehalt*], le noème de chose en question se constitue d'une manière correspondante. Cette saisie et cette interrogation en retour sur les esquisses et les actes dans lesquels elles sont vécues ne paraissent pas du tout insensées (d'après Husserl lui-même dans les *Ideen* I), bien que cela nous conduise « derrière » la sphère de ce qui donné dans l'immanence et dans l'évidence. Mais il est bien connu que ce n'est pas le dernier mot de l'affaire. Car, les esquisses individuelles (aspects) sont elles-mêmes déjà des formations de constitution « finies », qui dissimulent des multiplicités

1. Il est vrai que dans la *Krisis* Husserl ne parle pas de noèmes et de noèses, mais il ne rejette pas non plus la distinction entre « chose » et « noème-de-chose »; bien plutôt il reprend son affirmation des *Ideen*, selon laquelle la chose arbre peut bien brûler tandis que « l'arbre-perçu » en tant que tel ne le peut pas. Dans la *Krisis*, Husserl n'utilise pas la terminologie établie dans les *Ideen* I afin de faciliter les choses pour ses lecteurs qu'il suppose visiblement novices; mais cela obscurcit les distinctions qui ont été réalisées à juste titre auparavant. A mon avis, cela a conduit à de nombreuses mécompréhensions, particulièrement pour ceux qui ont lu la *Krisis* sans avoir lu d'abord les *Ideen* qu'ils ont supposées « datées ». De grands dommages ont été causés par le fait qu'en France, par exemple, on a d'abord lu les *Méditations Cartésiennes* [(traduit par Gabrielle Peiffer et Emmanuel Levinas, Paris 1931)] et que Husserl a été connu à partir de ce point de vue. En outre, beaucoup n'ont lu Husserl que d'après *L'être et le néant* de Sartre [Paris 1943], en sorte qu'ils ont fait connaissance avec Husserl et avec la phénoménologie sous un éclairage « existentialiste » et les ont mécompris.

de « données sensorielles » originaires s'écoulant « derrière » elles, et que nous pouvons à nouveau tirer hors de leur « clandestinité » par la voie réflexive pour éprouver et comprendre en retour comment il se fait qu'une esquisse (aspect) unitaire et finalement stable d'une chose se forme dans le vivre passif d'une masse fluante et déployée temporellement de données sensorielles. Et de là, on peut encore regarder en arrière, du côté des vécus appropriés (le simple « avoir » une sensation), afin de sentir en retour comment les vécus de sensation successifs et passagers de ces données fluantes s'organisent en unités et, en même temps, se stabilisent dans le flux du mouvement temporel.

Mais ce n'est pas pour autant que tout ce qui a été senti une fois dans un moment fini, s'achève tout d'un coup dans une pure impression originaire. L'étroite sphère des vécus sensoriels relevant du type de l'impression originaire passe dans une conscience de rétention mais ne disparaît pas de manière abrupte comme quelque chose qui n'est plus du tout présent; il en demeure bien plutôt encore comme un écho qui se mêle à ce qui est senti sur le mode de l'impression originaire, et modifie plus ou moins cette sensation actuelle, selon que la rétention est plus ou moins vivante et extensive, selon le degré d'activité et d'intensité des impressions originaires en cours de manifestation et – finalement – selon la manière dont leur déploiement est appelé par la protention. Nous découvrons tout cela à partir du simple avoir [*Haben*] (sans réflexion) des données sensorielles, lesquelles résultent de tout ce processus complexe et changeant en tant que produit « fini » de constitution, | lorsque nous retournons encore vers les multiplicités de 445
vécus dans lesquels elles sont constituées, que nous les « interrogeons en retour » et que, ce faisant, nous traçons le processus complet de constitution des données sensorielles. Nous pouvons apprendre, spécifiquement par là, à comprendre comment des données sensorielles stables et organisées apparaissent et peuvent apparaître sur l'arrière-plan d'esquisses unitaires (aspects) d'une seule et même chose perçue. Dans cette procédure réflexive, nous prenons nos distances par rapport au noème de chose ainsi qu'à ses diverses esquisses constituées (quoique sans les perdre de vue), pour nous concentrer sur les arrière-plans constitutionnels de la perception, sans que le fait d'interroger en retour et de saisir en retour ces états de choses initialement dissimulés ne constitue un quelconque non-sens. Nous passons pourtant là très certainement de quelque chose qui est donné dans « l'évidence » à quelque chose qui est d'abord dissimulé, et nous saisissons la dépendance et la relativité de chacun des niveaux supérieurs de constitution vis-à-vis de leur arrière-plan qui est d'abord caché, bien que ce qui est constitué tout au-dessus nous soit donné de manière évidente et tout à fait incontestable, dans la première réflexion opérée après l'épochè.

Ce processus de la constitution (extrêmement complexe et s'accomplissant de très différentes manières) qui s'opère pour ainsi dire par couches, aussi bien que le retour réflexif sur les arrière-plans toujours plus profonds et dissimulés de la constitution jusqu'à la conscience constituante du temps, était bien connu de Husserl et il n'a certainement pas cessé d'explorer cette sphère. Dans sa mise en garde contre un possible non-sens des « questions en retour », il ne fait pas attention aux différences remarquables dans « l'évidence » concernant l'exploration des différents niveaux de constitution, ni au fait que le passage de l'évidence d'un niveau de constitution à un niveau inférieur, ou plus originaire, n'est pas identique au passage de l'évidence à la non évidence et à un possible non-sens.

L'expression interroger « derrière la sphère d'évidence » est, comme nous l'avons remarqué, métaphorique et, à ce titre, peut être comprise de différentes façons. Il est probable qu'avec cette expression il s'agit pour Husserl de dire que, dans la clarification de nombreux faits de « la sphère d'évidence », on ne doit pas interroger en retour sur quelque chose qui est « transcendant » par rapport à la « subjectivité » absolue, c'est-à-dire à la
446 conscience pure. Mais | il est bien connu que l'expression « transcendant » est également ambiguë, et que le « transcendant » peut être recherché dans deux directions différentes[1]. Pour commencer, « transcendant » peut signifier « ce qui ne forme pas une partie réelle ou un moment de la conscience pure mais qui, parallèlement, est un tout qui se trouve tout à fait à l'extérieur de la conscience ». Il est vraisemblable que Husserl répondrait qu'une telle « transcendance » n'existe pas et ne peut pas exister. Je ne veux pas non plus affirmer ici qu'il existe effectivement une telle transcendance et je ne veux pas donner d'arguments susceptibles d'établir une telle affirmation. Mais cela ne m'interdit pas de définir la transcendance de cette manière afin de chercher ensuite si et dans quels cas quelque chose existe qui est transcendant en ce sens. C'est seulement la « transcendance » dans le sens où elle signifie quelque chose qui est absolument inconnaissable (comme par exemple la chose en soi de Kant, dans l'une des interprétations possibles de la *Critique*) que je rejette en accord avec Husserl. Mais si nous prenons le sens de « transcendance » donné plus tôt, il faut alors chercher le transcendant soit « derrière » les objets intentionnels visés, soit derrière les actes de conscience, par suite le Je de ces actes. A mon avis, tout objet intentionnel est déjà « transcendant », au sens indiqué, vis-à-vis des actes de conscience qui le déterminent (le façonnent). Il est même transcendant vis-à-vis des multiplicités « d'esquisses » (aspects) dans lesquelles il

1. Cf. mon ouvrage *Der Streit um die Existenz der Welt*, § 48 : « Zusammenstellung verschiedener Transzendenzbegriffe », t. II/1, p. 224 *sq*.

apparaît à un ego, au point qu'il ne peut pas être saisi dans « l'immanence » ni dans l'évidence immanente. Néanmoins, sa teneur et son mode d'être peuvent être connus de façon indubitable, puisqu'il tire tout son être et son être-ainsi des actes intentionnels qui le forment[1].

Mais si un objet doit être « transcendant » non seulement vis-à-vis des actes de conscience mais encore vis-à-vis du sens du noème d'objet, il doit alors – si jamais il doit exister – | contenir en soi même toutes ses 447
déterminations formelles et matérielles et doit donc avoir, *par le fait de son soi propre,* un fonds de déterminations qui ne lui sont pas seulement assignées [intentionnellement] mais qu'il a effectivement construites; toutes ces déterminations prises ensemble constituent alors le « en-soi-même » de cet objet. Sur la base de son analyse, Husserl ne nous dit pas en quel sens il parle de « l'objectivité » ou de « l'objectif ». Nous devons supposer qu'il dirait d'un objet, transcendant vis-à-vis des actes comme vis-à-vis des objets purement intentionnels et qui, parallèlement, dispose d'un « en-soi » au sens indiqué, qu'il est « objectif » ou appartient à la sphère de « l'objectivité ». Chercher ou affirmer l'existence de telles « objectivités » dans le monde ou « derrière » les choses du monde de la vie qui sont données à l'ego, voilà ce que Husserl considère comme une erreur fondamentale de la science moderne et de la philosophie « non-idéaliste ». Mais sur quoi cette grave décision repose-t-elle ? Husserl répondrait peut-être de la façon suivante : si nous devons admettre un objet qui existe « en soi-même », alors ce ne peut être que sur la base d'une connaissance qui s'accomplit dans des actes de conscience. Cela signifie que, pour un tel objet, nous devons découvrir le corrélat de « subjectivité » dans lequel son être et son être-ainsi accèdent à la légitimation. Et quand c'est le cas, soutient Husserl, il tire son sens d'être autant que son sens d'être-ainsi de cette subjectivité (des actes correspondants de conscience) qui lui est corrélative. Il est alors un *cogitatum* et appartient à la sphère d'immanence. Qu'il ne soit rien d'autre qu'un corrélat intentionnel de la subjectivité, cela se montre après l'opération de l'épochè universelle dans l'évidence immanente de l'analyse transcendantale. La réduction transcendantale le révèle comme le pôle-objet des subjectivités correspondantes d'un pôle-ego.

Il est vrai, bien sûr, que nous ne pouvons *connaître* le mode d'être d'un tel objet transcendant qu'à partir du sens d'être qui lui est assigné, ou mieux qui lui revient, par la voie d'une vraie connaissance légitimement

1. L'opposition établie ici entre « transcendance » et « immanence » est de nature formelle, ou si l'on préfère structurelle. Elle n'a rien à voir avec l'opposition, issue de la théorie de la connaissance, entre évidence (en particulier évidence apodictique ou indubitable) et non-évidence, en quelque sens que ce soit. Ces deux oppositions se recouvrent l'une l'autre.

fondée. Mais cela ne signifie pas qu'il ne peut *exister* au sens authentique dans ce mode d'être *que si nous lui assignons* cette existence dans ce mode d'être, qu'il *acquiert* son existence de cette assignation, qu'il lui *doive* son existence. Mais Husserl s'exprime constamment comme si pour tous les objets externes du monde de la vie, le second [le mode d'être] reposait sur la base du premier [le sens d'être]. Or, cela ne vaut que pour les objets purement intentionnels qui sont créés, en poésie par exemple. Mais c'est
448 justement | la raison pour laquelle ils n'ont aucun fonds de déterminations formelles et matérielles qui soit *fondé en eux-mêmes*. Dans les actes de conscience, ils sont façonnés de manière créative et complètement libre en vertu des intentions contenues dans ces actes, mais ils ne deviennent pas des objets existant en soi ontologiquement autonomes, même si la médiation du langage, par exemple, en fait des objets accessibles sur le plan intersubjectif[1]. *Cette liberté* dans la fonction de détermination n'est pas présente dans les actes opérés de manière légitime à l'égard des objets ontologiquement autonomes qu'ils saisissent. Par suite, il n'est pas vrai que les actes de connaissance puissent être librement créateurs en ce sens, ni qu'ils en aient le droit, comme c'est le cas des actes poétiques.

Tout l'effort du sujet connaissant consiste précisément à former la teneur de sens des actes de connaissance de manière à se *conformer* au mode d'être et aux déterminations de l'objet à connaître, à s'y *adapter*, s'y *soumettre*. Dans cette fonction de sujétion, ni le connaître ni la connaissance acquise ne sont libres ; ils ne façonnent pas à volonté. Dans le cercle de la théorie de la connaissance « réaliste », positiviste courante (ou la psychologie), ceci s'exprime par le fait que le cours et la forme des opérations de connaissance sont causalement déterminés par l'objet existant en soi qui est justement connu. A quoi Husserl objecte à juste titre que cela n'est pas admissible puisqu'on commet par là un cercle : on présuppose d'abord un objet existant en soi (une chose corporelle ou un processus physique réel, par exemple une série d'ondes électromagnétiques) pour lui reconnaître ensuite l'existence sur la base d'une opération de connaissance prétendument déterminée de manière causale. C'est précisément le non-sens que Husserl ressent toutes les fois qu'il est question d'objets existant « en soi-même ».

1. Je n'oublie pas bien sûr que l'activité créatrice du poète est aussi conditionnée par diverses circonstances, mais il est libre vis-à-vis des formes des objets existant éventuellement de manière ontologiquement autonome et qui correspondraient exactement aux objets intentionnels qu'il crée : ce n'est pas sous la pression de tels objets réels que sont produits les objets créés de manière libre et poétique. Si jamais il en est ainsi, alors ce sont de simples doubles ou de simples reproductions de la réalité et non pas un monde figuré de manière purement poétique.

Cependant, on n'a pas besoin d'entrer dans cette voie ni de commettre ce non-sens pour découvrir la « tendance à se conformer » du processus de connaissance et pour montrer en retour que ce processus | n'est pas complè- 449
tement libre ni indépendant, mais que, d'après son essence, il est déterminé par le fait qu'il résulte de la tendance à se conformer à quelque chose qu'il n'a pas lui-même créé, quelque chose qu'il peut seulement trouver d'avance, et qu'il n'est fidèle à sa vocation qu'aussi longtemps qu'il se conforme à ce quelque chose non-créé et évite tout ce qui serait simplement *inventé*. A la manière dont se déroule le processus de connaissance, on peut voir où et quand il ne procède pas librement ni arbitrairement, et qu'il s'agit de quelque chose où l'ego est soucieux à chaque pas de se soumettre à l'objet envisagé, de lui prêter attention, de ne retenir que ce qui est présent en lui, ce qu'il a éprouvé de l'objet lui-même. Sans avoir à recourir à des influences réelles [*real*] de l'objet en question, on peut montrer, dans le cours du connaître, où, quand et en quoi il s'adapte à l'objet et doit s'y adapter et où il lui a ajouté quelque chose indépendamment de lui.

On peut découvrir cela sous la réserve de l'épochè transcendantale sans commettre aucun non-sens ni cercle illicites, pour autant que l'on étudie le processus de connaissance d'abord sous l'aspect de son obéissance et de sa sujétion à ce que dicte l'objet à connaître. Sur la base du processus de connaissance accessible dans l'immanence, on peut, dans la région de la « pure subjectivité » – comme dit Husserl dans la *Krisis* – distinguer entre les multiplicités d'opérations de connaissance qui se soumettent et se conforment aux objets à connaître, et les actes de conscience qui, librement, ajoutent, assignent et imputent quelque chose à l'objet visé, alors même qu'ils ne lui ont pas prêté attention, s'en sont à peine soucié, pour ne pas dire du tout. C'est précisément la fonction de ce que l'on nomme les questions de légitimité de la raison, que Husserl a traitées dans les *Ideen* I, que de dégager cette distinction et, en particulier, de découvrir les principes selon lesquels cette distinction doit être accomplie dans les cas concrets. Si on oublie cela et qu'on se demande seulement comment les processus de constitution se déroulent dans leur factualité purement contingente, on peut certes alors comprendre, dans les cas individuels, comment il se fait qu'une chose matérielle, par exemple, ou l'expression du comportement d'une personne accèdent à apparition dans des enchaînements de conscience déterminés, mais alors on ne pourra jamais savoir si, dans ces déroulements
450 de conscience, on rencontre vraiment une réalité, | un objet existant réellement, ou si on le manque, ou encore si on le dessine simplement sur un mode poétique.

Dans cette procédure, nous n'avons donc pas à aller au-delà de la sphère d'immanence ou d'évidence ni à présupposer d'abord naïvement quelque chose derrière elle pour avoir le droit d'affirmer que, dans le connaître, nous n'avons pas affaire à de simples phénomènes mais que nous saisissons un « en soi ». Par suite, nous n'avons pas à recourir à des connexions causales, au sens de l'empirisme naïf, entre le sujet connaissant et l'objet à connaître.

Mais le fait d'interroger en retour « derrière » la sphère d'évidence peut aussi être tourné dans la direction de l'ego lui-même. C'est injustifié si on présuppose à l'aveugle, au sens du rationalisme classique, quelque chose « derrière » l'ego, ou mieux, quelque chose comme une « substance » à sa base, et si on croît de plus que cette transcendance doit nécessairement être présupposée, quoiqu'elle soit en même temps inconnaissable en soi-même, ayant par exemple la forme d'une monade existant en soi. On commet alors un non-sens, si on affirme qu'elle a la faculté d'accomplir et d'atteindre une connaissance absolue de l'être, qu'elle peut pénétrer l'essence de toute réalité. Ou encore, si l'on affirme qu'elle pourrait distinguer la vérité authentique de l'erreur et décider, en chaque cas, ce qui a réellement été conquis dans un processus de connaissance. Si l'on voulait résoudre les questions de légitimité de la raison, qui s'imposent constamment à nous dans la connaissance, par de telles hypostases métaphysiques, Husserl aurait alors raison de dire que c'est de manière insensée qu'on interroge en retour « derrière » la sphère d'évidence. Cependant, cela n'est pas nécessaire non seulement pour comprendre l'objectivité mais encore pour s'en assurer. Pour éviter le non-sens, on n'est pas obligé dans tous les cas de reconduire l'ego unique, doué d'une existence absolue et qui reste hors de portée de l'épochè transcendantale, à l'ego pur dépourvu de propriétés, ainsi que Husserl s'y est déjà essayé dans les *Ideen*, ou de délester l'ego de ce que l'on appelle les « habitualités », ou de le réduire finalement à une pure fonction d'être sujet d'actes intentionnels, sans âme ni esprit. Dans l'essence pure de l'ego transcendantal, comme dans celle de la conscience pure, on peut voir s'il est ontologiquement séparable [*seinsselbständig*] ou s'il est inséparable[1] et requiert alors par soi-même un sujet psychique prédéterminé dans son essence.

451 | Il n'est donc pas seulement possible mais bien nécessaire de poser la question de la légitimité relative à l'objectivité ou à la non-objectivité d'une connaissance ou de la connaissance en général. Et Husserl le fait lui-même quoiqu'il ne se contente pas de poser simplement cette question relative à la connaissance des choses dans le monde de la vie, du monde de la vie et du monde en général, mais il y *répond* aussi d'une certaine manière. Car c'est bien une réponse à la question de légitimité qu'exprime la thèse, récurrente dans la *Krisis*, selon laquelle c'est une *erreur* de croire que cette connaissance est

1. Sur les catégories de dépendance, voir *supra* : *Remarques sur le problème Idéalisme-Réalisme*, p.[27], (Ndt).

« objective », c'est-à-dire atteint l'être-en-soi du monde, par suite des choses dans le monde de la vie, alors qu'elle est *de facto* « relative », comme Husserl l'affirme souvent, et conduit, c'est-à-dire est seulement capable de conduire à des objectités purement intentionnelles, des corrélats d'actes de connaissance particulièrement choisis. Cette « relativité » n'est d'ailleurs expliquée dans la *Krisis* qu'à l'occasion de quelques cas rapides concernant ladite perception « externe », mais elle n'est pas complètement démontrée, et par suite – si jamais tout devait être vraiment réglé là – rien n'a été décidé concernant la connaissance des objets physiques.

La *Krisis* contient des développements, sans aucun doute, très beaux sur la rationalisation de Galilée et l'idéalisation du monde de la vie en vertu du passage des données concrètes aux concepts-limite de mathématique et particulièrement de géométrie qui ne peuvent jamais être pleinement satisfaits par les choses du monde de la vie données sur un mode concret. Mais, pour autant, la connaissance physique mathématique comme la connaissance mathématique elle-même – en dépit de « l'idéalisation » de la nature qui leur fait suite – pourraient être « objectives » en elles-mêmes et atteindre au moins un être mathématique en soi. Si on ne connaissait pas les discussions antérieurement menées par Husserl dans les *Ideen* I, sur les objectités physiques, et si on ne savait pas que, selon Husserl, elles constituent simplement une couche supérieure « d'objectivation » ou seulement une couche supérieure de constitution d'objets intentionnels particuliers, non-intuitifs, on ne saurait pas non plus qu'il est illégitime selon Husserl de tenir la connaissance physique mathématique pour « objective », et ce serait une grave erreur de prendre son corrélat pour la « vraie nature ».

En fin de compte, toute cette considération n'est pas un renoncement au traitement des questions de légitimité de la raison dans la phénoménologie transcendantale, ce n'est pas un renoncement à l'effort | pour « garantir **452**
l'objectivité », mais c'est une réponse négative déterminée, d'après les questions de légitimité, concernant la valeur de vérité de la connaissance de la « nature extérieure ». Cette réponse négative est présupposée par Husserl quand il déclare que le monde de la vie et le monde physique sont quelque chose de « subjectif ».

La manière dont Husserl atteint cette conclusion dans la *Krisis* ne diffère pas essentiellement de la manière selon laquelle il a résolu ces problèmes dans les *Ideen* I (et à vrai dire même *avant* l'épochè). La seule différence étant qu'ici tout est exposé d'une manière beaucoup plus abrupte, sans référence aux analyses concrètes. On ne peut pas douter du fait que Husserl, au cours d'une vie de travail intense, a réalisé des analyses de ce type en masse. Une partie de ces recherches a déjà été publiée après la *Krisis*. Mais quant à savoir si toutes ces recherches ont été menées au point

de produire le dernier résultat et la résolution de la polémique concernant la faculté d'opérer la connaissance du monde aussi bien que l'existence autonome du monde, selon une décision pleinement fondée[1], cela n'est pas jusqu'à présent résolu. Dans la *Krisis*, cette multitude de recherches analytiques est supprimée et seule la thèse principale, qui peut-être en résulte, est donnée. On a ainsi l'impression que, sur la question Idéalisme-Réalisme, tout est décidé depuis le début et pas une seule fois le « ou bien – ou bien » n'est pris en considération. Or, dans le développement des problèmes méthodologiques de la phénoménologie transcendantale, on s'attend à ce que la décision du problème de l'idéalisme ne soit pas rendue simplement après l'opération de l'épochè, mais qu'elle ne puisse être donnée
453 qu'au cours de la considération de réduction | en tant que résultat final de recherches analytiques difficiles. Il y a bien longtemps, quand j'ai écrit à Husserl que la raison pour laquelle je ne parvenais pas à me concilier avec son idéalisme transcendantal tenait vraisemblablement au fait que j'ignorais les multiples analyses particulières sur lesquelles il travaillait depuis des années[2], Husserl m'a répondu que ce n'était pas une question de résultats d'analyses plus poussées, mais qu'avant tout on devait faire l'expérience de la considérable transformation due à l'épochè, par suite à la réduction. Il semble donc que l'épochè ne soit pas le moyen par lequel on met au jour la problématique de la corrélation entre le monde et la conscience du monde et qui rende possible leur exploration afin de n'atteindre de résolution que sur le seul terrain des résultats obtenus, mais que bien plutôt il s'agit d'une méthode qui impose d'elle-même, et dès le départ, une décision déterminée (précisément celle de la « subjectivité » du monde de la vie et, peut-être, du monde en général) quoi qu'il en soit du degré d'approfondissement des analyses particulières portant sur les problèmes de constitution. En ce cas, chacun devrait véritablement se garder d'opérer l'épochè transcendantale.

A partir de tout cet enchaînement de problèmes, j'aimerais continuer en considérant une expression qui se répète plusieurs fois dans la *Krisis*. Ainsi

1. Aux Archives Husserl, il y a une montagne de manuscrits qui se rapportent aux problèmes de constitution; il faudrait au moins autant de temps pour les étudier qu'il n'en a fallu à Husserl pour les écrire. Mais tout ce qu'on réussit à avoir en mains ce sont des contributions souvent très intéressantes, des fragments inachevés qui se terminent brutalement, mais on ne trouve aucun ensemble vraiment synthétique qui conduirait à un résultat final après toutes les analyses particulières. Sur la base des lettres de Husserl, je m'attendais à ce que les Archives contiennent une nouvelle rédaction des *Méditations Cartésiennes*, sur laquelle Husserl travaillait pendant une longue partie de l'année 1930. Mais je n'ai rencontré qu'une foule de courts manuscrits contenant différentes petites considérations particulières sur le thème des *Méditations*, mais aucune large rédaction synthétique.

2. Voir *Briefe an Roman Ingarden*, 19-VIII-1932, *op.cit.*, p. 81, (Ndt).

qu'il a déjà été cité plus haut, Husserl dit qu'en opérant l'épochè transcendantale, le monde de la vie (ou les choses du monde de la vie et peut-être même le monde en général) *se change* en simple phénomène, ou qu'il *devient* un phénomène, qu'il *advient*. Cette expression, qui n'est pas une simple manière de parler inconsidérée, entraîne véritablement derrière elle la solution de toute la question. Avant l'épochè, ni le monde de la vie déjà donné, ni les choses du monde de la vie, avec lesquelles nous sommes en relations causales et que nous reconnaissons dans des processus psychophysiques, ne sont données comme simples « phénomènes », mais chacun des deux est bien donné comme un étant qui existe de façon complètement indépendante de nos vécus de connaissance, et qui continue d'exister quand nous ne le percevons pas ou n'y pensons pas. En bref, les choses nous sont données en tant qu'existants ontologiquement autonomes. Nous pouvons les modifier ou les détruire par des activités corporelles, mais elles montrent leur résistance si nous voulons les attaquer par nos pensées, nos perceptions ou nos sentiments. Notre conscience se montre tout à fait impuissante vis-à-vis d'elles. Quoi que nous
vivions, quels que soient les changements de conscience | que nous éprou- **454**
vions, les choses sont ce qu'elles sont, en elles-mêmes et par elles-mêmes, sans que nous puissions les influencer de cette manière[1]. Husserl admettra tout ceci sans peine.

Si maintenant nous opérons l'épochè – transformation qui, toutefois, est de l'ordre de la pure conscience – cela peut-il exercer une quelconque influence réelle sur les choses ? Et peu importe ici de savoir si nous avons intentionnellement opéré l'épochè, dont la description est si difficile, ou si nous avons simplement succombé à une attaque de psychasthénie. Les choses *ne pourraient pas* du tout par ce moyen *changer* ou *devenir* des phénomènes. Seul leur mode d'apparition en est changé. Car, en opérant l'épochè, nous *passons* du monde réel, ou si on veut du monde de la vie, au *phénomène-du-monde*. Au fond, ce qui a eu lieu c'est qu'*avant* l'épochè, nous saisissions le monde et les choses sous d'*autres* phénomènes que les modes d'apparition que nous avons *après* l'opération de l'épochè. Tout bien considéré, les choses ne vont donc pas dans le sens des formules de la *Krisis*. Husserl avait tout à fait raison de mettre l'accent, à plusieurs reprises dans d'autres passages, sur le fait qu'à la suite de l'épochè *rien* n'a changé, et que si quelque chose avait changé, alors l'épochè ne serait rien d'autre qu'un cas de psychasthénie, ce que justement elle *n*'est *pas*. Car, avant comme après l'épochè, les choses du monde de la vie se présentent sous le caractère ontologique de l'autonomie, en tant que pleinement

1. Mais il en va déjà autrement avec les états des autres personnes ; ils n'apparaissent pas aussi indépendants de nos propres vécus. Il faudrait l'étudier en détails.

fondées dans leur soi propre et entièrement indépendantes de nos vécus. *En cela* l'époché n'a *rien* changé.

L'époché a seulement cette conséquence que nous quittons, pour ainsi dire, la simple réalité et passons du côté des objets purement intentionnels qui nous deviennent *visibles* précisément dans l'époché; dans leur *teneur*, le *phénomène* est préservé en tant que *réalité ontologiquement autonome et originale*, mais en même temps la structure intentionnelle et le mode d'être hétéronome de l'objet intentionnel accèdent à l'intuition. Il parvient à la vue précisément grâce à l'époché. En découvrant cet objet intentionnel, on voit aussi que le caractère d'être de l'autonomie, qui apparaît dans sa teneur, n'est
455 qu'un phénomène et non pas une véritable autonomie ontologique | de l'objet réel. Avant l'époché, l'objet intentionnel appartenant de manière corrélative à l'acte de perception était, pour ainsi dire, « transparent », on pouvait voir à travers lui au point qu'il n'était pas lui-même visible. En vertu de cette totale transparence, nous avions une relation directe avec la chose réelle, ou du moins nous pensions l'avoir. L'époché a pour conséquence que nous avons perdu le contact immédiat avec la réalité et que, désormais, nous avons seulement affaire à un objet intentionnel et à une teneur particulière au moyen de laquelle maintenant il paraît simuler l'objet réel qui, avant, était donné directement. D'après cette teneur, nous pouvons savoir de quelle manière l'objet réel était appréhendé et ce qu'il était supposé être avant l'époché. Reste la question de savoir si c'est de manière légitime et fondée qu'il était tenu pour être tel et tel, ou s'il s'agissait seulement d'une illusion produite par l'objet intentionnel phénoménal et sa teneur correspondante. Quand Husserl dit que l'arbre dans le jardin peut brûler tandis que – pour employer son expression – « l'arbre-perçu-en-tant-que-tel », c'est-à-dire l'objet purement intentionnel dans la teneur duquel l'arbre du jardin accède à la donation, ne peut pas brûler, il ne dit pas autre chose, sinon qu'il y a une hétérogénéité d'essence insurmontable entre les deux « arbres », bien que le « second » accomplisse l'auto-présentation du « premier » *avant* l'époché et ne devienne pas lui-même apparent dans son hétérogénéité, tandis qu'*après* l'époché, il passe au premier-plan et nous détache du contact direct et immédiat avec l'arbre inflammable.

Cette hétérogénéité entre l'objet réel et l'objet purement intentionnel (arbre et phénomène-d'arbre) rend également impossible le fait que l'arbre inflammable du jardin *devienne* ou se *change* en « arbre » simplement intentionnel à la suite de l'époché. Si Husserl le soutient sérieusement, cela signifie seulement que, depuis le début, il *nie* l'hétérogénéité entre les deux « arbres » – hétérogénéité qu'il a initialement soutenue lui-même –, ou bien qu'il y renonce et considère depuis le début que l'arbre réel est un objet simplement intentionnel ou une unité de sens noématique dont le sens d'être est assigné de force à la teneur de l'objet intentionnel par l'acte de conscience correspondant, à vrai dire par l'acte tel qu'il était accompli *avant* l'époché.

Si cet acte n'était pas depuis le début | un acte de perception sensorielle, **456**
mais un acte d'intention poétique configurant intentionnellement une objectité phénoménale de manière poétique, alors l'objet apparaissant dans sa teneur (chose, homme, etc.) n'afficherait pas le sens d'être authentique de la réalité, mais seulement une modification particulière de ce sens d'être comme celle qui est caractéristique des objets peints dans les œuvres d'art littéraires (donc pas authentiquement réels) et qui se manifeste dans leur teneur simplement sur le mode de la simulation. Mais il y a une différence essentielle entre « l'arbre », objet intentionnel qui devient visible par le truchement de l'époché, et « l'arbre », objet purement intentionnel qui est simplement représenté dans une poésie. Elle consiste en ceci : en tant que poètes, nous sommes relativement libres et indépendants du monde réel environnant dans la construction de simples objectités représentées et nous n'avons pas tendance à nous conformer à cette réalité environnante ni à la saisir dans *son vrai* sens, bien plutôt nous voulons librement former un nouveau monde fictif qui, à l'occasion, copie le monde réel, le simule sous une forme esthétique, mais sans avoir à le faire nécessairement. Or, les poètes ne sont pas des savants du monde ni des philosophes opérant l'époché, mais simplement des « poètes » qui composent un « monde » poétique au moyen du langage, par des *quasi*-jugements. Ce n'est pas notre tâche en tant que philosophes de protéger la liberté poétique mais à l'inverse d'y renoncer et de découvrir comment nos vécus perceptifs intentionnels doivent être formés en leur teneur pour nous rendre capables de parvenir à la connaissance de la réalité et de comprendre, après l'époché et la réduction, la fonction de connaissance, et également de la soumettre à examen dans sa faculté d'opération.

Husserl a reconduit toute réalité à des objectités purement intentionnelles, mais il ne s'est jamais soucié du mode d'être ni de la forme remarquable des objets intentionnels, et en conséquence, il n'a pas vu qu'ils se différencient de manière essentielle, sous ces deux aspects, des objets ontologiquement autonomes (en particulier des objets réels). Il n'a donc pas vu non plus que les objets purement intentionnels présentent une double face [*Doppelseitigkeit*] remarquable dans leur forme. D'une part, ils ont une teneur formée intentionnellement, dans laquelle par exemple, ils sont supposés être un arbre, un homme, etc. D'autre part, ils se signalent par une structure qui leur appartient en tant que formations intentionnelles[1]. | Tous les jugements qui peuvent être portés sur les objets **457**

1. Ce n'est pas par hasard que j'ai choisi l'œuvre d'art littéraire comme thème du livre que j'ai publié en 1931 (*L'œuvre d'art littéraire*). J'ai supposé que les œuvres littéraires et les

purement intentionnels se répartissent en deux groupes : ceux qui concernent leur teneur et ceux qui se rapportent à eux en tant que formations intentionnelles, entre autres, le jugement sur leur double face formelle. Dans leur teneur, les objets purement intentionnels peuvent être figurés de telle manière que se manifeste le caractère de l'être réel ontologiquement autonome, au contraire, en tant que formations purement intentionnelles ils sont ontologiquement hétéronomes. Par suite, tous les moments existentiels, formels et matériels qui apparaissent dans leur contenu sont simplement visés, ils leur sont simplement assignés mais ne leur sont pas incorporés en un sens authentique, ni immanents comme c'est le cas au contraire pour un objet ontologiquement autonome, en particulier un objet réel (pour autant qu'existe effectivement une telle chose).

L'attention à cette particularité formelle des objets purement intentionnels aurait d'abord permis à Husserl d'éviter certaines contradictions et ensuite d'ouvrir une autre perspective sur le problème du monde réel ou du monde de la vie. La différence formelle entre objet autonome et objet purement intentionnel aurait rendu impossible à Husserl de dire que les objets du monde de la vie (ou les objets réels en général) se *transforment* en « pôles-objet » ou *deviennent* des « pôles-objet » à la suite de l'époché. Car précisément, il y a dans les deux cas une impossibilité d'essence : ni les choses réelles (les choses dans le monde de la vie, pour autant que le monde de la vie soit bien le monde dans lequel nous vivons et agissons) ne peuvent se transformer en purs objets intentionnels, ni les objets purement intentionnels ne peuvent se changer en choses réelles.

458 | Une dernière remarque pour conclure. Husserl accuse la science moderne et aussi plusieurs tendances de la philosophie d'avoir succombé à l'erreur fondamentale de « l'objectivisme ». Il n'est pas facile de prendre position vis-à-vis de cette thèse. Dans la *Krisis*, Husserl n'a pas effectué de clarification poussée de « l'objectivité », par suite de son concept. Mais plusieurs formules semblent indiquer que l'objectivité est étroitement liée à « l'être-en-soi » de l'objectité concernée. Et, dans la thèse principale du livre, la science est accusée de commettre l'erreur de chercher à obtenir l'objectivité de ses connaissances alors qu'elle ne sera jamais capable de saisir effectivement

objectités qu'elles représentent sont des formations [*Gebilde*] purement intentionnelles et qu'elles diffèrent dans leur mode d'être comme dans leur forme du mode d'être et de la forme des objets réels à un degré tel que ces derniers ne doivent pas être réduits aux premiers. Mes travaux ont confirmé cette supposition et ce fut le premier pas dans la dispute avec l'idéalisme transcendantal. Dans ce livre, j'ai pour la première fois fait une distinction entre la teneur et la structure des objets purement intentionnels (cf. § 20). Mais la différence formelle entre objets (purement intentionnels) ontologiquement hétéronomes et objets ontologiquement autonomes a été démontrée de manière concluante pour la première fois dans *Der Streit um die Existenz der Welt*.

l'être-en-soi des choses naturelles. Pareillement, la psychologie « objective », qui s'occupe du psychisme des hommes vivant dans le monde réel, est rejetée en tant qu'aberration pour la même raison. A sa place, la soi-disante « psychologie pure » est appelée, sa problématique ainsi que les conditions de son traitement (entre autres choses, l'épochè qui est indispensable à cette psychologie) sont développées, par quoi il se fait qu'elle doit être identique à la phénoménologie transcendantale. Mais qu'en est-il de cette phénoménologie elle-même? Doit-elle également ne pas aspirer à une connaissance « objective »? Est-elle également incapable de progresser dans [la connaissance de] l'être-en-soi de la conscience pure, de la subjectivité absolue? Cela paraît en contradiction avec les aspirations de Husserl. Après tout, la phénoménologie doit saisir l'ultime subjectivité, l'absolu de la subjectivité pure dans son caractère propre de subjectivité. Elle doit donc aspirer à la connaissance « objective » de la « subjectivité ». Ce n'est donc pas « l'objectivisme » en général (au sens supposé ici) qui doit être condamné, mais seulement l'objectivisme des sciences naturelles positives puisque, selon Husserl, elles ne sont pas capables d'atteindre l'être-en-soi de la nature. Alors seule la position particulière de ces sciences serait responsable du fait qu'elles peuvent être accusées d'objectivisme, tandis que la tendance universelle à conquérir une connaissance objective en général ne serait pas rejetée. Est-ce pourtant bien certain? « L'objectivisme » contient-il simplement le moment de l'être-en-soi, ou bien est-il lié à une série d'autres moments, tels que par exemple la forme particulière de ce qui est « objectivisé » [*des objectivierten*], le « ne-pas-être-corrélat-d'une-conscience », etc.? Et n'y a-t-il pas une nouvelle subjectivité en corrélation avec chaque nouvelle auto-compréhension de la subjectivité? Cela n'ouvre-t-il pas justement la possibilité que, dans cette nouvelle « subjectivité », la conscience saisie ne puisse pas être saisie dans son en-soi, de telle sorte qu'on saisisse à nouveau le simple phénomène de la conscience et non pas la conscience elle-même? De telle sorte qu'on devrait accomplir une épochè toujours nouvelle pour découvrir et s'apercevoir que *chaque* tendance en vue d'une saisie « objective » de la subjectivité n'est qu'une illusion à laquelle il faudrait renoncer?

Certains passages de la *Krisis* semblent l'indiquer. Mais en ce cas, la phénoménologie comme « science rigoureuse » ne serait vraiment qu'un rêve. Sur la base de la *Krisis*, il n'y a que les points d'interrogation dérangeants qui ne se laissent ni infirmer ni confirmer par les propositions du texte.

GLOSSAIRE

Actualisation : apparition ou réalisation factuelle de significations idéales dans une proposition significative. L'actualisation des aspects d'un objet – aspects signifiés par les teneurs de sens d'une proposition – revient à la saisie intuitive de ces aspects, sur un mode perceptif ou imaginatif. Cette activité intentionnelle est équivalente à la concrétisation.

Aspect (*Ansicht*) : esquisse perceptive, plus exactement série d'esquisses par lesquelles un objet est amené à apparition (soit par donation en propre, soit par représentation imaginative).

Autonomie et hétéronomie ontologiques (*Seins-autonomie – Seins-heteronomie*) : moment existentiel, l'autonomie caractérise un être ou un objet qui possède en soi-même son fondement d'être. Le rouge (en tant qu'essentialité) est rouge en soi-même et par soi-même. Une objectité autonome se distingue aussi par l'immanence de ses propriétés, tandis que les êtres hétéronomes (principalement les objets intentionnels) ne disposent de propriétés que par attribution intentionnelle.

Concrétisation : activité intentionnelle qui permet à un sujet de figurer et de porter à exposition des objectités intentionnelles. La forme privilégiée en est la lecture qui permet au lecteur de réactualiser les actes créateurs de l'auteur, partant de projeter et de visualiser de manière imaginative les mêmes objets intentionnels à partir des significations propositionnelles. (La concrétisation est parfois identifiée à l'actualisation en ce que l'une et l'autre rendent possible la manifestation intuitive d'une objectité qualifiée)

Considération de légitimité (*Rechtbetrachtung*) : examen épistémologique destiné à juger de la validité objective des formations intentionnelles, c'est-à-dire de leur degré de représentativité et d'adéquation aux choses mêmes existant en soi. L'idéal étant que la totalité des éléments noématiques soit strictement fondée et motivée par les ultimes *data* inconstitués.

Constitution et activité créatrice : la constitution a le sens d'une activité créatrice et formatrice d'objets intentionnels, qu'ils soient de fantaisie, de perception ou de connaissance. Ingarden en distingue 2 formes principales : une activité intentionnelle libre, éventuellement arbitraire, qui préside à la formation de tous les objets imaginaires (allant de la rêverie individuelle aux personnages plus élaborés de la littérature) ; et une activité formatrice dite « passive », en tant qu'elle relève d'une dynamique spontanée de conformation aux *data*, ce qui assure la constitution des noèmes perceptifs, dotés d'une validité objective plus ou moins grande.

Data (*Empfindungsdaten*) : données sensorielles inconstituées, réellement transcendantes au sujet et à ses actes.

Essentialité (*Wesenheit*) : désigne une qualité idéale distincte, qui peut être incarnée ou réalisée dans un être réel concret, ou seulement visée par une signification idéale.

Figuration (*Darstellung*) : désigne le déploiement ou la mise en exposition intentionnelle des objectités projetées par les unités de signification d'une proposition. La figuration des objets dans une œuvre littéraire prend essentiellement le double sens de la production (mise en avant) et de la représentation intentionnelles. Ingarden précise que les états de choses (comme corrélat intentionnel d'une proposition) sont ce qui figure (*das Darstellende*), tandis que les objets qui s'y constituent sont ce qui est figuré (*Das Darsgestellte*). Par extension, « l'objet figuré » désigne toute objectité projetée nominalement.

Figuration et visualisation : la fonction de figuration peut se préciser et conduire à l'exposition (*zur Schau stellen*) d'une objectité particulière, c'est-à-dire à la mise en avant d'un objet présentant distinctement sa teneur phénoménique, soit quelques qualités phénoménales repérables. Pour autant, figuration et mise en exposition ne signifient pas nécessairement une visualisation (*Veranschaulichung*) – visualisation imaginative dans le cas des objets intentionnels de l'œuvre littéraire. Pour être rendu visuellement présent, un objet intentionnel doit contenir dans sa teneur des moments qualitatifs autoprésentatifs, et il faut parallèlement que le lecteur effectue des actes de conscience déterminés qui actualisent (concrétisent) des aspects (*Ansicht*) sous lesquels l'objet apparaît.

Idée : (parente de l'*Eidos* husserlien), objet idéal, elle englobe la totalité des déterminations essentielles d'un être, ainsi que son mode d'être et ses moments existentiels ; elle est parfois rapprochée du « concept idéal » en tant qu'il englobe également une diversité de significations idéales.

Indépendance et dépendance ontologiques (*Seins-unabhängigkeit – Seins-abhängigkeit*) : une objectité est indépendante quand elle n'a pas besoin de l'existence d'une autre objectité pour exister elle-même.

Intention (ou viser (*Vermeinen*) intentionnel) : utilisée de préférence à l'intentionnalité husserlienne, elle caractérise les actes de conscience en tant que viser, tension, orientation sur un objet. La vie intentionnelle se comprend selon le modèle dégagé par les *Recherches logiques* : « *Auffassung-Auffassungsinhalt* », appréhension-contenu d'appréhension, ce qui maintient le caractère transcendant du contenu donné à l'acte.

Intuition du *Durchleben* : états de conscience particuliers dont l'épreuve vivante ou le « vivre de part en part » (*Durchleben*) est en même temps une connaissance certaine de soi qui n'a plus besoin de critère extérieur pour faire la preuve de sa validité absolue. Cet état « auto-contrôlé » met fin à la régression infinie qui vise un contrôle épistémologique radical et définitif.

L'être-ainsi (*Sosein*) : ensemble des qualités matérielles et formelles qui définissent un être individuel.

Lieux d'indétermination (*Unbestimmtheitsstellen*) : manques ou failles irréductibles dans la détermination des objectités intentionnelles qui les assignent au statut d'être schématique.

Moments existentiels et modes d'être : ils sont associés dans la qualification des déterminations ontologiques essentielles d'un objet. L'un et l'autre sont absolument inséparables de leurs objets mais peuvent être saisis dans un acte spécial d'abstraction. Chaque mode d'être – le réel, l'idéal, le possible, l'intentionnel ou le mode d'être de la conscience pure – est au croisement des qualités formelles, matérielles et existentielles de ses objets et ne peut s'envisager sans elles. Dès qu'un objet est donné, il indique aussitôt dans sa présence son mode d'être. Les moments existentiels désignent des éléments fondamentaux de la structure de chaque être (conformément à leur mode d'être autant qu'à leurs qualités matérielles et formelles) et ils en définissent la spécificité ontologique. Ingarden examine principalement les moments existentiels relevant de la catégorie de la dépendance (telles que l'hétéronomie, la non-séparabilité, la dérivation), mais il distingue aussi des moments appartenant à l'ordre de la temporalité (telle la finitude, l'étroitesse temporelle, ou l'actualité (l'appartenance au présent)).

Objet idéal : compris comme être individuel idéal (le 5, le triangle), distinct de la qualité idéale.

Objet intentionnel : (ou phénomène, ou sens noématique) : double immanent, médiateur vis-à-vis de la chose existant en soi. Formation relevant d'une activité réceptive et passive, voire mécanique s'adaptant fidèlement aux *data*.

Objet purement intentionnel : formation intentionnelle relevant d'une activité créatrice libre, éventuellement arbitraire – représentation mentale, *ficta*, objets de la fantaise ou de l'art.

Ontologie existentielle : lieu de l'analyse des modes et des moments existentiels (tome 1 de *Der Streit um die Existenz der Welt*)

Originarité et dérivation ontologiques (*Seins-ursprünglichkeit – Seins-abgeleitetheit*) : est originaire l'objectité qui ne peut être ni créée ni anéantie par une autre, elle est par suite nécessairement autonome.

Porteur (*Träger*) : support, substrat des qualités, entretenant avec elles un rapport circulaire de déterminant et de déterminé.

Projection : les significations, à l'œuvre dans les phrases, offrent une teneur de sens qui est une unité intentionnelle indiquant et visant par-delà elle-même autre chose qu'elle, c'est-à-dire qu'elles pro-jettent une objectité ou un état de choses. Ingarden dit aussi que la phrase déploie intentionnellement un état de choses.

Réalisation : incarnation ou incorporation de qualités idéales dans un être réel.

Réduction éidétique : mise entre parenthèses de l'existence factuelle afin d'accéder à l'essence des objets envisagés, elle dévoile également la conscience pure ou le moi pur.

Réduction phénoménologique : permet l'ouverture de la sphère d'immanence et le dévoilement des sens noématiques, transparents et dissimulés dans l'attitude immédiate.

Séparabilité et non-séparabilité ontologiques (*Seins-selbständigkeit–Seins-unselbständigkeit*) : Ingarden caractérise ainsi les relations de dépendance entre tout et parties. Est séparable toute objectité qui ne requiert aucune connexion à une autre objectité avec laquelle elle formerait un tout unitaire, tandis que des objectités non-séparables ne peuvent pas exister autrement que dans l'unité d'un tout. Par essence, toute propriété est non-séparable, (le moment rouge ou la coloration ne sauraient exister en dehors d'un tout concret).

Transcendance I : désigne l'extériorité d'un être vis-à-vis de la conscience, d'un être existant en soi.

Transcendance II : désigne la transcendance intentionnelle du sens noématique supérieur qui domine la perception.

Transcendance III : désigne le sens incarné d'un objet réel, (existant et transcendant au sujet selon le sens I), et qui constitue le point de mire du noème par-delà les multiples synthèses perceptives.

BIBLIOGRAPHIE

Œuvres majeures de Roman Ingarden

On trouvera une bibliographie internationale des publications de et sur Ingarden (de 1915 à 1989) dans le n° 30 des *Analecta Husserliana,* Dordrecht, Holland, Reidel Publishing Company, 1990. Cette même collection propose ses numéros 4 (1976) et 30 (1990) au titre d'*Ingardeniana* I et II.

La publication des œuvres complètes de Roman Ingarden est en cours aux éditions Niemeyer depuis 1992. Elle permet un rassemblement indéniablement avantageux des textes jusque là dispersés non seulement dans de multiples éditions, mais encore en trois langues – polonais, allemand, anglais – sans que chaque publication ne soit assurée de sa traduction dans ces trois langues.

Nous proposons ici une sélection portant sur les œuvres principales d'Ingarden, suivant dans la mesure du possible la chronologie de sa rédaction.

Gesammelte Werke, tome 3, *Schriften zur frühen Phänomenologie*, Tübingen, Niemeyer Verlag, 1998. Texte établi par Wladzimierz Galewicz.

Gesammelte Werke, tome 4, *Einführung in die Phänomenologie Edmund Husserls*, Niemeyer, 1992. Texte établi par Gregor Haefliger.

Gesammelte Werke, tome 5, *Schriften zur phänomenologie Edmund husserls*, Niemeyer, 1998. Texte établi par Wladzimierz Galewicz.

Gesammelte Werke, tome 6, *Frühe Schriften zur Erkenntnistheorie,* Niemeyer 1994. Texte établi par W. Galewicz.

Gesammelte Werke, tome 7, *Zur Grundelung der Erkenntnistheorie*, Niemeyer 1996. Texte établi et traduit par W. Galewicz. 2 vol.

Gesammelte Werke, tome 8, *Zur Objektivität der sinnlichen Wahrnehmung,* Niemeyer 1997. Texte établi et traduit par W. Galewicz.

Gesammelte Werke, tome 13, *Vom Erkennen des literarischen Kuntswerks,* Niemeyer 1997. Texte établi par Rolf Fieguth & Edward M. Swiderski.

Intuition und Intellect bei Henri Bergson. Darstellung und Versuch einer Kritik. Inaugural Dissertation, (1918). Halle, Buchdruckerei des Waisenhauses, 1921, et in *Jahrbuch für Philosophie und phänomenologische Forschung,* n° 5, 1922, p. 285-461.

« Der Brief an Husserl über die VI. Logische Untersuchung und den Idealismus » (24/06/1918), in *Analecta Husserliana,* t. II, Dordrecht, Reidel, 1972, p. 357-374. Trad. anglaise par A. T. Tymieniecka : « The letter to Husserl about the VIth 'Logical Investigation' and 'Idealism' » in *Analecta Husserliana*, t. IV, Dordrecht, Reidel, 1976, p. 419-438. Et Gesammelte Werke, tome 5.

« Über die Gefahr einer Petitio Principii in der Erkenntnistheorie », (1921), in *Jahrbuch für Philosophie und phänomenologische Forschung*, n° 4, 1921, p. 545-568. Voir aussi Gesammelte Werke, tome 6.

« Essentiale Fragen. Ein Beitrag zum Wesensproblem », (1923), in *Jahrbuch für Philosophie und phänomenologische Forschung*, n° 7, 1925, p. 125-304.

Über die Stellung des Erkenntnistheorie im System der Philosophie, Halle, Niemeyer, 1925. Et Gesammelte Werke, tome 6.

« Bemerkungen zum Problem Idealismus-Realismus », (1929), Festschrift für E. Husserl zum 70. Geburtstag gewidmet, in *Jahrbuch fur Philosophie und phänomenologische Forschung*, Supplément, n° 11, 1929, p. 159-190. Et Gesammelte Werke, tome 5.

Das literarische Kunstwerk : Eine Untersuchung aus dem Grenzgebiet der Ontologie, Logik und Literaturwissenschaft, (1931), Halle, Niemeyer, 1931. Trad. française par Ph. Secretan : *L'œuvre d'art littéraire*, Lausanne, L'Age d'Homme, 1983. Trad. anglaise par G. G. Grabowicz : *The literary work of art : An investigation on the boardlines of ontology, logic and theory of literature*, Evanston, Illinois, Northwestern University Press, 1973.

Vom Erkennen des literarischen Kunstwerks, (1937), Tübingen, Max Niemeyer Verlag, 1968. Trad. anglaise par Ruth Ann Crowley and Kenneth R. Olson : *The cognition of the literary work of art*, Evanston, Illinois, Northwestern University Press, 1973. Trad. française du chap. 2 par E. Williams : « Raccourcis de perspective temporelle dans la concrétisation de l'œuvre littéraire », in *Revue de Métaphysique et de Morale*, n° 54, 1960, p. 19-51. On trouve également une autre traduction anglaise du chap. 4, § 24, par J. Makota et S. Moser : « Aesthetic Experience and Aesthetic Object », in *Philosophy and Phenomenological Research* 21, n° 3, 1961, p. 289-313. Et pour l'ensemble du texte, Gesammelte Werke, tome 13.

Der Streit um die Existenz der Welt, (*Spor o istnienie swiata*, vol. 1 et 2, Cracovie, PAU, 1947 et 1948), Tübingen, Max Niemeyer Verlag :

– *Vol. 1 : Existenzialontologie*, 1964, (trad. partielle en anglais par Helen R. Michejda, d'après l'édition polonaise : *Time and Modes of Being*, Springfield, Illinois, Charles C. Thomas Publication, 1964).

– *Vol. 2 : Formalontologie,* Part 1 : *Form und Wesen,* 1965.
– *Vol. 2 : Formalontologie,* Part 2 : *Welt und Bewußtsein,* 1965.
– *Vol. 3 : Über die kausale Struktur der realen Welt,* 1974.

Studia z estetyki (Études sur l'esthétique), 3 volumes, Varsovie, Prace Filozoficzne PWN, 1957/58/70. Recueil de travaux déjà publiés en grande partie, qui contient, entre autres, la dernière version de l'essai sur la musique, traduit de l'allemand en français par Dujka Smoje : *Qu'est-ce qu'une œuvre musicale ?,* Paris, Bourgois, 1989. Trad. anglaise par Adam Czerniawski : *The work of music and the problem of its identity,* London, MacMillan Press, 1986. (La 1e rédaction en allemand est de 1928, prévue pour la section finale de *L'œuvre d'art littéraire,* elle est publiée en allemand après plusieurs révisions en 1962 dans les *Untersuchungen zur Ontologie der Kunst,* p. 3-136).

« Über den transzendentalen Idealismus bei E. Husserl », (1956), in *Husserl et la pensée moderne,* Actes du 2e Colloque International de Phénoménologie, Krefeld 1956, Den Haag, Nijhoff, 1959, (Phaenomenologica 2), p. 190-204. Trad. française par J. Taminiaux : *Sur l'idéalisme transcendantal de Husserl,* p. 205-215.

« Le problème de la constitution et le sens de la réflexion constitutive chez E. Husserl », (1958), in *Husserl,* Cahiers de Royaumont, Philosophie III, Paris, Minuit, 1959, p. 243-264.

Untersuchungen zur Ontologie der Kunst : Musikwerk, Bild, Architektur, Film, (1962), Tübingen, Max Niemeyer Verlag, 1962. Trad. anglaise par R. Meyer et John T. Goldthwait : *The Ontologie of the Work of Art : The Musical Work, the Picture, the Architectural Work, the Film,* Athens, Ohio University Press, 1989.

On the motives which led Husserl to Transcendental Idealism, (1962), traduit du polonais par Arnor Hannibalsson, Den Haag, Nijhoff, 1975, (Phaenomenologica 64). Et Gesammelte Werke, tome 5.

Einführung in die Phenomenologie E. Husserls. Osloer Vorlesungen, (1966), Tübingen, Niemeyer, 1992.

E. Husserl : Briefe an Roman Ingarden, mit Erläuterungen und Erinnerungen an Husserl., p. 106-135 & 136-184, Den Haag, Nijhoff, 1968, (Phaenomenologica 25).

Erlebnis, Kunstwerk und Wert. Vorträge zur Ästhethik, 1937-1967, Tübingen, Niemeyer; Darmstadt, Wissenschaftliche Buchgesellschaft, 1969. (Ce recueil inclut de nombreux articles, souvent traduits en anglais dans diverses revues).

Über die Verantwortung : ihre ontischen Fundamente, Stuttgart, Reclam, 1970. Trad. anglaise à partir du polonais et de l'allemand par Arthur Szylewicz : *Man and Value,* München, Philosophia Verlag; Washington DC, Catholic University of America Press, 1983. (Ce recueil comprend de nombreux autres articles, dont certains ont également été publiés à part : « On Responsibility – Its Ontic Foundations » ; « What we don't know about Values » ; « Remarks on the relativity of Values » ; « An analysis of Moral Values » ; « Man and his Reality »). *De la responsabilité, ses fondements ontiques,* trad. française par P. Secrétan, Éd. L'Harmattan, 1999.

« Die vier Begriffe der Transzendenz und das Problem des Idealismus bei Husserl », (1966), extrait des leçons d'Oslo, in *Analecta Husserliana* 1, 1971, p. 36-74. Et Gesammelte Werke, tome 4.

« Probleme der Husserlschen Reduktion », (1966), extrait des leçons d'Oslo, in *Analecta Husserliana* 4, 1976, p. 1-71. Gesammelte Werke, tome 4.

« About the motives that led Husserl to transcendantal Idealism », in *Phenomenology and Natural Existence*, New York, Dale Riepe, 1973, p. 95-117. (Cette référence est souvent mal reproduite, donnant Phenomenologie and Natural « Science » à la place de Phenomenologie and Natural « Existence »).

« What is new in Husserl's Krisis ? », (1969), in *Analecta Husserliana* 2, p. 23-47, 1972. Et Gesammelte Werke, tome 5, p. 431-459. (Nous devons signaler ici une erreur d'écriture dans la traduction anglaise qui, p. 35, propose la version suivante : « ...we should not inquire back to something which is *not* 'transcendent' with respect to pure consciousness ». La négation accolée à « transcendant » est une erreur, car ne pas interroger ce qui n'est pas transcendant, donc ne pas interroger ce qui est immanent, est dépourvu de sens et incompatible avec le projet husserlien, voir par exemple *Ideen* I, le § 98. Le texte allemand permet de lever tout doute : « daß man...nicht auf etwas zurückfragt, was der Sphäre der absoluten « Subjektivität » d. h. dem reinen Bewußtsein « transzendent » ist », [p. 445, Gesammelte Werke, t. 5]).

Roman Ingarden : Selected papers in Aesthetics, Peter J. McCormick (éd.), München, Philosophia Verlag; Washington DC, Catholic University of America Press, 1985.

Articles de Roman Ingarden

« Essai logistique d'une refonte de la philosophie », Acte du 8e Congrès International de Philosophie à Prague, 1934, in *Revue philosophique* n° 7-8, 1935, p. 137-159.

« Vom formalen Aufbau des individuellen Gegenstandes », in *Studia Philosophica, Commentarii Societatis philosophorum Polonorum* 1, Leopoli, 1935.

« Der Mensch und die Zeit », in *Travaux du 9e Congrès International de Philosophie* 8, *Congrès Descartes*, Paris, 1937, p. 129-136 ; repris sous le titre *Man and Time,* dans *Man and Value*, München ; Washington DC, 1983.

« Das Form-Inhalt Problem im litterarisch Kunstwerk », in *Helikon* 1, 1938, p. 61-67 ; repris et traduit en anglais par Max Rieser : « The General Question of the Essence of Form and Content », in *Journal of*

Philosophy 57, n° 7, 1960, p. 222-233, et repris en allemand dans *Erlebnis, Kunstwerk und Wert,* Tübingen, Niemeyer, 1969.

« Le temps, l'espace et le sentiment de réalité », in *Revue internationale de filmologie* 1, n° 2, 1947, p. 127-141.

« Quelques remarques sur le problème de la relativité des valeurs », in *Actes du 3e Congrès des Sociétés de philosophie de langue française, Bruxelles-Louvain*, Paris, Vrin, 1947 ; repris dans *Erlebnis, Kunstwerk und Wert :* « Zum Problem der « relativität » der Werte ».

« Les modes d'existence et le problème 'Idéalisme-Réalisme' », in *Actes du 10e Congrès International de Philosophie, Amsterdam 1948,* (résumé), Amsterdam, 1948, p. 347-350.

« Les différentes conceptions de la vérité dans l'œuvre d'art », in *Revue d'esthétique* II, Paris, 1949, p. 162-180.

« Kritische Bemerkungen zu Husserl Cartesianischen Meditationen », in *Husserl, Gesammelte Schriften*, vol. 1, Den Haag, Nijhoff, 1950, p. 203-218. Trad. française de Marc de Launay : « Remarques critiques aux Méditations cartésiennes de Husserl », dans l'Annexe aux *Méditations Cartésiennes*, Paris, PUF, 1994, p. 217-231.

« La valeur esthétique et le problème de son fondement objectif », in *Atti del III Congresso Internazionale di Estetica, Venezia, 3-5 Settembre 1956*, Torino, Instituto di Estetica dell'Università di Torino, Ed. della Rivista di Estetica, 1957, p. 167-173 ; repris dans *Erlebnis, Kunstwerk und Wert* : « Der äesthetische Wert und das Problem seiner Fundierung im Kunstwerk ».

« L'intuition bergsonienne et le problème phénoménologique de la constitution », in *Actes du 10e Congrès des Sociétés de Philosophie de langue française, Congrès Bergson,* Paris, Colin, 1959, vol. 1, p. 163-166 et discussions, vol. 2, p. 26-27.

« Notes sur l'objet de l'histoire de la philosophie », in *Diogène* n° 29, Paris, 1960, p. 130-141.

« Nature humaine », in *Actes du 11e Congrès des Sociétés de philosophie de langue française, Montpellier, 1961*, Paris, 1961, p. 220-223. Repris en anglais dans *Man and Value* : « On human nature ».

« Husserls Betrachtungen zur Konstitution des physicalischen Dinges », in *Archives de philosophie* 27, n° 3-4, 1964, p. 356-407. Et Gesammelte Werke, tome 5.

« Betrachtungen zum Problem der Objektivität », in *Zeitschrift für Philosophische Forschung* 21, n° 1, 1967, p. 37-46, et n° 2, 1967, p. 242-260, repris in *Erlebnis, Kunstwerk und Wert*, Tübingen, Niemeyer, 1969.

« Artistic and Aesthetic Values », in *British Journal of Aesthetics* 4, n° 3, 1964, p. 198-213 ; traduction anglaise de *Künsterliche und äesthetische Werte,* extrait de *Erlebnis, Kunstwerk und Wert*, Niemeyer, 1969.

« De la connaissance de l'œuvre littéraire », in *Archives de philosophie* 31, n° 2, 1968, p. 202-263.

« Le concept de philosophie chez Franz Brentano », in *Archives de philosophie* 32, n° 3, 1969, p. 458-475 (part. 1) et n° 4, 1969, p. 609-638 (part. 2).

« On the Ontology of relations », in *Journal of the British Society for Phenomenology* 2, n°2, 1975, p. 75-80.

« On Moral Action », in *Analecta Husserliana* 7, 1978, p. 151-162 ; repris dans *Man and Value*, 1983.

« Theorie of Knowledge as Phenomenology of the Essence of Cognitive experiences and their Correlates », traduit par A. Szylewicz, in *Aletheia : An International Journal of Philosophy*, 4 : *Epistemology and Logic*, Bern, Lang, 1988, p. 1-106.

Ouvrages et articles sur Roman Ingarden

On the Aesthetics of Roman Ingarden. Interpretations and Assessments, B. Dziemidok et P. McCormick (ed.), « Nijhoff International Philosophy Series » vol. 27, Dordrecht/Boston/London, Kluwer, 1989.

Roman Ingarden and Contemporary Polish Aesthetics, P. Graff et S. Krzemien-Ojak (eds.), Warszawa, PWN, 1975.

BIEMEL W., « Réflexions sur l'interprétation du « Bild » par Ingarden », trad. par F. Dastur, in *La Part de l'Œil*, n° 7, « Art et phénoménologie », Bruxelles, 1991, p. 63-71.

BOSTAR L., « Reading Ingarden read Husserl : Metaphysics, ontology and phenomenological method », in *Husserl Studies*, 1993/94 (10) n°3, p. 211-236.

BROGOWSKI L., « Göttingen, Husserl, Ingarden », in *Études phénoménologiques*, 1996, n°23-24, p. 247-279.

CHRUDZIMSKI A., *Die Erkenntnistheorie von Roman Ingarden*, Dordrecht-Boston-London, Kluwer ed. 1999, « Phaenomenologica » n°151.

DUFRENNE M., *Phénoménologie de l'expérience esthétique*, vol. 1, Paris, PUF, « Épiméthée », 1953, p. 266-277.

GRÉGOIRE F., « Notes sur la philosophie de Roman Ingarden », in *Revue philosophique* 150, 1960, p. 505-512.

HAEFLIGER G., « Ingarden und Husserls transzendentaler Idealismus », in *Husserl Studies*, 1990 (7), n°2, p. 103-12.

HAEFLIGER G., *Über existenz : die Ontologie Romans Ingardens*, Dordrecht-Boston-London, Kluwer ed. 1994, « Phaenomenologica », 130.

KALINOWSKI G., *Expérience et phénoménologie, Husserl, Ingarden, Scheler*, Paris, Éditions Universitaires, 1992.

La phénoménologie de l'Homme, Husserl, Ingarden, Scheler, Paris, Éditions Universitaires, 1991.

KALINOWSKI G., in *Archives de philosophie* :

– 31, n° 2, 1968, p. 281-287 : « Ontologie et esthétique chez R. Ingarden » [revue de *L'œuvre d'art littéraire* et de *Untersuchungen zur Ontologie der Kunst*]

– 31, n° 2, 1968, p. 329-334 : Revue de *Der Streit um die Existenz der Welt* vols 1 et 2, et de *Time and modes of being.*

– 33, n° 1, 1970, p. 162-164 : Revue de *Vom Erkennen des literarischen Kunstwerks.*

– 33, n° 4, 1970, p. 945-950 : Revue de *Erlebnis, Kunstwerk und Wert.*

– 38, n° 2, 1975, p. 239-252 : À propos des récents livres d'Ingarden et Kolakowski.

KOCAY V., *Forme et référence : Le langage de Roman Ingarden,* Mardaga, 1996. On trouvera dans cet ouvrage une bibliographie, essentiellement en langue anglaise, consacrée aux questions d'esthétique.

KRONSKA I., Revue de *La controverse sur l'existence du monde*, in *Revue philosophique* 139, 1949, p. 219-225.

KÜNG G., « Zum Lebenswerk von Roman Ingarden. Ontologie, Erkenntnistheorie und Metaphysik », in *Die Münchener Phänomenologie*, (Phaenomenologica, vol. 65), Den Haag, Nijhoff, 1975, p. 158-173.

SPIELGELBERG H., *The phenomenological Movement,* Den Haag, Nijhoff, 3ᵉ édition 1982.

TYMIENIECKA A. T., *Essence et Existence, Étude à propos de la philosophie de R. Ingarden et N. Hartmann,* Paris, Aubier-Montaigne, 1957.

– *For Roman Ingarden, Nine Essays in Phenomenology*, Den Haag, Nijhoff, 1959.

– « Beyond Ingarden's Idealism-Realism Controversy with Husserl : The New Contextual Phase of Phenomenology » in *Analecta Husserliana* 4, 1976, Dordrecht, Holland, Reidel Publishing Company, p. 241-418.

WALLNER I.M., « In defense of Husserl's transcendental Idealism : Roman Ingarden's critique re-examined », *Husserl Studies*, 4 (1987), p. 3-43.

Bibliographie sommaire des œuvres d'Edmund Husserl

Philosophie de l'arithmétique, (1891), traduction, notes, remarques et index par J. English, Paris, PUF, « Épiméthée », 1972.

Objets intentionnels, présentation, traduction, notes, remarques et index par J. English, in Husserl-Twardowski, *Sur les objets intentionnels (1893-1901)*, Paris, Vrin, 1993.

Recherches logiques, 2ᵉ édition, trad. par H. Elie, A. L. Kelkel et R. Schérer, Paris, PUF, « Épiméthée » :

– *Prolégomènes à la logique pure,* Tome I, 1959 ;

– *Recherches pour la phénoménologie et la théorie de la connaissance,* (*Recherches* I et II), Tome II/1, 1961.

– *Recherches pour la phénoménologie et la théorie de la connaissance,* (*Recherches* III, IV et V), Tome II/2, 1962.

– *Éléments d'une élucidation phénoménologique de la connaissance,* (*Recherche* VI), Tome III, 1963.

Esquisse d'une préface aux « Recherches logiques », (1913), trad. par J. English, in *Articles sur la logique (1890-1913),* Paris, PUF, 1975.

Leçons pour une phénoménologie de la conscience intime du temps, (1893-1917) trad. par H. Dussort, Paris, PUF, « Épiméthée », 1964.

L'idée de la phénoménologie, (1907), trad. par A. Lowit, Paris, PUF, « Épiméthée », 1970.

Idées directrices pour une phénoménologie et une philosophie phénoménologiques pures, (1913).

– *Introduction générale à la phénoménologie pure,* Tome I, trad. par P. Ricœur, Paris, Gallimard, « Bibliothèque de Philosophie », 1950, (*Ideen* I).

– *Recherches phénoménologiques pour la constitution*, Tome II, trad. par É. Escoubas, Paris, PUF, « Épiméthée », 1982, (*Ideen* II).

– *La phénoménologie et les fondements des sciences*, Tome III, introduction, traduction, notes et index par D. Tiffeneau, Paris, PUF, « Épiméthée », 1993, (*Ideen* III).

Postface à mes « Idées directrices pour une phénoménologie pure », (1930), trad. par A. L. Kelkel, in *Revue de Métaphysique et de Morale*, n° 4, 1957, p. 369-398. Reproduit également en appendice de la traduction de *Ideen* III, p. 172-210, (*Nachwort*).

Philosophie première (1923-1924) : Deuxième partie, Théorie de la réduction phénoménologique, traduction et avant-propos par A. L. Kelkel, Paris, PUF, « Épiméthée », 1972.

De la synthèse passive, (1918-1926), trad. par B. Bégout et J. Kessler, Grenoble, J. Millon, « Krisis », 1998. Cette traduction comprend également : *Méthode phénoménologique statique et génétique*, p. 323-331.

Psychologie phénoménologique, (1925-1928), traduction de l'allemand par P. Cabestan, N. Depraz, A. Mazzú, revue par F. Dastrur, Paris, Vrin, 2001.

Logique formelle et logique transcendantale, (1929), trad. par S. Bachelard, Paris, PUF, « Épiméthée », 1957, (*Logique*).

Méditations cartésiennes, (1929), trad. par G. Peiffer et E. Lévinas, Paris, Vrin, 1947 ; une nouvelle traduction est disponible : *Méditations cartésiennes et les Conférences de Paris*, présentation, traduction et notes par M. de Launay, Paris, PUF, « Épiméthée », 1994.

Autour des Méditations cartésiennes, (1929-1932), sélection de textes de *Hua. XV : Zur Intersubjectivität,* trad. par N. Depraz et P. Vandevelde, Grenoble, Millon, 1998.

La crise des sciences européennes et la phénoménologie transcendantale, (1936), traduction et préface par G. Granel, Paris, Gallimard, « Tel », 1976, (*Krisis*).

L'origine de la géométrie, (1936), traduction et introduction par J. Derrida, Paris, PUF, « Épiméthée », 1962.

Expérience et jugement, (1938, texte établi par L. Landgrebe), trad. par D. Souche-Dagues, Paris, PUF, « Épiméthée », 1970.

E. Husserl : Briefe an Roman Ingarden, mit Erläuterungen und Erinnerungen an Husserl, Den Haag, Nijhoff, 1968, (Phaenomenologica 25).

Husserl et la pensée moderne, Actes du 2e Colloque International de Phénoménologie, Krefeld 1956, Den Haag, Nijhoff, 1959, (Phaenomenologica 2).

Cahiers de Royaumont, Philosophie III, *Husserl,* Paris, Minuit, 1959.

INDEX

TABLE DES MATIÈRES

ACHEVÉ D'IMPRIMER
EN DÉCEMBRE 2001
PAR L'IMPRIMERIE
DE LA MANUTENTION
A MAYENNE
N° 428-01

Dépôt légal : 4e trimestre 2001